사례로 배우는
사회복지실천기술론

정선영 · 손덕순 · 오영림 공저

학지사

머리말

 사례관리는 최근 사회복지 현장에서 사회복지 전문가들에게 가장 화두가 되는 용어다. 동시에 앞으로 해결하고 추진해야 할 핵심 사업으로서도 급부상 중이다. 서울시가 추진 및 확대하고 있는 '찾아가는 주민센터' 사업의 중요 일환인 맞춤형 복지 서비스에서 사회복지사의 사례관리능력은 더욱 중요해졌다. 또한 경기도에서 실시하는 '무한돌봄' 사업 역시 빈곤, 위기 가정의 사례관리에 역점을 두는 사업으로 계속되고 있다. 사례관리 사업을 핵심적인 지역사회복지정책으로 수립하고 있는 수도권 복지정책의 변화들은 다른 시도를 하고 있는 복지정책에도 많은 영향을 주고 있다. 사례관리는 사회복지현장 전반에서 중요한 사업으로 우위를 점하고 있으며, 복지관의 정기적인 사업평가에서도 주요 평가 항목으로 확대되는 추세다. 더불어 사회복지사들에게도 관련 복지 사업에 있어서 사례관리에 대한 중요성을 바탕으로 한 역량을 갖출 것을 필요로 한다.

 특히 사회복지사의 개입과정에서 문제사정 및 해결, 위기개입, 클라이언트의 임파워먼트 및 옹호 등이 필요한데, 이를 촉진할 수 있는 상담역량은 그 어느 때보다 중요한 사회복지사의 실천기술로 여겨진다. 현재 대내외적인 복지환경 및 사람들의 가치, 태도의 급격한 변화로 일선 현장에서 근무하는 많은 사회복지사도 사례에 적합한 맞춤형 사회복지실천과정을 학습하고 재정립할 수 있게 재교육을 원하는 실정이다.

 이러한 변화에 발맞춰 사회복지사를 양성하는 대학에서는 사례관리와 상담역량강화를 위한 교과목 개발의 중요성을 인식하고, 예비 사회복지사인 학생들이 사회복지현장에서 접하게 되는 다양한 사례를 통해 적합한 실천기술을 연습, 응용해 볼 수 있는 교재를 필요로 하고 있다. 그럼에도 예비 사회복지사인 학생들이 사회복지 실천론이나 실천기술론에서 배우는 실천적 준거를 골격으로 복지환경에서 만날 수 있는 일반적인 사례에 응용해 볼 수 있는 교재개발은 매우 미비한 실정이다. 기존에 발간된 일부 교재들은 사회복지실천을 위한 모델이나 관련 기법들이 이론적으로만 나열되어 있거나, 대부분 외국의 사례로 제시되어 있었다. 때문에 학생들이나 복지현장에서 활동하고 있는 사회복지사들은 상담학이나 다른 전공에서 발간한 교재들을 통해서 사회복지실천 역량 강화를 위한 학습과 상담 연습을 할 수밖에 없었다. 다양한 학문에서 바라보는 관점과 중요의 척도는 상이할 수밖에 없으며, 각각의 관점은 전공 분야와 관련 직업의 정체성을 파악할 수 있게 하는 지침서가 된다. 따라서 사회복지사는 실천적 정체성을 정립하면서 사례관리나 관련 업무를 진행하기 위해 인간과 사회환경에 대한 다양한 이론을 바탕으로 실천 및 활용할 수 있는 능력을 함양하고, 사회복지 실천론이나 실천기술론에서 주장하는 실천과정 속에서 필요한 단계별 실천기술을 응용하고 적용할 수 있어야 한다. 이는 사회복지사가 갖춰야 할 기본적인 업무능력이라고 할 수 있다.

우리나라에서 발생할 수 있는 유사 사례를 통해 적용, 학습할 수 있도록 하는 것이 관건이다. 필요한 것은 다양한 이론적 관점에서 사례를 사정하고, 사회복지실천과정 안에서 적절한 계획수립과 개입방법을 찾아낼 수 있는 역량을 키울 수 있는 맞춤 교재의 개발이다. 특히 2015년부터 실시되는 국가직무능력표준(NCS)에서 제시한 사회복지실천을 위한 상담능력과 사례관리능력에 관련된 실무교육 자료가 부족한 상황에서 관련 교재 개발은 더욱 중요한 의의를 지닌다.

본 교재의 목적은 사회복지 실천현장에서 필요한 사회복지 실천상담능력과 사례관리능력을 연마하기 위해 사회복지현장에서 접하게 되는 다양한 사례에 적합한 실천기술을 연습, 응용해 볼 수 있도록 하는 것이다. 교재개발과정은 우선 실천연습 사례 검토를 위해 사회복지실천기술에 대한 선행연구와 문헌들을 살펴보는 것으로 시작하였다. 그다음 다양한 사회복지 분야의 실습교육을 맡고 있는 슈퍼바이저인 사회복지사들과의 수차례에 걸쳐 진행된 미팅과 사회복지관에서 발행하고 있는 사례집 등을 수집하고, 사회복지 실천현장에서 주로 발생하는 사례 유형에 대한 정보와 실천과정에서 필요한 상담이론과 기법 자료들을 수집 및 분석하였다. 이를 바탕으로 만든 초기 교재의 실질적인 검증을 위해 관련 분야의 실무자들에게 사용해 보게 하고, 저자들이 소속되어 있는 학교의 사회복지과 학생들을 대상으로 수업시간에 사용하면서 발생되는 오류나 문제점을 수정, 보완하는 작업을 수차례에 걸쳐 실시하고 재검토한 후, 최종본을 완성하였다.

이 책은 총 6장으로 구성되어 있다. 제1장에서는 사회복지실천을 위한 체계적이고 통합적인 관점 정립하기를 살펴보았고, 제2장에서는 전문적 관계수립을 위한 기본원리

익히기를 다루었다. 제3장에서는 사회복지실천을 위한 의사소통 익히기로 구성하였으며, 제4장에서는 사회복지 실천을 위한 기록기술들을 익힐 수 있도록 하였다. 제5장에서는 사회복지실천 과정별 연습하기를 다루었고, 제6장에서는 사회복지실천 이론에 근거한 사례 적용 연습하기로 구성하였다. 이렇게 구성된 교재의 개발이 그간 우리의 교육현장에서 적극적으로 이루어지지 않았다는 점과 실질적인 복지현장 상황을 충분히 반영하기에는 한계가 있을 수 있기 때문에 앞으로 많은 부분에서 수정과 보완이 되어야 할 것으로 생각된다.

교재개발과정에서 초기에 완성된 교재의 세부 검토를 위해 도와주신 현지은 교수님과 백형의 교수님에게 깊은 감사를 드리며, 국립한국복지대학교 유지현, 유지연, 김성은, 김비오, 그리고 김양선 학생과 사회복지실천기술론 수업을 수강했던 한국복지대학교와 용인송담대학교 학생들에게 진심으로 고마움을 전한다.

2017년 2월

저자 일동

6

차례

CHAPTER

01

사회복지실천을 위한 체계적이고 통합적인 관점 정립하기

1. '환경 속에 인간'의 생태체계적 맥락에서 생각하고 초점 맞추기

2. '생애주기'라는 맥락에서 생각하고 초점 맞추기

CHAPTER 01

사회복지실천을 위한 체계적이고 통합적인 관점 정립하기

인숙 씨는 16세 발달장애 아들을 둔 45세 여성으로 아들의 교육에 전념하고 있다. 남편은 아들양육 문제로 몇 차례의 갈등이 발생한 후 거의 관여하지 않고 있으며 부부간에도 거의 대화가 없는 편이다. 발달장애 아동 위로 20세의 비장애인이고 대학에 다니고 있는 딸이 있으나 역시 모와 남동생에게 관여하지 않는다.

발달장애 아들은 특수고등학교 1학년에 재학 중인 동시에 재활치료센터에 다니고 있다. 인숙 씨는 센터에서 실시하고 있는 부모모임에는 나가지 않는다. 아들은 센터에 있는 친구들에게 거친 욕설과 잦은 폭력을 사용하여 선생님들이 이를 제지하나 말을 듣지 않고 있다. 이를 인숙 씨에게 알리고 문제해결을 위해 협조를 부탁했으나 "우리 아들은 집에서 아무런 문제가 없다" "뭔가 선생님들이 우리 아들에게 잘못했기 때문이다"라고 하면서 협조를 거부하고 있는 상태다.

현재 발달장애 아들은 센터에 나오는 것이 잠정 중단된 상태이며, 비장애인인 인숙 씨의 딸에 의하면 집에서도 동생이 간헐적으로 아빠가 없을 때 폭력이 나오곤 한다고 한다. 인숙 씨는 가끔 아들의 문제에 직면하는 이야기를 센터의 선생님들에게 듣게 되면 "더 이상 살고 싶지 않다" "사람들이 우리를 이상하게 보는 것 같다" "언젠가 우리 아들을 누군가 해칠 것 같다" 등의 심리적으로 불안정한 모습을 보이기도 했다. 인숙 씨 위로 3살 위의 오빠가 있으나 자폐증 진단을 받고 집에서 행동통제가 어려워 클라이언트의 어머니가 5세 때 시설로 보내 클라이언트와는 교류가 없었다.

사회복지실천에서 통합적 관점의 정립은 클라이언트의 문제 상황을 그와 연관된 개인, 가족, 집단, 지역사회 수준에서 파악하고 상호 연결된 문제 상황에 따라 체계적이고 통합적인 방법으로 계획, 개입하는 것을 의미한다.

앞의 사례를 통합적 관점에서 살펴본다면, 클라이언트인 인숙 씨는 발달장애가 있는 아이의 엄마로서의 역할과 자녀의 양육에 방관적인 남편과의 관계, 발달장애인인 동생에 대해 역시 방관적인 누나와의 형제관계 등을 발견할 수 있다. 또한 클라이언트의 주요 문제 상황인 발달장애인인 아들과 모인 클라이언트를 둘러싼 재활치료센터, 그리고 그곳의 선생님과 유사한 문제를 가진 부모들과의 관계 등을 살펴보고 있다. 또한 개인적으로 클라이언트의 어린 시절의 형제관계에 대한 경험이 현재 심리적으로 미치는 영향 등을 파악하고 있다. 통합적 관점의 가장 많은 영향을 준 이론적 기반은 체계이론과 생태학이론이 결부된 생태체계이론이다.

1. '환경 속에 인간'의 생태체계적 맥락에서 생각하고 초점 맞추기

인간과 환경 간의 상호작용을 강조하는 '환경 속에 인간'이라는 생태체계적 맥락은 개인을 하나의 체계로, 그를 둘러싼 환경을 또 다른 각각의 체계로 바라보면서 개인과 환경, 즉 체계 간의 상호작용 속에서 발생되는 다양한 적응문제에 관여하도록 한다. 체계 간의 적응문제는 한 체계가 다른 체계에 서로 주고받는 영향에 따라 다양하게 나타난다. 이러한 체계 간의 상호작용은 구조적, 진화적, 행동적 특성을 갖고 있다.

앞서 제시된 인숙 씨의 사례를 생태체계적 맥락에서 생각하고 구조적, 진화적, 행동적 특성을 파악해 본다면 다음과 같다.

1) 체계의 구조적 특성

체계와 체계 사이에는 에너지와 정보 그리고 다양한 자원을 역동적으로 상호교류하는 일정한 경계를 유지하고 있다. 경계는 다른 체계에게 개방되어 있을 수도 있고 폐쇄되어 있을 수도 있다. 또한 주 분석대상이 되는 대상체계가 존재하고 이를 둘러싼 상위체계와 하위체계가 연결되어 있다. 상위체계는 외부에서 대상체계에게 기능적으로 영향을 미치고 하위체계는 대상체계의 내부에 존재하는 작은 단위의 체계다. 가족체계의 예를 들면, 형제체계, 부모체계, 부모-자녀체계, 부부체계 등을 의미한다.

인숙 씨 사례의 주 분석대상인 가족체계는 부부체계와 부모체계, 부모-자녀체계 그리고 형제체계로 구성되어 있다. 부부체계의 경우 부부간의 대화가 거의 없는 것으로 보아 정서적 교류가 활발하게 이루어지고 있지 못한 것으로 생각되며, 부모체계로서의 부부는 자녀양육에서도 모가 자녀 양육을 전담하고 있고 부는 초기에는 일부 관여를 하였으나 모와의 의견차이로 거의 관여를 하지 않고 있다. 부모−자녀체계의 경우 모가 발달장애 아들에게 몰입하면서 부와 아들 간의 정서적 교류가 활발하지 못한 상황이다. 형제체계의 경우는 비장애인인 누나가 있으나 소원한 관계에 있다. 대상체계인 앞의 사례가족은 모의 경우 외부체계와의 상호교류가 발달장애인 아들과 관련된 재활센터나 특수학교에만 제한적으로 이루어지고 있으며 발달장애인 가족모임에도 나가지 않는 등 다소 폐쇄적인 상황에 있다.

2) 체계의 진화적 특성

체계는 변화되거나 유지되려는 속성을 가지고 있는데 이를 진화적 특성이라고 한다. 체계의 진화적 속성은 평형, 항상성, 안정 상태, 호혜성의 개념으로 설명되고 있고 진화과정 안에서 흐르는 에너지의 변화는 엔트로피, 넥엔트로피, 시너지의 개념으로 설명되고 있다. 평형은 폐쇄체계 안에서 고정된 균형 상태를 의미하며, 항상성은 균형 상태에서 일부 개방체계를 전제로 비교적 안정적인 균형상태를 유지하려는 것을 말한다. 안정 상태는 체계의 붕괴를 막고 안정 상태를 유지하기 위해 구조의 일정한 부분을 개방체계로 변화시키면서 에너지를 계속 사용하는 상태를 의미한다. 호혜성은 체계의 한 부분이 변화하면 다른 체계까지 변화되는 속성을 말한다. 엔트로피는 체계 간 상호작용이 줄어 유용한 에너지가 감소하는 현상을 말하고 넥엔트로피는 체계 간 균형, 분화, 질서상태가 유지되어 유용하지 않은 에너지가 감소되는 것으로 의미한다. 시너지는 체계 간의 상호작용이 증가하면서 유용한 에너지가 증가하는 것을 말한다.

앞의 사례의 경우 모인 인숙 씨는 발달장애 아들을 위해 외부체계인 학교나 재활센터의 도움을 받고 있지만 아들의 폭력문제의 변화를 위해 외부의 도움을 받아들이기보다는 현재의 가족상황을 유지하기 위한 역기능적인 항상성으로 "우리 아들은 집에서 아무런 문제가 없다" "뭔가 선생님들이 우리 아들에게 잘못했기 때문이다"라고 하면서 협조를 거부하고 있는 상태다. 또한 발달장애 아들의 양육문제에 있어서도 부가 관여를 못하고 있어 가족체계 내부와 외부체계와의 상호교류가 원활하지 못한 상황에 있다. 즉, 발달장애 아들문제와 관련된 외부체계와 대상체계의 하위체계 간의 엔트로피 상태에 놓여 있다.

3) 체계의 행동적 특성

체계는 역동적으로 환경과 교류한다. 환경과의 교류는 투입-전환-산출 이라는 과정이 반복적으로 환류(피드백)하게 되며 이때 환류는 체계의 항상성을 유지시키고 변화를 극소화시키려는 부정적 피드백(negative feedback), 즉 1차적 수준의 변화과정을 가지고 체계의 급진적이고 불연속적인 변화를 통해 체계 전체적인 변화를 일으키는 긍정적 피드백(positive feedback), 즉 2차적 수준의 변화과정 속에서 발생된다. 환류과정은 또한 개인이 환경 안에서 얻어지는 자원의 적합성을 논의하게 되는데 적합성이 적절할 경우 인간과 환경에 대한 상호 적응력은 높은 수준에서 이루어진다. 환경과의 적응력이 감소할 경우 스트레스가 발생하게 되는데, 스트레스는 환경과의 교류 안에서 적절한 자원을 이용하여 대처할 수 있는 능력이 감소될 때 나타나는 것으로 개인의 스트레스와 대처기술 그리고 환경과 효과적으로 상호작용할 수 있는 유능성에 따라 상이하게 나타난다.

앞의 사례에서 인숙 씨는 발달장애 아들의 문제를 비롯한 가족체계의 변화를 최소화하려는 부정적 피드백의 1차적 변화수준의 과정에 있는 것으로 보인다. 외부체계의 도움 에너지를 최소화하면서 현재 가족상황을 그대로 유지하려는 모의 노력과, 이에 대해 적극적인 노력을 하지 않고 있는 부와 딸의 경우 모두 부정적 피드백의 상황에 있다. 이때 모와 가족들은 과도한 스트레스를 받게 되면서 스트레스 대처의 어려움을 갖게 된다. 그러나 발달장애 아들의 폭력문제가 더욱 표면화되고 확대되면 모를 비롯한 가족들은 현재의 상황을 그대로 유지하는 데 한계를 가질 수밖에 없다. 이때 사회복지사의 적극적인 개입을 통해 2차적 변화과정이라 할 수 있는 긍정적 피드백의 환류과정이 발생될 수 있다. 긍정적 피드백 과정은 발달장애 아들의 폭력문제 해결과 가족 내 하위체계 간의 넥엔트로피가 발생되는 전환과정이 생성되고 스트레스를 적절하게 조절하면서 대처할 수 있는 방법들을 만들게 된다. 이와 같은 가족 내의 긍정적인 결과의 산출경험은 유사한 문제가 또 다시 발생되더라도 과거처럼 과도한 스트레스를 받거나 대처할 수 없는 상황까지 가지 않고 가족체계 안에서나 외부체계와의 역동적인 상호교류를 통해 문제해결을 위한 긍정적인 에너지가 가족에게 재투입되는 환류과정이 재생성된다.

① 사례 1

　23세 영미는 경도의 지적장애[1]를 가지고 있으며, 현재 대학교 3학년에 재학 중이다. 부는 개인 사업을 하면서 딸의 양육에 거의 관여하지 않고 모에게 일임하였다. 모는 대인관계 기술이나 학습능력이 상대적으로 떨어진 딸을 위해 어려서부터 친구들을 집으로 불러 선물을 나누어 주거나 값비싼 음식을 사 주면서 영미와 놀도록 하였으며, 딸에 관련된 모든 문제를 직접 해결하였다. 영미는 모든 문제를 모가 시키는 대로 하는 등 절대적 의존을 하였다. 영미가 대학교 1학년 때 교통사고로 갑자기 모가 사망하자 영미는 극심한 우울증을 보이다가 남자친구를 사귀게 되었다. 그러나 남자친구는 얼마 후 다른 여자친구가 생겼다며 이별을 통보하였고 영미는 이 사실에 좌절하며 자살시도를 하였다. 이후 영미는 우울증 치료를 받게 되었으며, 부가 영미의 생활에 일부 관여를 하였지만 바쁜 사업으로 많은 시간을 할애하지 못하고 있다. 딸의 상황을 잘 몰랐던 부는 딸과 잦은 갈등과 이로 인한 스트레스를 받고 있다. 형제로는 남동생이 있었지만 영미와 다르게 학업능력이 우수하여 명문대학에 재학 중이다. 모가 살아 있을 때에는 영미와는 소원한 관계에 있었으나 모 사망 후 누나를 안쓰럽게 여긴 남동생이 영미에게 많은 도움을 주고 있다.

• 사례를 '환경 속에 인간'의 생태체계적 맥락에서 생각하고 사정하기

　연습 ① 영미와 가족을 생태체계의 구조적 특성(하위체계, 상위체계, 대상체계, 경계 등)에 맞추어 사정해 보시오.

---

1) 지능지수가 70~79 정도에 있는 경우, 경도의 지적장애로 진단된다.

연습 ② 영미와 가족을 생태체계의 진화적 특성(평형, 항상성, 안정 상태, 호혜성, 엔트로피, 넥엔트로피, 시너지 등)에 맞추어 사정해 보시오.

연습 ③ 영미와 가족을 생태체계의 행동적 특성[환류(피드백), 부정적 피드백, 긍정적 피드백, 스트레스 대처 등]에 맞추어 사정해 보시오.

----

② 사례 2

32세 형철은 지적장애 3급[2]으로 부모와 함께 집에서 생활하고 있다. 25세 비장애인 여동생이 있으나 고등학교 졸업 후 취직하면서 독립하여 따로 살고 있다. 오빠인 형철과는 거의 대화가 없고 부모와도 거의 왕래를 하지 않고 있다. 그러나 형철은 "우리 여동생은 예쁘게 생겼어요"라고 하면서 다른 사람들에게 자신의 여동생을 자랑하곤 한다. 형철은 장애인복지관에서 직업재활을 위한 교육을 받고 있는데, 최근 교육장에서 같이 훈련을 받고 있는 동료에게 자신을 무시했다면서 욕을 하고 때리려는 행동을 취해 사회복지사에 의해 제지를 당하는 사건이 있었다. 이와 유사한 사건이 간헐적으로 발생되고 있고 분노폭발을 하는 모습이 자주 목격되곤 한다. 형철이 어린 시절 부는 일

---

2) 지적장애 1급은 IQ 34 이하, 2급은 IQ 35~49, 3급은 IQ 50~70로 등급판정기준이 이루어지고 있다.

용직으로 노동일을 하면서 저녁마다 몸을 가눌 수 없을 만큼 매일 술을 마시곤 하였다고 한다. 집에 와서는 아이들과 부인에게 사소한 이유로 종종 폭력을 행사하기도 하였다. 그때마다 외부에 도움을 요청하기보다는 모가 형철과 여동생을 안고 동네 병원에 피해 있다가 부가 잠들면 집으로 돌아가곤 하였다. 최근에는 부가 간질환을 앓은 후 금주를 하고 폭력문제도 발생되지 않고 있지만, 형철은 부와 거의 대화를 하지 않고 부에 대한 원망과 미움을 가끔 모에게 표현하고 있다.

• 사례를 '환경 속에 인간'의 생태체계적 맥락에서 생각하고 사정하기

  연습 ① 형철과 가족을 생태체계의 구조적 특성(하위체계, 상위체계, 대상체계, 경계 등)에 맞추어 사정해 보시오.

  연습 ② 형철과 가족을 생태체계의 진화적 특성(평형, 항상성, 안정 상태, 호혜성, 엔트로피, 넥엔트로피, 시너지 등)에 맞추어 사정해 보시오.

연습 ③ 형철과 가족을 생태체계의 행동적 특성[환류(피드백), 부정적 피드백, 긍정적 피드백, 스트레스 대처 등]에 맞추어 사정해 보시오.

----

2. '생애주기'라는 맥락에서 생각하고 초점 맞추기

53세의 홍희 씨는 두 딸을 가진 전업주부다. 동갑인 남편 철규는 대기업 상무로 재직 중이다. 최근 회사에서 입사동기들이 줄줄이 구조조정 되면서 다음은 자신의 차례가 될 것 같아 불안한 상태에 있다. 큰딸 영숙은 28세로 결혼을 해서 5세인 아들과 2세인 딸을 두고 있다. 최근 셋째를 임신하면서 회사 일에 지나치게 몰두하고 있는 남편과 육아문제로 다툼이 잦고 5세인 아들이 엄마와 떨어지지 않겠다며 유치원에 가기를 심하게 거부하고 있어 심한 스트레스를 받고 있다. 작은 딸 영미는 현재 17세로 고등학교 2학년에 재학 중이다. 홍희 씨의 늦둥이로 태어나 가족의 관심 속에 성장하였다. 초등학교 시절에는 지속적으로 전교 5등 안에 들 정도로 학업능력이 뛰어났으나 영미가 원하는 것보다는 모가 시키는 대로 학교와 학원생활에만 몰두하고 친한 친구를 사귀지 못하였다. 특히 모는 경제적으로 어렵거나 학업능력이 떨어진 친구와는 일상적인 대화도 나누지 못하게 하였는데 처음에는 그 상황을 어색해 했으나 나중에는 당연한 것으로 여기게 되었다. 중학교에 진학하면서 자신의 음악적 재능을 우연히 발견하고 작곡가의 꿈을 가졌으나 의사가 되기를 바라는 모의 심한 반대로 진로선택의 갈등을 겪으면서 학업성적이 떨어지게 된다. 고등학교 진학 후에도 학업의욕은 더욱 감소하고 모의 강요에 의해 다니게 된 학원을 부모 모르게 잦은 결석을 하고 있다. 친구가 없는 영미는 학원에 빠지는 시간에는 pc방에서 시간을 보내기도 하고 아이쇼핑을 하거나 거리를 방황하기도 한다.

홍희 씨는 딸들이 자신의 생각과 다른 삶을 살고 있는 것과 회사밖에 모르는 남편과의 관계에서 '나는 가족들에게 무가치한 존재이고 지금까지의 삶이 의미가 없다'는 생각을 지속적으로 하면서 심각한 우울 상태에 놓여 있다. 또한 홍희 씨의 시어머니는 80세로 10년 전 남편과 사별하고 자식들은 모두 출가시킨 후 혼자서 살고 있다. 큰아들인 홍희 씨의 남편 철규 씨와도 따로 살고 있지만 큰아들 집에서 멀지 않은 곳에 살고 있다. 장남에 대한 의존도가 높고 다른 자녀들 중에서도 가장 정서적으로 밀착되어 있는데 남편 사별 후 더욱 이런 현상이 심해졌다고 한다. 평소 큰 며느리인 홍희 씨에 대해 "나에게도 최선을 다하지 않는다"고 하면서 "내가 아들을 최고로 키웠으나 며느리가 많이 부족해 내 아들이 출세하지 못하고 있다"고 주장해 며느리인 홍희 씨와 잦은 충돌이 일어나고 있다. 2남 1녀의 자식을 두고 있는 시어머니는 자주 찾아오지 않는 자식들의 대한 섭섭함을 주로 며느리인 홍희 씨에게만 비난하고 있고 다른 가족들에게는 표현하지 못해 홍희 씨와 더욱 심한 고부갈등을 겪고 있다.

앞의 사례를 살펴보면, 한 가족 안에 다양한 생애주기를 가진 가족구성원이 존재함을 알 수 있다. 중년기 여성인 홍희 씨와 남편은 자녀의 독립을 경험하고 자신의 발전이 정체되거나 퇴보되는 듯한 느낌을 받는 '중년기 위기'에 대한 혼란을 엿볼 수 있다. 성인기인 큰딸 영미의 가정에서 부모역할과 유아기에 있는 아들에 대한 육아 어려움을 발견할 수 있는데, 영미의 아들의 경우 그 시기에 집 이외의 첫 사회화를 경험하게 되는 유치원에서 부모와의 분리불안을 심하게 경험하고 있음을 알 수 있다. 또한 청소년기에 있는 작은 딸의 경우 자아정체감 형성과정에서 나타나는 진로문제나 친구관계 등의 혼란을 느낄 수 있다. 특히 이 문제에 모의 관여가 깊어 심한 갈등으로 인한 스트레스를 겪고 있음을 알 수 있다. 시어머니의 경우, 노년기의 자녀와 분리를 준비하지 못하고 지금까지 자신의 삶을 통합시킬 수 있는 심리적 독립이나 자신만의 생활을 갖지 못하고 있다. 이에 따라 자녀에 대한 심리적 의존이 상대적으로 높아 자신의 어려움을 말하기 가장 편한 며느리에게 호소함으로써 고부간의 갈등이 높아지고 있다. 이 가족구성원은 각자의 생애주기에서 발생되는 상황에 따라 실행해야 할 심리적 · 사회적 과업이 다르고 이에 따라 대처해야 할 정서적 · 행동적 패턴이 다름을 알 수 있다. 결국 사회복지실천에서 통합적 관점은 클라이언트의 각각의 생애주기에 맞는 특성과 해결해야 할 과업 등을 토대로 환경 속에 인간이라는 생태학적인 관점의 정립을 의미한다.

홍희 씨의 사례를 통해 홍희 씨와 그의 가족의 생애주기적 특성과 해결해야 과업을 생애주기별로 구분하여 자세히 살펴보면 다음과 같다.

1) 영 · 유아기

영 · 유아기는 인간의 지속적인 발전과 성장을 위한 가장 기초단계에 해당된다. 이

시기는 많은 학자들이 태내기로부터 초등학교 입학 이전까지와 그에 따른 발달특징을 설명하고 있다. 임신 중인 태내기에는 임산부의 정서 상태에 따라 태아에 큰 영향을 미치게 되고 영양 상태나 질환 여부는 정상적인 신체발육에 매우 중요한 영향을 미치게 된다. 이러한 영향으로 최근 예비부모역할을 위한 프로그램들의 보급으로 적절한 부모역할을 위한 교육 사업이 활성화되고 있다. 영아기는 출생으로부터 2세까지의 시기를 주로 의미하고 유아기는 3세부터 학령전기인 6세까지를 말한다. 영·유아기는 신체와 인지적 기능이 활발하게 발달하기 시작하는 시기임과 동시에 전 생애를 거쳐 정서적 발달의 토대가 되는 시기이기도 하다. 특히 영·유아기의 단계에 따른 운동기능 발달이나 인지·언어발달 등에 대한 내용은 발달장애의 조기점검에 비추어 부모들이 알고 있어야 할 매우 중요한 정보다. 이 시기의 정서적 발달은 사회적 발달과도 밀접한 연관성을 갖는다. 유아의 정서는 2세가 끝날 무렵 성인에게서 나타나는 모든 정서가 발달되며[3], 그 이후에는 정서를 다루는 방법들을 배우게 된다. 이 시기는 부모와의 안정적인 양육과정을 통한 애착관계 형성이 이루어지는 단계로 부적절한 양육과정은 전 생애에 걸쳐 대인관계 안에서 안정적인 애착관계 형성의 어려움을 초래하는 계기가 되기도 한다. 또한 유아기 양육자와의 부적절한 애착형성 경험은 낯선 사람이나 상황에 대한 과잉분리불안 문제와 밀접한 관련을 가지며, 학대나 방임 등의 문제는 자신을 부정적으로 인식하면서 정서불안 등의 경험을 가지게 한다. 대소변훈련은 자율적인 성격형성에 중요한 영향을 미치고 유아기 놀이는 사회성의 기초가 되는 대인관계의 경험을 갖게 하고 부모나 주변인들의 모방을 통한 도덕적 의식이 형성되게 한다.

앞의 사례에서 홍희 씨의 큰딸 영숙은 28세로 결혼을 해서 5세인 아들과 2세인 딸이 있다. 최근 셋째를 임신하면서 육아문제로 회사 일에 지나치게 몰두되어 있는 남편과 다툼이 잦고 5세인 아들이 엄마와 떨어지지 않겠다며 유치원에 가기를 거부하고 있어 심한 스트레스를 받고 있다. 이를 통해 우리는 남편과의 잦은 갈등이 태내기에 있는 셋째 아이에게 부정적인 영향을 미치고 부모의 잦은 부정적 정서표현은 유아기의 정서분화과정에 있는 둘째 딸에게 균형감 있는 정서발달에 저해요인이 된다는 것을 알 수 있다. 또한 부모의 갈등은 두 아이의 안정적인 양육과정에 많은 어려움을 주고 아이들의 안정적인 애착형성에 문제를 유발할 것으로 예상된다. 그 예로 첫째 아들이 모와 떨어지지 않으려고 하는 과도한 분리불안이 부모와의 애착관계

---

3) 브리지스(Bridges, 1932)는 영·유아의 정서분화과정이 출생으로부터 2세까지로 나타나고 있음을 알리면서 성인의 희노애락과 관련된 대부분의 정서가 이 시기에 단계적으로 분화되고 발달된다고 하였다.

형성문제와 깊은 연관성을 가진다. 따라서 부모의 갈등을 해결할 수 있는 부부상담과 적절한 부모역할에 대한 교육 등이 제공되어야 하며, 과도한 육아문제에 대한 육아지원방법의 모색이 필요하다. 이와 동시에 두 아이에 대한 정서발달과 부모-자녀관계에 대한 상담 및 지원이 제공되어야 한다.

2) 아동기

아동기는 초등학교 과정인 7세부터 12세에 해당되는 시기다. 아동기는 영·유아기와 다르게 생활의 중심이 가정으로부터 학교가 된다. 이는 부모나 형제와의 관계로부터 학교친구 등의 또래관계나 선생님 등 가족 이외의 다른 성인들과의 관계가 많아짐을 의미한다. 신체적 성장과 더불어 인지발달이 활발하게 진행된다. 논리적 사고는 아동의 자기중심적 사고로부터 타인을 공감하고 이해하는 능력을 향상시킨다. 상황과 사건의 맥락을 파악하고 평가하는 능력이 생기면서 콜버그(Kohlberg)[4]가 이야기한 인습적 수준의 도덕적 개념이 형성된다. 이때의 도덕발달은 부모의 도덕적 수준에 절대적인 영향을 받게 된다. 정서발달이 더욱 세분화되나 자신의 발달과업과 연결될 경우 극단적인 방법으로 표현되기도 한다. 그 예로 유아기의 분리불안이 해결되지 못한 아동은 학교에 대한 부적응문제를 가지기 쉽고 이로 인해 학교거부증이 발생될 확률이 높다. 그러나 학교거부증 아동은 학교에서 겪는 어려움을 정서적으로 표현하기를 어려워하고 억압하거나 간접적으로 표현하기 때문에 그 원인을 찾기가 쉽지 않다. 또한 아동기에 원인을 명확히 알 수 없는 특정 학습장애나 주의력결핍과잉행동장애 등의 장애가 최근 증가추세에 있다. 학업적 능력과 근면함은 학교생활의 질에 큰 영향을 미치고 학생에 대한 열정과 유연성을 가진 학교는 아동의 학교에 대한 긍정적인 태도를 가질 수 있는 경험을 제공한다. 학교에서의 또래관계는 사회성에 매우 중요한 영향을 미치고 단체활동은 협동관계와 자신의 역할에 대한 책임감을 습득하게 된다. 최근 컴퓨터 게임은 아동에게 폭력성을 갖게 하고 대중매체의 고정된 성역할은 아동의 획일화된 성역할과 사고형성에 영향을 미친다.

---

[4] 콜버그는 도덕발달 수준을 크게 3단계로 구분하였다. 도덕발달의 초기단계인 전인습적 수준을 4~10세로, 학습이나 사회적 권위 등에 의해 형성되는 인습적 수준을 10~13세로, 스스로의 판단이나 양심에 의한 후인습적 수준을 13세 이상으로 보고 있다.

앞의 사례에서 홍희 씨의 작은 딸 영미는 초등학교 때 전교에서 5등 안에 들 정도로 학업성적이 우수하였으나 영미가 원하는 것보다는 모가 시키는 대로 학교와 학원생활에만 몰두하고 친한 친구를 거의 사귀지 못하였다. 특히 모는 경제적으로 어렵거나 학업능력이 떨어진 친구와는 일상적인 대화도 나누지 못하게 하였는데 처음에는 그 상황을 어색해 했던 둘째 딸은 나중에는 당연한 것으로 여기게 되었다. 영미는 아동기에 경험해야 할 또래관계의 경험을 하지 못하고 자신의 자율적인 선택이라기보다는 모에 의해 통제되고 관리되는 일상생활은 학교나 집에서의 근면성을 계속 가져야 할 동기를 부여하는 데 어려움을 갖게 한다. 또한 자신의 상황과 차이가 있는 친구들을 무시하는 태도를 갖도록 한 경험은 영미의 타인을 이해하고 공감할 수 있는 대인관계능력에도 부정적인 영향을 미쳤으며, 타인존중에 대한 낮은 수준의 도덕적 발달이 이루어지게 하였다. 정서적인 부분에 있어서도 아동기에 또래집단인 친구들과의 놀이나 어울림을 통한 생각과 감정의 교류의 장이 세부적인 정서적 성장에 필요하나, 영미의 경우 모에 의해 친구관계가 정해지고 정서교류를 할 수 있는 친한 친구관계가 없었고 모와도 자신의 생각과 감정이 수용되기보다는 거절되는 경험을 많이 했던 것으로 보아 이런 과정의 경험이 충분치 않았던 것으로 보인다.

3) 청소년기

청소년기는 신체적 성장과 심리·사회적으로 폭풍 성장하는 시기다. 중·고등학교 시절인 13세부터 18세까지를 의미한다. 어떤 학자들은 13세에서 18세까지를 청소년 전기라 하고 대학교 과정인 23세까지를 청소년 후기라 지칭하고 있다. 즉, 청소년 전기에는 신체적·성적인 성숙과 더불어 인지적 발달이 활발하게 일어나는 시기라면 청소년 후기에는 심리적·사회적 성장과 더불어 내적 성장도 함께 일어난 시기다. 청소년 전기는 연역적 사고가 활발히 일어나는 피아제(Piaget)에 의한 형식적 조작기[5]가 해당되는 시기로 논리적 사고에 의해 상황을 판단하게 된다. 이때 청소년들은 자신의 감정과 생각을 타인들과 활발히 공유하면서 다른 사람의 생각과 감정을 통합할 수 있는 과정을 거치는데 모든 청소년들이 모두 이 과정에 이르는 것은 아니다. 자기중심적인 아동기의 특성에서 점차 벗어나 타인의 생각과 감정을 공유할 수 있는 발달단계를 거친 경우에만 가능한 것이다. 그러나 사회적 학습에 의해 점차 청소년의 자기중심적 태도

---

5) 피아제는 네 단계의 인지발달단계를 거친다고 하였다. 감각운동기, 전조작기, 구체적 조작기, 형식적 조작기가 이에 해당된다. 특히 형식적 조작기는 청소년기에 발달되는 것으로 추상적이고 연역적 사고가 가능하나 자기중심적 사고에 의해 자신의 생각에 대한 현실검증력이 약한 특성을 가진다고 하였다.

는 점차 줄어들 수 있다. 이 시기는 또래집단의 영향을 크게 받아 집단에 대한 소속감을 가족보다는 또래집단 속에서 느끼게 되고 집단의 교우관계 속에서 서로 간의 동일시를 통해 정체성을 확립하게 된다. 따라서 집단따돌림이나 왕따 등의 부적절한 또래집단의 영향은 청소년의 자기평가에 치명적일 수 있다.

청소년 후기는 에릭슨(Erikson)이 말한 '자아정체감'이 형성되는 시기다[6]. 정체감 형성에 어려움을 겪게 되면 책임감 있는 성인의 역할을 피하게 되고, 부모에 의해 미래의 자신에 대한 모습이 결정되면 성숙하고 진정한 자아정체감을 느끼기 어렵게 된다. 청소년기는 성인기의 전 단계로 미래의 진로선택에 대한 많은 갈등과 고민을 하게 된다. 자신의 능력이나 적성에 맞는 진로선택의 기회는 미래의 직업선택에서 자기결정에 대한 책임을 가지게 되지만 자신의 선택이 아니라 부모에 의해 일방적으로 결정되거나 타인에 떠밀려 진로를 선택할 경우 직업선택에 대한 혼란과 갈등을 경험하게 된다.

앞의 사례에서 홍희 씨의 작은 딸 영미는 청소년기 이전부터 모에 의해 제한된 교우관계와 사회적 경험을 하였다. 중학교에 진학하면서 자신의 음악적 능력을 우연히 발견하게 되고 작곡가의 꿈을 가졌으나 의사가 되기를 바라는 모의 심한 반대로 진로선택의 갈등을 겪으면서 학업성적이 떨어지게 된다. 고등학교 진학 후에도 학업의욕은 더욱 감소하고 모의 강요에 의해 다니게 된 학원을 부모 모르게 자주 결석하고 있다. 친구가 없는 영미는 학원에 빠지는 시간에는 pc방에서 시간을 보내기도 하고 아이쇼핑을 하거나 거리를 방황하기도 한다. 청소년기는 대인관계나 사회적 학습을 통해 자기중심적 사고에서 벗어나 타인과의 생각이나 감정을 공유하고 타인의 관계 속에서 자신이 누군지를 파악할 수 있는 자아정체감을 형성하게 된다. 그러나 영미의 경우 부모가 원하는 진학을 위해 대학입시에만 매달리게 되고 한정된 사회적 경험과 빈약한 대인관계 속에서 적절한 자아정체감을 느끼고 형성할 수 있는 기회를 갖기는 어렵다. 특히 자신의 진로를 어렵게 발견했지만 모의 반대로 벽에 부딪히면서 자신의 선택에 의한 미래를 결정할 수 없는 상황이다. 이와 더불어 대부분의 청소년들이 친구관계를 통해 자신의 문제에 대한 동질감을 느끼고 심리적 보상을 받지만, 영미의 경우 또래집단의 도움을 받을 수 없는 상태로 스스로의 고립현상은 증가되고 어디에도 소속될 수 없고 안정감을 느낄 수 없게 되면서 자아정체감의 혼란을 더욱 가져올 수밖에 없다. 이는 스스로가 무엇인가를 해야 한다는 성숙된 내적 성장을 어렵게 하고 기성세대인 부모들과 의사소통하지 못하고 자신의 스

---

6) 에릭슨은 '자아정체감'을 내적으로 일관성 있게 자신과 타인의 관계 속에서 자신의 존재를 알고 알릴 수 있는 느낌이라 하였다. 즉, 청소년기의 자아정체감 형성은 자신이 누구인지에 대한 자기평가과정을 경험하게 되고 이를 통해 미래의 자신의 역할을 발견하고 자신의 존재감을 느낄 수 있는 자기개념화가 일어날 수 있다.

트레스를 피하기 위해 충동적 생각 속에서 행동으로 옮기는 문제를 만들 수 있다. 그 예로 영미는 학원을 자주 결석하고 거리를 방황하는 모습들이 관찰되고 있다.

4) 성인기

성인기는 청소년기가 끝나는 시점으로부터 노년기가 시작되기 전 단계로 생애주기 중 가장 긴 시기다. 따라서 성인기 안에서도 각각의 발달단계를 경험하게 된다. 많은 학자들은 성인 초기(20세 전후~40세 이전)와 중년기 혹은 성인 후기(40~65세 이전)로 분류하여 발달과업과 특성을 제시하고 있다. 성인 초기는 원가족으로부터 독립하여 자신만의 직업을 갖고 새로운 가정을 가지게 되는 시기다. 이 시기에는 결혼을 통해 부부의 역할과 부모의 역할을 새롭게 정립해야 한다. 성인 후기는 중년기라고도 불리는데, 인생의 중반에 와 있는 시기로 에릭슨에 의하면 발달단계에서 생산성이 가장 왕성한 단계로 많은 사회적 역할을 부여받게 된다. 그러나 노년기의 길목에서 생산성의 한계를 느끼게 되는 중년들은 자신의 발전에 대한 정체현상을 느끼게 되고 이로 인한 중년기의 위기를 경험한다. 즉, 지금까지 자신의 의지와 상관없이 자신이 해 왔던 일을 정리하거나 은퇴를 준비해야 한다. 이와 더불어 자녀들의 독립을 경험하면서 '빈둥지' 현상에 대한 심리적 혼란을 겪기도 한다. 또한 연로하신 부모의 부양부담이 새로운 과업으로 떠오르면서 가족 내 갈등을 초래되기도 한다. 위와 같은 다양한 중년기의 변화들에 대한 부부간의 공감대가 형성되어 있지 못하고 상호이해가 부족하여 적절하게 대처하지 못할 경우, 중년기 우울증이나 이혼 등의 문제에 직면할 수 있으며 극단적으로는 배우자 학대와 같은 가족폭력이나 알코올중독 등의 문제를 가질 수 있다.

앞의 사례에서 성인 후기인 홍희 씨와 그의 남편 철규 씨는 '중년기의 위기 상황'에 놓여 있다. 53세의 홍희 씨는 전업주부로 살면서 남편은 일에만 몰두하고 부부관계는 소원한 상태에서 그녀 일상의 대부분은 자녀를 위해 보내게 되면서 딸들에 대한 정서적 밀착은 더욱더 심해졌다. 이는 부부관계에서 받을 수 없는 정서적 유대감을 자녀에게 몰두하면서 자녀로부터 심리적 보상을 얻기 위한 악순환의 반복이라 볼 수 있다. 이는 작은딸의 삶에 지나치게 간섭하게 되고 자녀와의 잦은 갈등이 초래되면서 홍희 씨의 절망이 더욱 깊어지게 하고 있다. 이와 같은 상황들은 홍희 씨로 하여금 '자신이 가족들에게 무가치한 존재이고 지금까지의 삶이 의미가 없다'는 생각을 하게 만들고 이로 인한 심각한 우울 상태에 놓이게 하였다. 맏며느리로서 시어머니와의 고부갈등은 그녀의 우울감을 더욱 악화시키고 있다. 동갑인 남편 철규 씨는 대기업 상무로 재직 중에 있다. 최근 회사에서 입사동기들이 줄줄이 구조조정 되면서 다음은 자신의 차례가 될 것 같아 불안한 상태에 있다. 25년을 일한 곳에서 '자신을 버릴지 모른다'는 불안과 미래를 걱정하고 가족의 생계를 걱정해야 하는 것에 대한 무기력감을 심하게 느끼고 있다. 즉, 철규 씨는 에릭슨이 말한 '정체된 상황'에 대한 부적응 속에서 심리적 위기를 겪고 있다. 더욱이 장남인 철규 씨는 80세 노모의 부양부담과 자신의 배우자와의 고부갈등으로 가정 내에서도 안정감을 느낄 수 없다. 성인 초기인 큰딸인 영숙은 28세로 결혼을 해서 5세인 아들과 2세인 딸을 두고 있다. 최근 셋째를 임신하면서 육아문제와 회사 일에 지나치게 몰두되어 있는 남편과 다툼이 잦고 5세인 아들이 엄마와 떨어지지 않겠다며 유치원에 가기를 심하게 거부하고 있어 심한 스트레스를 받고 있다. 영숙은 결혼과 더불어 세 아이의 엄마가 되면서 부모역할과 양육에 대한 부담감과 함께 심한 스트레스를 받고 있다. 양육 스트레스는 부부관계까지 위협하고 있어 자녀 출생 이후 달라질 수밖에 없는 부부역할의 재정립과정을 통해 균형감 있는 가정유지가 시급하다. 또한 큰아이의 과도한 불리불안에 대해 적절하게 대처할 수 있는 부모역할에 대한 교육과 정보가 요구된다. 이때 친정모의 자녀에 지나치게 몰두하였던 모습이 큰딸인 영숙 씨에게 미쳤을 영향에 대해서도 살펴볼 필요가 있다.

5) 노년기

노년기는 노화에 따른 신체적 변화와 심리적 위축, 사회적 역할의 축소 등과 함께 죽음에 대한 불안까지 복합적인 상황과 변화에 직면하게 된다. 신체적 노화는 오감(五感)의 변화와 더불어 정신운동도 둔화된다. 정신운동의 둔화는 정보처리 속도가 떨어지면서 상황대처능력이 감소된다. 심리적인 측면에서 에릭슨에 의하면 발달단계에서 통합 대 절망의 시기에 해당된다. 통합은 지금까지 자신의 삶을 있는 그대로 수용하면서 자신만의 의미부여를 할 수 있는 과정을 말하며, 절망은 통합과는 반대되는 개념으로 자신의 삶에 대한 절망적 감정을 갖게 하고 있는 그대로 수용하기보다는 과장 또는 축소하면서 죽음을 받아들이는 데 많은 어려움을 갖도록 만든다. 즉, 현재 노년기에 접어든 자신의 상황을 있는 그대로 심리적으로 수용하고 자신을 조절할 수 있는 능력에 많은 한계를 느낄 수 있다. 노년기는 죽음을 준비해야 하는 단계로 최근 말기질환에 대한 호스피스[7]사업의 중요성이 크게 대두되고 있다. 노년기의 또 다른 문제로 치매와 노인성

---

7) 호스피스란 '죽음을 앞둔 환자와 가족이 편안하게 임종을 맞고 죽음을 받아들일 수 있도록 돕는 활동'을 의미한다.

우울에 따른 자살문제와 더불어 노인학대 등이 있다. 최근 치매에 대한 조기점검 체계 준비와 노인성 우울을 비롯한 노인 정신건강에 대한 사회적 서비스 제공에 대한 사회적 요구가 급증하고 있다. 노인학대의 경우 가족폭력의 연속선상에서 살펴보면 특히 학대 가해자가 가족인 경우 학대 피해자인 노인들이 자녀들에게 사회적 불이익이 생길 것을 우려하여 신고를 회피하거나 부인하는 경우가 많다. 최근에는 '황혼이혼'이 증가 하면서 노년기의 가족해체문제가 또 다른 사회적 문제가 되고 있다.

앞의 사례에서 홍희 씨의 시어머니는 80세로 10년 전 남편과 사별하고 자식들은 모두 출가 시킨 후 혼자서 살고 있다. 큰아들인 홍희 씨의 남편 철규 씨와도 따로 살고 있지만 큰 아들 집 에서 멀지 않은 곳에 살고 있다. 장남에 대한 의존도가 높고 다른 자녀들 중에서도 가장 정서 적으로 밀착되어 있는데 남편 사별 후 이런 현상이 더욱 심해졌다고 한다. 평소 큰 며느리인 홍희 씨에 대해 "나에게 최선을 다하지 않는다"고 하면서 "내가 아들을 최고로 키웠으나 며느 리가 많이 부족해 아들이 출세하지 못하고 있다"고 주장하며 며느리인 홍희 씨와 잦은 충돌이 일어나고 있다. 2남 1녀의 자식을 두고 있는 시어머니는 자주 찾아오지 않는 자식들의 대한 섭섭함을 주로 며느리인 홍희 씨에게만 비난하고 있고 다른 가족들에게는 표현하지 못해 홍희 씨와 더욱 심한 고부갈등을 겪고 있다. 노년기인 홍희 씨 시어머니는 전형적인 노년기의 가족 체계의 변화와 자녀들의 독립에 대한 적응에 어려움을 겪고 있다. 지금까지 살아온 자신만의 삶을 통합하기보다는 자신의 삶과 큰아들의 삶을 동일시하면서 며느리에게 손주들만 챙기고 자신의 아들인 남편 철규 씨에게 소홀하다고 자주 비난하고 있다. 이는 며느리뿐만 아니라 자 식인 철규 씨에게도 큰 스트레스원이 되고 있고 이로 인해 아들 부부관계에 부정적인 영향을 미치고 있다. 자녀가 결혼을 통해 원가족으로부터 독립한 것에 대해 시어머니는 자녀에 대한 심리적 독립이 이루어지지 못한 것으로 보인다. 또한 자녀들의 시어머니에 대한 부양이 소홀 한 것에 대해 소외감과 더불어 심리적 우울감을 느끼고 있다.

실천연습

① 사례 1

60세의 주희 씨는 1남 2녀의 자녀를 두고 있다. 남편 홍국 씨는 중소기업을 운영하고 있다. 장남 선우는 27세로 2년 전에 결혼하여 분가하였고 한 살 된 딸을 두고 있다. 최근 아이만 키울 수는 없다며 자신의 전공을 살려 대학원에 가길 원하는 선우의 아내 영미와 아이는 엄마가 늘 옆에서 키워야 한다는 남편 선우는 의견충돌이 일어나고 있다. 장녀 선미는 25세로 올해 대학을 갓 졸업하여 디자인 회사에 근무하고 있다. 평소 내성적으로 자기표현이 부족한 선미는 동료들의 무리한 요구에 거절을 못하고 회사적응에 많은 어려움을 겪고 있다. 차녀 선숙은 19세로 고등학교 3년에 재학 중으로 대학진학과 관련된 진로선택을 하지 못했으나 부모와 거의 대화 없이 친구들이나 외할머니와 의논하고 있다. 주희 씨는 자녀들이 어린 시절 몸이 많이 아파 시골에 사시는 친정부모에게 아이들을 맡기고 병원치료를 하였다. 초등학교까지 부모와 함께 살지 못한 자녀들은 함께 산 이후에도 부모와 거의 대화가 없고 친밀한 관계를 갖지 못하고 자신의 생활에만 집중하고 있다. 주희 씨는 자녀들과 관계회복을 위해 노력을 하고 있으나 각자의 생활이 바쁜 자녀들은 주희 씨의 관여를 좋아하지 않고 있다. 특히 막내딸인 선숙은 자신을 키워 준 외할머니와는 통화를 자주 하며 자신의 고민을 이야기하기도 하지만 엄마인 주희 씨와는 서먹해하면서 거의 대화를 하지 않고 있다. 최근 경쟁회사가 생기면서 회사 일에 위기가 온 남편 홍국 씨는 회사 일에 전념하면서 부부간의 대화를 거의 하지 못한다. 늘 빈집에 혼자 있는 주희 씨는 외출도 잘하지 않고 우울해 하면서 집에만 있고 하루 종일 애완견과 노는 것이 주요 일상이다.

• 앞의 사례에서 나타난 주희 씨 가족원 각각(주희, 홍국, 선우, 선미, 선숙)을 해당되는 생애주기에 배치하고 앞서 설명한 생애주기의 특성에 근거하여 현 상황을 사정해 보시오.

----

② 사례 2

　45세 은규 씨는 회사원으로 75세 노모를 모시고 살고 있다. 42세의 부인 금자 씨와 노모와의 관계 때문에 잦은 다툼을 한다. 금자 씨는 "시어머니가 나의 살림살이 하는 방법을 마음에 들어 하지 않는다"면서 이유 없이 트집을 잡고 있다고 남편인 은규 씨에게 하소연을 하고 있다. 그러나 남편은 부인 금자 씨의 이야기를 무시하고 일방적으로 모친의 편만 들고 있다. 시어머니 미순 씨는 "외아들인 은규 씨를 애지중지 키웠고 현재도 힘들게 돈을 벌어오는 아들이 안쓰러운데 며느리인 금자 씨가 알뜰하게 살림을 하지 못하고 자신에게 용돈도 제대로 주지 않는다"고 불만이 많다. 평상시에는 노인복지관에서 하는 프로그램에 이웃사람의 권유로 가끔씩 참여하지만 적극적이지는 않다. 은규 씨는 35세에 늦은 결혼을 하여 11세 아들 경철과 유치원에 다니고 있는 7세 딸 은영이 있다. 아들 경철은 학교에서 친구들과 놀기를 좋아하고 활발한 교우관계를 가지고 있지만 학업은 소홀히 하여 모인 금자 씨에게 자주 야단을 맞는다. 최근에도 학교에서 주는 과제수행평가를 반에서 최저점을 받아 담임교사에게 집에서 학업관리를 철저히 해줄 것을 요청받았다. 딸 은영은 유치원을 다닌 지 2년이 되었지만 여전히 아침에 유치원 가기를 꺼려 하고 모에게 유치원에 가지 않겠다고 매달리는 일이 지속적으로 발생하고 있다. 아이들은 잔소리가 많고 야단을 많이 치는 엄마인 금자 씨보다 아빠인 은규 씨와 대화하기를 더 좋아하여 금자 씨가 간혹 소외감을 느끼기도 한다.

• 앞의 사례에서 나타난 금자 씨 가족원 각각(은규, 금자, 미순, 경철, 은영)을 해당되는 생애주기에 배치하고 앞서 설명한 생애주기의 특성에 근거하여 현 상황을 사정해 보시오.

전문적 관계수립에 필요한 기본 원리들 익히기

1. '비에스틱의 일곱 가지 원리'에 맞추어 생각하고 초점 유지하기

2. 상담가로서 자신의 역전이 이해하기

02 전문적 관계수립에 필요한 기본 원리들 익히기

1. '비에스틱의 일곱 가지 원리'에 맞추어 생각하고 초점 유지하기

비에스틱(Biestek)이 말하는 전문적 관계수립을 위한 관계란 "사회복지사와 클라이언트 간의 감정과 태도의 역동적인 상호작용을 통해 클라이언트가 자신과 환경 간의 적응력 향상을 돕는 목적을 갖고 있다"라고 정의한다. 즉, 클라이언트와의 공감적 태도를 통한 역동적 상호작용이 전문적 관계수립의 중요한 요소가 될 수 있다. 공감적 태도란 클라이언트의 욕구를 근거로 형성된다. 비에스틱의 사회복지실천을 위한 관계수립의 일곱 가지 원리는 클라이언트의 욕구를 기반으로 구성되어 있다.

〈표 2-1〉 클라이언트의 욕구와 사회복지실천관계의 일곱 가지 원리

클라이언트의 욕구	관계의 요소
개별적인 개인으로 취급되기를 바라는 욕구	개별화
자신의 감정을 자유롭게 표현하고자 하는 욕구	의도적 감정표현
문제에 대한 공감적 반응을 얻으려는 욕구	통제된 정서관여
가치 있는 인간으로 인정받고자 하는 욕구	수용
판단받고 싶지 않은 욕구	비심판적 태도
자기 스스로 선택하고 결정하고자 하는 욕구	클라이언트의 자기결정
자기에 관한 사적인 정보나 비밀을 지키고자 하는 욕구	비밀보장

출처: Biestek(1957): 나동석, 서혜석(2008)에서 재인용.

1) 개별화의 원리

개별화(individualization)의 원리란 사회복지사가 클라이언트와의 관계에서 개개인 각각의 내·외적인 독특성을 이해하고 인정하면서, 그 독특성에 기반한 관계형성이나 실천적 과정이 이루어져야 함을 의미한다. 즉, 독특성은 유사한 문제나 비슷한 환경에 있는 개인이라도 유전적 요소와 질병적 특성, 인지와 정서 및 행동적 특성, 그리고 가족과 주변 환경은 그들만의 개별적인 특성을 가지고 있음을 인식하고 클라이언트의 문제 사정 및 해결을 위한 주요 실천 원리다.

┃보기┃

18세의 영희는 현재 미혼모 시설에 거주 중에 있으며 자신의 아이는 입양기관에 입양을 의뢰한 상태다. 사회복지사와의 상담에서 "재수 없이 당했어요. 어떤 놈인지도 잘 모르겠어요. 피임기술이 없어서 자꾸 실수를 하네요. 낙태비용이 없었어요. 뭐 그냥 좋은 곳에서 아이가 살겠죠"라고 이야기하고 있다. 그녀는 3년 전 가출을 하였으며, 이번 출산 이전에도 출산과 입양을 보낸 적이 있다. 모는 4세 때 남편의 폭력을 피해 가출을 하였으며, 부는 알코올중독 문제와 가족폭력으로 처벌을 받은 적이 있다. 영희 역시 부의 폭력에 어린 시절부터 가출 전까지 시달려 왔다.

• 사회복지사의 영희에 대한 상황 판단의 옳지 않은 예는 다음과 같다.

일반적인 가출청소년이나 미혼모의 유사한 환경인 결손가정에서 성장한 영희는 임신이나 입양에 대한 죄책감이 부족하고 적절하지 못한 성가치관을 가지고 있다. 이후 또다시 원치 않는 임신을 할 위험이 있다.

• 이에 반해 영희에 대한 상황 판단의 옳은 예는 다음과 같다.

모의 가출과 부의 알코올 및 폭력문제로 부모와의 적절한 애착관계를 가질 수 없는 환경에서 성장한 영희는 자신의 아이에 대한 애착심을 느끼기에 어려움이 있을 수 있고, 자신을 안전하게 보호해 줄 수 있는 지지체계가 부재한 상황에서 적절한 성교육을 받을 수 없었다. 특히 영희의 성가치관의 문제는 부의 폭력 중 성폭력과 관련된 부분의 문제는 없었는지 추후 확인해 볼 필요가 있다. 미혼모시설에서 퇴소한 후에도 가족으로 복귀하기 어려운 영희는 또다시 위험한 가출상황에서 재임신의 위험에 노출되기 쉽다.

실천연습

① 사례 1

기영 씨는 현재 32세의 지적장애 3급을 진단받은 장애인이다. 2세 때 사회복지시설에 입소하여 현재까지 시설에서 생활하고 있다. 최근 탈시설을 목적으로 만들어진 장애인전환시설로 가기를 원하고 있다. 그러나 최근 자신이 원하는 것을 갖기 어려울 때 분노폭발과 공격적인 행동 등의 문제를 보이고 있다. 이를 말리는 사회복지사에게도 폭력을 행사하는 등의 문제가 보인다. 기영 씨의 공격적인 행동이나 정서적 문제는 어린 시절부터 간헐적으로 보였던 문제였으나 '매우 엄격하고 무섭다'고 느끼는 사회복지사가 담당을 할 경우에는 정서적·행동적인 문제를 보이지 않았다고 한다. 최근 자신이 무섭다고 생각되는 사회복지사가 이직을 해 새로운 담당자로 바뀐 상황이다. 담당 사회복지사는 기영 씨의 최근 정서적·행동적 문제를 정신적인 문제로 인식하고 정신과에 정확한 진단을 받기 위해 내원한 결과 행동에 대한 충동조절의 어려움이 있으나 그 외 다른 정신질환은 없는 것으로 진단되었다. 그럼에도 불구하고 담당 사회복지사는 슈퍼바이저에게 기영 씨의 정신병을 의심하면서 다른 병원에서 재진료를 요청한 상황이다.

• 개별화의 원리에서 본다면, 담당 사회복지사는 기영 씨를 어떻게 보고 있는지 적어 보시오.

> 📝 TIP 지적장애인의 낮은 충동조절능력은 스트레스 상황에서 자신의 분노를 조절하거나 충동적인 행동을 통제하는 데 어려움이 있음. 정신장애의 경우도 스트레스 상황에서 충동조절의 문제가 발생되는 경우가 많으나 스트레스 원인이 분명하지 않은 상황에서도 충동조절의 문제가 발생되고 있음. 따라서 단순히 충동조절과 분노조절의 문제가 있다고 해서 클라이언트 각각의 상황을 개별화하지 않고 무조건 정신질환으로 판단하는 것은 지나친 일반화의 문제가 있음

• 기영 씨는 자신의 상황을 어떻게 느끼고 있는지 적어 보시오.

> **TIP** 시설에서 오랜 생활 속에서 자신이 원하는 것을 얻기 위해 부적절하게 학습될 수 있는 클라이
> 언트의 상황에 대한 파악이 필요

② 사례 2

73세 연숙 씨는 10년 전 남편과 사별하고 봉천동 쪽방에서 홀로 생활하고 있다. 최근
자주 자신의 행동을 잊어버리고 물건을 놔둔 곳도 자주 기억을 하지 못한다. 기초생활
수급권자인 연숙 씨의 담당 사회복지사는 그녀를 치매상담센터에 연결하여 치매검사
를 실시하였다. 검사결과 경증상태의 치매로 진단되었다. 담당 사회복지사는 혼자 살
고 있는 연숙 씨를 걱정해 시설로 이주를 권하고 있으나 그녀는 자신이 살던 곳에서 계
속 살기를 원하고 있다. 의사는 경증의 치매는 약물관리를 잘하면 일상생활에는 문제
가 없을 것이라는 소견을 밝혔다.

• 개별화의 원리에서 본다면, 담당 사회복지사는 연숙 씨를 어떻게 보고 있는지 적어
  보시오.

> **TIP** 치매라는 우리가 알고 있는 중증의 상황에서의 판단보다 치매의 증상과 클라이언트의 일상생
> 활능력이 가능한 범위의 개별화가 필요

• 연숙 씨는 자신의 상황을 어떻게 느끼고 있는지 적어 보시오.

🖉 TIP 인지능력의 손상이 비교적 적고 약물관리가 가능한 경증치매환자인 클라이언트의 혼란과 불안에 대한 개별화가 필요

2) 의도적 감정표현의 원리

의도적 감정표현(purposeful expression of feeling)의 원리란 클라이언트의 억압되어 있는 감정을 자유롭게 표현하게 하는 것을 의미한다. 클라이언트는 타인들에게 자신의 감정을 표현했을 때 받게 될 비난이나 왜곡된 시선의 두려움 때문에 자신의 감정을 솔직하게 표현하기보다는 억압하거나 다른 방식으로 표현하고, 자신의 감정을 정확히 알 수 없어 표현을 적절하게 하지 못하는 경우도 있다. 따라서 의도적으로 클라이언트의 감정을 표현함으로써 자신의 감정을 정확히 발견하고 적절한 방법으로 감정표현이 이루어질 수 있도록 돕는 실천원리다.

┃보기┃

뚜엔은 5년 전 한국으로 결혼이민 온 28세의 여성으로 한 달 전 남편의 가족폭력이 의심된다는 이웃주민의 신고로 남편은 경찰조사를 받고 있는 상태에서 사회복지사와의 상담 내용이다.

뚜엔: 전 할 이야기가 없어요. 전 한국에 아무도 없고 남편이 날 보살펴 주지 않으면 전 살길이 힘들어요. 그냥 다툰 거예요……. (잠시 침묵 후) 만약 이 일로 남편이 벌을 받으면 전 어떻게 되죠? 아직도 한국국적을 얻지 못했는데 못 받게 되나요?

(계속)

뚜엔과 상담의 옳지 않은 예는 다음과 같다.

W'er: 이웃주민의 신고도 있는데 솔직하게 말씀하지 않으면 도와드릴 수가 없어요. 남편이 당신을 때리거나 욕을 했나요?

뚜엔과 상담의 옳은 예는 다음과 같다.

W'er: 남편에 대한 이야기를 하시는데 불안한 것이 있으십니까? 혹시 결혼생활이나 국적 취득에 문제가 생길까 봐 두려우신가요? (감정읽기) 제가 당신이라도 당연히 그럴 것 같습니다(감정이입을 통한 불안감소). 지금 남편에 대한 이야기를 하는 데 가장 불안하고 불편한 것이 무엇인지 말씀해 주십시오(관계형성 이전의 복잡하고 두려운 감정표현을 무리하게 이끌어 내기보다는 현재 표현할 수 있는 표면적 감정으로부터 점진적으로 감정표현을 이끌어 내기). 제가 도울 수 있는 부분이 있다면 최선을 다해 도와드리겠습니다.

실천연습

① 사례 1

철희는 18세로 고등학교 2학년에 재학 중이다. 평소 권위적이고 지시적인 성격의 부와 잦은 충돌이 일어나고 있다. 이로 인해 반복적인 가출을 하고 있고 학교도 중도탈락의 위기에 있다.

철희: 전 아버지가 신경 쓰이지 않아요. 단지 아버지가 계시지 않은 곳에서 편하게 지내고 싶을 뿐이에요.

• 당신이 사회복지사라면 클라이언트에게 어떻게 반응하면 좋을지 적어 보시오.

W'er: --

> 📝 TIP 부가 신경 쓰이지 않지만 없는 곳에서 지내고 싶다는 철희의 부에 대한 양가감정을 읽어 주면
> 서, 부에 관한 감정을 의도적으로 표현하여 자신의 진정한 감정을 느낄 수 있도록 함. 클라이
> 언트가 말한 내용 안에서 감정 읽기도 시도

② 사례 2

영애는 결혼한 지 15년 된 전업주부로 남편과 불화가 있다며 부부상담을 요청하였다.

> W'er: 지금까지 이야기하신 것 이외에 한 가지 여쭤 보겠습니다. 남편과의 성관
> 계는 어떠신지요?
> 영애: (잠시 침묵 후) 별문제 없어요. 중년부부들이 다 그렇죠. 단지 딸 방이 편
> 해서 자는 것뿐이에요. 가끔은 딸이 싫어 하지만 그래도 그게 편해요.

• 당신이 사회복지사라면 클라이언트에게 어떻게 반응하면 좋을지 적어 보시오.

W'er: ---

> 📝 TIP 부부관계에 문제가 없다고 하면서 자녀 방에서 지내는 것이 편하다는 양가적인 모습에 대한
> 클라이언트의 솔직한 감정을 의도적으로 표현하게 함으로써, 내면의 갈등을 적절하게 표현할
> 수 있도록 도움

3) 통제된 정서적 관여의 원리

적절한 클라이언트의 생각이나 감정의 표현은 스스로를 점검해 볼 수 있는 기회가
되기도 하지만, 지나치거나 왜곡된 정서적 표출은 사회복지사와의 전문적인 관계형성
에 방해가 되기도 한다. 즉, 통제된 정서적 관여(controlled emotional involvement)의

원리는 표현된 클라이언트의 감정에 사회복지사가 어떻게 반응할 것인가와 관련된 원리다. 억압되어 있는 자신의 감정을 어렵게 표현하게 되는 클라이언트는 상대방인 사회복지사의 반응에 매우 예민하게 반응하게 된다. 따라서 사회복지사는 스스로의 정서를 통제하고 지나친 정서적 관여를 하지 않도록 주의해야 한다.

┃보기┃

민정은 23세의 여성으로 친부로부터 어린 시절에 성학대를 당하고 중3 때인 16세 때 첫 자살시도 후 반복적인 자살시도와 우울증으로 정신과치료를 받고 있다. 정신보건사회복지실습을 위해 정신병원에 온 사회복지사와의 상담내용이다.

민정: (계속해서 눈물을 흘리면서) 전 아무런 가치가 없었어요. 아무도 절 사랑하지 않을 거예요. 전 더러운 아이예요. 엄마도 절 버렸어요. 선생님도 그렇게 생각하시지요? 흑흑…….

민정과 상담의 옳지 않은 예는 다음과 같다.

W'er: (같이 부둥켜안고 눈물을 흘리며) 그렇지 않아요. 제가 있잖아요. 저는 모두 이해할 수 있어요. 제가 끝까지 도와드릴게요. 부모님이 너무 하시네요. 저도 화가 나네요.

민정과 상담의 옳은 예는 다음과 같다.

W'er: 제가 민정 씨를 있는 그대로 보지 않고 가치 없는 사람으로 생각할까 봐 걱정되세요? 민정 씨에게 벌어진 일은 민정 씨 잘못이 아니잖아요. 제가 민정 씨였어도 정말 힘들었을 것 같아요. 그렇지만 지금까지는 민정 씨의 삶이 스스로의 선택으로 만들어진 게 아니었어요. 하지만 이제부터는 달라요. 민정 씨의 삶을 어떻게 살지 스스로 선택하실 수 있어요. 앞으로의 미래를 결정하는 데 무엇이 불안한지 이야기를 해 봅시다.

실천연습

① 사례 1

지숙은 결혼 20년차의 전업주부다. 2명의 대학생 자녀가 있으나 자신의 생활에만 관심이 있고 부모와 거의 대화가 없다. 남편은 대기업 상무로 워커홀릭이란 별명을 들을 정도로 일에만 빠져 있다. 아내인 지숙과는 "세상물정을 모르는 사람"이란 이유로 거의 대화가 없고 늦게 귀가하며 집에서는 잠만 자고 나간다. 최근 지숙은 병원에서 갱년기 우울증이란 진단을 받았다.

> 지숙: 우리 가족은 저를 무시하고 저한테 관심이 없어요. 저는 집에 먼지만도 못한 사람입니다. 선생님도 여자이니 아시겠죠? 저는 남편에게는 여자도 뭐도 아닌 존재입니다. 전 여자로도 사형선고를 받았어요. 전 살 의미가 없어요. 친구들은 제가 경제적으로 여유가 있다는 이유로 배부른 투정이라고 하더군요. 전 누구에게도 이해받지 못하고 있어요. 전 정말 외롭고 죽고 싶어요.

• 당신이 사회복지사라면 클라이언트에게 어떻게 반응하면 좋을지 적어 보시오.

W'er: _____

_____

_____

_____

_____

TIP 부정적인 감정에 몰입이 되어 있는 클라이언트에게 공감적 반응을 통해 감정의 정화 작용이 필요함. 예로 가족의 관심과 사랑에 대한 욕구는 당연한 것이라는 공감적 반응이 필요. 단, 자녀와 배우자에 대한 클라이언트의 감정에 동의하거나 부정적인 감정표현은 금물

② 사례 2

철호는 한 동네에 사는 지적장애 여성에게 1년 동안 반복적으로 성폭력을 행사하던 중 지적장애인 여성의 친모에게 발각되어 경찰조사를 받았다. 성폭력에 대한 치료프로그램을 강제로 수강하도록 수강명령을 받고 성폭력상담기관에서 사회복지사를 만났다.

철호: 전 잘못한 게 없어요. 걔가 원해서 한 겁니다. 걔는 나하고만 성관계를 한 게 아닙니다. 다른 놈들하고도 관계가 있었어요. 저만 재수 없이 걸린 겁니다. 걔는 남자를 원래 좋아해요. 그리고 모자란 아이가 뭘 알겠어요. 정말 재수가 없네요.

• 당신이 사회복지사라면 클라이언트에게 어떻게 반응하면 좋을지 적어 보시오.

W'er: --

> TIP 클라이언트의 비윤리적인 태도에 대해 사회복지사의 감정통제가 필요하며, 이를 통해 클라이언트와의 불필요한 감정적 충돌이 일어나지 않도록 함. 피해자가 지적장애인이라는 사실과 객관적인 근거에 기반한 불법적인 행위에 초점을 맞추는 것이 필요

4) 수용의 원리

해결되지 못한 많은 문제들을 갖고 있는 클라이언트의 경우 그들의 약점이 드러나는 경우가 많다. 비록 그 약점이 바람직하지 못하고 왜곡되어 있다 하더라도 사회복지사는 그를 있는 그대로 바라보는 것이 매우 중요하다. 수용(acceptance)의 원리란 있는 그대로의 클라이언트의 약점, 강점 그리고 적절하거나 혹은 적절하지 못한 행동, 조절되지 못하는 부정적 감정이나 긍정적 감정을 아무런 비판 없이 바라보는 것이다. 이때 특히 주의할 것은 있는 그대로 바라보는 것은 아무런 편견 없이 그 사람의 상황이나 생각 또는 감정을 그 사람만의 근거가 있을 것임을 이해하고 받아들인다는 것을 의미하는 것이지 그의 생각에 동의하거나 동조하는 것을 의미하는 것은 아니다.

┃보기┃

17세의 희국은 중3 때 학교를 중퇴하고 가출을 한 상태에 있다. 그는 최근 자신과 비슷한 처지에 있는 청소년 2명과 함께 중학교 근처를 배회하며 중학생들에게 폭력행위와 금품을 갈취하다 청소년상담 지도위원에게 발각되어 청소년상담소로 오게 되었다.

(계속)

사회복지사: 네가 여기 온 이유를 알겠니?

희국: (무표정한 표정으로) 전 잘못한 게 없어요. 전 미성년자예요. 잘못은 이렇게 나를 키운 우리 부모가 잘못한 거죠. 그리고 힘이 있어야 사람들이 날 무시하지 않아요. 행복한 얼굴로 학교 다니는 아이들도 불행을 알아야 해요. 걔네들 부모도 함께 불행해져야 해요.

희국과 상담의 옳지 않은 예는 다음과 같다.

W'er: 네가 잘못한 것을 너의 부모에게 돌리고 있구나. 그리고 다른 아이들이 너한테 무슨 잘못을 했다고 그러니? 넌 너의 불행에 대한 화풀이를 다른 아이들에게 하고 있는 거잖니.

희국과 상담의 옳은 예는 다음과 같다.

W'er: 넌 비록 자신의 행동이 적절하지 못하다고 하더라도 네가 힘들고 행복하지 못하다는 사실을 너희 부모가 알아줬으면 하는구나. 그리고 네가 말하는 힘을 이용해서라도 주변 사람들이 널 무시하거나 우습게 보지 않길 바라는구나.

실천연습

① 사례 1

21세의 숙희는 입양기관을 세 번째 찾아온 미혼모다. 반복되는 임신과 입양에 대해 자신은 전혀 잘못이 없다고 이야기하고 있다.

숙희: 자꾸 실수를 하네요. 그래도 아이를 버리는 것보다는 낫잖아요. 남자들이 나쁜 놈들이에요. 임신한 것만 알면 떠나 버려요. 관계 중 피임하는 것은 싫어하면서……. 전 잘못이 없어요. 재수 없이 임신이 된 거예요. 전 감당할 수 없어요. 우리 엄마는 나를 교회 앞에 버렸대요. 그보단 입양기관에 가는 게 낫잖아요.

• 당신이 사회복지사라면 클라이언트에게 어떻게 반응하면 좋을지 적어 보시오.

W'er: ---

> **TIP** 책임질 수 없는 반복된 임신과 입양에 대한 클라이언트의 행동과 생각에 동의하는 데 갈등이 있을 수 있음. 수용은 클라이언트의 생각에 동의를 하는 것이 아니라 그 사람의 입장에서 생각하고 이해하는 것을 의미. 따라서 클라이언트가 반복되는 임신을 하게 되는 상황과 입양을 보낼 수밖에 없는 현실적 상황에 대한 진정한 이해가 필요

② 사례 2

두 아이의 아빠인 철호 씨는 만성적인 알코올중독 문제를 가지고 있다. 음주 후에는 아이들에게 폭력을 행사하기도 한다. 반복된 입원치료 속에서 정신보건사회복지사와의 면담이 진행 중에 있다.

철호: 전 알코올중독이 아니에요. 우리 마누라가 나를 힘들게 하기 때문입니다. 날 무시하고 아이들도 날 무시하기 때문에 제가 폭력을 행사하는 겁니다. 그래야 날 무시하지 못해요. 한 집안의 가장인 내가 힘을 보여야 아이들과 마누라는 날 무서워하고 우러러보지요.

• 당신이 사회복지사라면 클라이언트에게 어떻게 반응하면 좋을지 적어 보시오.

W'er: ---

> **TIP** 자신을 무시하지 않고 존중받기 위해 자신의 힘을 보이고 알코올문제를 정당화하려는 클라이언트의 생각을 그의 상황에 비추어 이해하려는 태도가 필요. 이때 알코올문제와 가족폭력문제를 분리하여 가장으로서 존중받지 못하고 자신의 역할을 제대로 하지 못하고 있다는 클라이언트의 생각과 감정에 초점화할 필요가 있음

5) 비심판적인 태도의 원리

비심판적인 태도(nonjudgemental attitudes)의 원리는 클라이언트에게 발생되는 문제가 개인의 성격문제와 같은 내적 요인에 의하거나 가족이나 학교 등의 외부환경에 의한 외적 요인에 의해 발생되었던 간에, 문제해결이나 책임이 클라이언트 개인에게 있다는 것을 언어적으로나 비언어적으로 표현하지 않는 것을 의미한다. 특히 성격적인 문제가 심하거나 비윤리적인 태도를 접하게 되는 경우 비심판적인 태도를 유지하기가 어렵다. 그럼에도 불구하고 문제와 개인을 분리하여 객관적인 시각을 유지하고 사회복지사 개인의 주관적인 판단에 빠지지 않도록 주의해야 한다.

┃보기┃

경숙은 5년 전 재혼하여 남편과 전 부인 사이에서 태어난 7세 딸을 키우고 있다. 최근 아이의 친모에 의해 아동학대문제로 고발되었다. 피해자인 7세 영희는 계모가 자신을 지속적으로 때렸다는 사실을 친모와 관계기관 전문가에게 일관성 있게 이야기하고 있고 신체적 학대로 인한 오래된 손가락 골절과 피멍 등의 외상의 흔적이 있으며 폭력에 의한 상처라는 의료적 소견이 확보된 상황이다.

경숙: 전 잘못한 것이 없어요. 아이를 키우다보면 때릴 수도 있죠. 훈육이었어요. 그러다 보면 좀 상처가 날 수도 있는 거잖아요. 왜 이리 난리인지 모르겠어요. 영희가 얼마나 말을 안 듣는다구요. 못된 아이예요.

경숙과 상담의 옳지 않은 예는 다음과 같다.

W'er: 훈육을 한다고 일곱 살짜리 아이를 모두 그렇게 때리지는 않아요. 이렇게 때리시고 이걸 훈육이라고 어떻게 말씀하실 수 있어요? 그리고 영희를 지속적으로 학대했다는 증거가 이렇게 있잖아요.

경숙과 상담의 옳은 예는 다음과 같다.

W'er: 그동안 영희를 어떻게 훈육을 하고 계셨나요? 훈육하는 과정에서 이 상처들이 생겼나요? 상처에 대한 치료를 하시지 못한 이유는 무엇이었나요? 훈육이라고 말씀하고 계시지만 신체적 학대와 관련된 법에서는 영희와 같은 나이의 아이를 지속적으로 때리거나 상처를 적절히 치료하지 않을 때 아동학대와 방임으로 처벌을 받도록 되어 있습니다. 이에 대해 어떻게 생각하시나요?

실천연습

① 사례 1

경미는 초등학교 4학년인 아들 1명을 두고 있다. 최근 학교에서 경미의 아들이 친구 1명을 지속적으로 괴롭히고 때려서 학교사회복지사와 학부모 상담을 받고 있다.

경미: 제 아이는 잘못이 없어요. 그 아이가 약한 것이 문제였죠. 난 우리 아이에게 약육강식의 원리를 늘 가르쳐 왔어요. 세상이 그런 거 아닌가요? 약하면 당하게 되어 있어요.

• 당신이 사회복지사라면 클라이언트에게 어떻게 반응하면 좋을지 적어 보시오.

W'er: ---

🖉 TIP   모의 양육강식의 왜곡된 신념체계에 대해 잘못된 논쟁을 하거나 비판하는 태도를 보이는 것에 주의해야 함. 모의 신념에 논쟁보다는 아이가 다른 사람을 때리고 괴롭히는 것이 불법적이고 잘못된 행동에 초점을 맞춤

② 사례 2

23세 철호는 은둔형 외톨이로 5년 동안 자신이 좋아하는 게임기를 살 때 외에는 집 밖을 나가본 적이 없다. 하지만 가족들이 자신의 요구를 들어주지 않으면 폭력까지 행사하면서 자기가 원하는 것을 반드시 얻어 낸다. 가족들은 철호의 폭력에 대해 위협을 느끼고 가능한 한 그의 요구에 응해 주고 있다.

철호: 부모는 내 요구를 들어줄 의무가 있어요. 나를 낳았잖아요. 그리고 내가 외톨이가 된 건 다 우리 부모 때문이에요. 나를 이렇게 키운 죄가 있잖아요. 내 잘못이 아니에요.

- 당신이 사회복지사라면 클라이언트에게 어떻게 반응하면 좋을지 적어 보시오.

W'er: -

- -

- -

- -

- -

TIP 부모에게 자신의 처지와 잘못을 전가하고 있는 무책임한 태도에 대해 직접적으로 비판하기보다는 객관적인 입장에서 클라이언트를 바라보는 것이 중요함. 자신의 잘못을 누군가의 탓으로 돌리고 있다는 사실은 자신의 잘못에 대한 책임감은 부족하나, 자신의 행동이 잘못된 것이라는 사실 자체는 인지하고 있음을 알 수 있음. 따라서 태도에 대한 잘잘못을 가리기보다는 현재-지금의 관점에서 클라이언트가 성인이기 때문에 스스로 판단하고 자기결정할 수 있다는 점을 강조하고 현재의 문제행동이 지속되지 않을 수 있는 방법을 함께 모색함

6) 클라이언트의 자기결정의 원리

클라이언트의 자기결정(self-determination)의 원리는 클라이언트의 문제해결을 위한 의사소통 전 과정에 클라이언트가 직접 참여하고 스스로 결정하는 것을 의미한다. 이는 클라이언트의 기본적인 권리이자 욕구로 클라이언트의 능동적 참여와 더불어 잠재적인 문제해결능력을 인정하고 비심판적인 태도로 수용하는 사회복지사의 태도의 중요성을 시사하고 있다. 현재 클라이언트가 다양한 문제해결능력이나 대안을 갖고 있지 못하더라도 사회복지사는 클라이언트가 자신의 잠재적 자원을 발견하고 지역사회의 활용 가능한 자원이 존재함을 알려 주어 스스로 선택하고 결정할 수 있는 대안이나 대처능력을 강화될 수 있도록 도와야 한다.

┃보기┃

지은은 17세 고등학교 1학년 학생이다. 학교에서 친구들과의 관계의 어려움을 겪으면서 학교중퇴를 결심하고 학교사회복지사를 찾아왔다.

지은: 학교는 저에게 더 이상 의미가 없어요. 전 학교를 안 다닐래요. 아이들도 싫고…….
학교도 지겨워요.

(계속)

지은과 상담의 옳지 않은 예는 다음과 같다.

> W'er: 그래도 고등학교는 나와야지. 학교를 그만두어서는 안 돼. 친구들과의 관계는 네가 더 노력을 하면 좋아질 거야. 노력을 할 수 있게 도와줄게. 학교는 졸업을 해야지.

지은과 상담의 옳은 예는 다음과 같다.

> W'er: 여기에 찾아오기까지 고민이 많았겠구나. 너의 미래는 네가 결정하는 거야. 그러나 섣부른 결정을 하기에 앞서 몇 가지만 물어보자. 고등학교에 오기 전에 학교가 너에게 어떤 의미이기를 원했니? 학교를 그만두게 된다고 너의 꿈을 접는 것은 아니라고 생각해. 너의 꿈을 포기하지 않기 위해 어떤 계획을 세우고 있니? 혹시 선생님이 도와줄 것은 없을까? 최종적인 결정을 하기 앞서 학교에 남는 것과 학교를 그만두는 것 각각에 얻게 되는 이득과 네가 치러야 할 비용이 어떤 것이 있는지 생각하고 글로 써 보자.

실천연습

① 사례 1

40세 정숙은 결혼 15년 차 가정주부로 1남 1녀의 자녀를 두고 있다. 3년 전부터 고부갈등이 심해지면서 부부관계 역시 매우 악화되어 있다. 이혼을 결심한 정숙은 가족상담을 위해 사회복지사를 찾아왔다.

> 정숙: 이젠 지쳤어요. 어떤 희망도 없어요. 시어머니가 뭐라고 하면 남편은 나 몰라라 해요. 저 혼자 견디라는 거죠. 그리고 제 잘못이라고 그래요. 더 이상 못 살겠어요. 이혼을 하고 싶어요. 아이들이 결혼할 때까지 못 참겠어요.

• 당신이 사회복지사라면 클라이언트에게 어떻게 반응하면 좋을지 적어 보시오.

W'er: --

✎ TIP 　이혼에 대한 개인적인 판단이나 무리한 설득 등을 하지 말아야 함. 단, 클라이언트가 이혼에
　　　 따른 구체적인 생활변화의 이득과 치러야 할 비용을 사전에 점검해 볼 수 있는 의사결정표를
　　　 작성해 보도록 함

② 사례 2

　33세 수미는 결혼한 지 7년이 된 가정주부다. 남편은 전문직에 종사하고 있다. 신혼
초부터 남편은 일주일에 한두 차례 알코올에 취한 상태에서 부인인 수미에게 신체적
폭력과 성폭력을 행사해 왔다. 가족폭력 관련기관에서 이미 도움을 두 차례 받고 쉼터
에도 한 번 입소한 경험이 있다. 도움을 요청한 초기에는 매번 이혼을 결심하고 관련기
관의 도움을 구했으나 얼마간의 시간이 흐르면 처음 생각과 다르게 다시 집으로 돌아
가곤 하였다. 이번에도 쉼터에서 일주일간 입소한 후 다시 집으로 가고 싶다면서 사회
복지사에게 상담을 요청해 왔다.

　　수미: 그래도 저를 거두어 줄 사람은 남편밖에 없는 것 같아요. 저도 잘못한 게
　　　있어요. 제가 말대답만 안 하면 때리지는 않을 텐데…… . 남편이 잘못했다고 집
　　　으로 돌아오라고 문자가 계속해서 와요. 아이들 걱정도 되고 매번 이렇게 도와
　　　주시는데…… 죄송하지만 아무래도 집으로 가야 할 것 같아요.

• 당신이 사회복지사라면 클라이언트에게 어떻게 반응하면 좋을지 적어 보시오.

　W'er: --

　　--

　　--

　　--

　　--

✎ TIP 　배우자 폭력에 오랜 기간 동안 시달리게 되는 경우 폭력 가해자인 배우자로부터 벗어나는 것
　　　 에 대해 무기력이 학습되기도 함. 남편으로부터 분리되는 것에 대해 무기력한 모습과 불안을
　　　 느끼는 클라이언트에게 수용적인 태도를 유지하는 것이 중요함. 최종 결정을 내리기 전에 이
　　　 혼을 하게 되는 경우와 이혼을 하지 않고 계속 살게 되는 경우의 이득과 치러야 할 비용을 구
　　　 체적으로 점검할 수 있는 의사결정표를 작성해 보도록 함

7) 비밀보장의 원리

비밀보장(confidentiality)의 원리는 사회복지 실천과정 속에서 알게 되는 클라이언트에 관한 모든 정보에 대해 비밀보장을 받을 클라이언트의 권리임과 동시에 사회복지사의 의무다. 사회복지실천 과정에서 알게 되는 클라이언트의 개인정보와 사회복지서비스를 받게 되는 계약 관련 정보 등 모든 종류의 정보에 대한 비밀보장을 원칙으로 한다. 그러나 비밀보장의 원칙이 적용되지 못하는 경우는 클라이언트의 자해나 타인에 대한 타해의 우려가 있을 때 생명안전이 우선으로 적용된다. 또한 담당 사회복지사 이외에 기관의 동료나 슈퍼바이저에게 클라이언트 문제에 대한 논의과정을 가져야 하거나 다른 기관에 사회복지서비스를 요청 또는 의뢰를 해야 할 경우에는 클라이언트의 정보공개에 대한 동의를 받아 진행하게 된다.

┃보기┃

경희는 17세의 미혼모로 고등학교는 휴학 중이다. 미혼모시설의 도움으로 출산과정을 도움 받고 있다.

경희: 제가 미혼모가 된 사실을 가족이나 학교에서 알면 절대 안 되요. 알게 되면 전 끝이에요.

경희와 상담의 옳지 않은 예는 다음과 같다.

W'er: 임신한 사실을 비밀로 하고 싶은 마음은 알겠지만 넌 미성년자야. 부모에게 알려야 하지 않겠니?

지은과 상담의 옳은 예는 다음과 같다.

W'er: 걱정하지 마. 네가 원하지 않는다면 이곳에서 알게 되는 너와 관련된 모든 정보는 비밀이 보장될 거야. 만약 너에 관련된 이야기를 누군가에게 해야 할 경우에는 반드시 너의 동의를 받게 된단다. 그러나 너와 다른 사람의 안전문제나 신변에 중대한 문제가 생길 때에는 비밀보장을 할 수 없을 수도 있단다.

---

① 사례 1

38세 경미는 부부상담을 위해 가족상담소에 찾아왔다. 남편이 자신의 친정엄마와 자신의 혈액형이 맞지 않는 사실을 우연히 알게 되고 이를 추궁하면서 잦은 갈등을 겪고 있다.

> 경미: 전 제가 입양된 사실을 절대로 남편에게 말할 수 없어요. 남편이 알게 되면 뿌리도 모르는 사람이라고 저를 경멸할 겁니다. 거짓말을 하더라도 말할 수 없어요. 그 사실을 모르게 절 좀 도와주세요.

• 당신이 사회복지사라면 클라이언트에게 어떻게 반응하면 좋을지 적어 보시오.

W'er: --

TIP   우선 먼저 클라이언트의 비밀보장에 대한 걱정을 안심시킬 수 있는 비밀보장의 원칙에 대해 고지해야 함. 이와 동시에 남편의 의심이 입양문제에 있다기보다는 부부간에 비밀이 생기고 솔직하지 못한 것에 대한 갈등일 수도 있음을 알려야 함. 평상시 남편과 클라이언트 간의 관계 안에서 남편이 경미의 비밀을 이해해 줄 수 있는지의 여부를 좀 더 명확히 사정하고 클라이언트 스스로가 입양문제에 대한 비밀유지 여부를 결정하도록 함

② 사례 2

조울증을 앓고 있는 30세의 인숙은 직장에서 자신의 증상 때문에 4차원 같은 사람으로 취급당하고 있음을 정신보건사회복지사에게 호소하고 있다. 특히 약물복용 후에 무기력해지는 부작용은 직장에서 업무능력문제를 불러일으키고 있어 이 문제에 대해 상담을 요청해 왔다. 이 문제에 대한 해결방안을 찾기 위해 슈퍼바이저와 인숙의 정보를 공유하고 대안을 찾는 과정 안에서 발생할 수 있는 정보공개에 대해 사전 논의과정을 진행하고 있다.

인숙: 제 병을 다른 사람들이 알게 되는 것이 싫어요. 비록 병원에 계신 분이라 할지라도 한 사람이라도 더 저에 대해 몰랐으면 좋겠어요.

• 당신이 사회복지사라면 클라이언트에게 어떻게 반응하면 좋을지 적어 보시오.

W'er: --

> **TIP** 우선 클라이언트의 동의가 없으면 슈퍼바이저에게도 비밀보장의 원칙을 고수하게 된다는 사실을 알리고 동시에 자해나 타해의 위험에 대한 정보는 제외될 수 있음을 미리 고지하여야 함. 또한 관련기관 동료나 슈퍼바이저의 경우 담당 사회복지사와 똑같이 비밀보장 원칙이 적용되고 문제해결에 슈퍼바이저와의 논의가 도움이 됨을 알려야 함. 만약 클라이언트가 끝까지 정보공개에 동의를 하지 않을 경우에는 개인정보에 대한 비밀보장이 이루어진다는 사실을 알려줌

2. 상담가로서 자신의 역전이 이해하기

역전이는 사회복지사가 상담 중에 자신의 해결되지 못한 과거의 사고, 정서, 감정들에 대한 내적 갈등이 클라이언트의 문제와 관련되어 미치게 되는 영향으로 정의할 수 있다. 역전이 현상은 자신 스스로 인지할 수도 있지만 인지하지 못하는 경우가 대부분이다. 이는 상담 중 자신이 담당하게 되는 클라이언트와 관련된 개입에서 자신의 역전이 현상이 일어나게 되면 클라이언트를 있는 그대로 객관적으로 수용하고 공감하는 데 문제를 발생시킨다. 특히 만성적 질병이나 장애 또는 정신적 문제가 심각한 클라이언트를 담당하게 되면 고도의 공감이나 감정이입을 해야 하는 상황에서 역전이 현상이 더욱 많이 발생된다. 따라서 상담가로서 사회복지사는 자신의 역전이 현상을 발견할 수 있도록 끊임없는 자기점검이 필요하다. 초임 사회복지사의 경우 자신의 사례에 대한 슈퍼비전 과정이 역전이 현상을 발견하는 데 효과적일 수 있다.

┃보기┃

사회복지사 성경은 매우 엄격한 가톨릭 집안에서 성장하였다. 대학교까지 이성교제를 허락하지 않는 부모 밑에서 학창시절을 과외활동이나 이성교제 없이 학업에만 집중하면서 보냈다. 학교를 졸업 후 성경은 청소년상담소에서 일을 하게 되었으나 성관련문제를 가진 청소년들과의 상담에 어려움을 자주 겪고 있다. 16세 영희는 가출 중 잠시 만난 남자친구와의 사이에서 임신을 하게 되어 상담소를 찾아왔다.

> 영희: 아이를 낙태할 수 있도록 도와주세요. 전 돈이 없어요. 재수가 없었어요. 피임을 잘했어야 했는데…….
> 사회복지사 성경: 아이문제는 내가 도와주겠지만 우선 먼저 어린 나이에 학교생활을 충실히 해야 하지 않니? 어떻게 생각해?
> 영희: 전 공부가 안 맞아요. 다른 일을 찾아 볼 거예요. 학교문제보다 아이문제를 도와주세요.
> 사회복지사 성경: <u>공부할 나이에 학교문제를 어떻게 생각을 안 할 수 있니. 제일 우선이 학교야. 네가 공부를 제대로 하지 않으면 부모님이 얼마나 슬퍼하시겠니?</u>

* 밑줄 친 부분은 전형적인 역전이 현상으로 클라이언트인 영희의 욕구중심보다는 자신이 생각하는 문제중심으로 이야기를 진행하고 있음. 밑줄 친 내용은 학창시절 부모가 성경에게 자주 해 왔던 이야기였음. 성경이 친구들과 어울리고 남자친구를 사귀고 싶어 할 때 성경의 부모가 학업에 집중하도록 하기 위해 부모가 슬플 수 있다는 이야기로 죄책감을 느끼도록 하였음

실천연습

① 사례 1

경숙은 사회복지사로 일을 한 지 5년이 되었다. 어느 날 슈퍼바이저를 찾아와 자신이 담당하고 있는 사례의 모인 은숙이 아들에 대해 방임적 태도를 가진 것에 대해 개입의 어려움을 토로하였다. 해당 사례의 모인 은숙은 45세로 10년 전 남편이 사망하였고 여러 명의 남자친구를 사귀면서 때론 집으로 데려오기도 하였으나 청각장애가 있는 15세

인 자신의 아들에 대해서는 관심을 많이 가지지 않았다고 한다. 반면 사회복지사 경숙은 고등학교 2학년 때 아버지가 갑자기 교통사고로 세상을 떠나시고 경숙의 어머니가 장사로 삼남매를 어렵게 키우셨다. 그런 어머니에 대해 평소 경숙은 "재혼도 안 하시고 자식들만을 위해 헌신하신 훌륭한 분"이라는 자주 이야기하곤 하였다.

> 사회복지사 경숙: 아드님에 대해 어떻게 생각하십니까?
> 은숙: 걔도 지 인생이 있듯이 저도 제 인생이 있어요. 언제까지 제가 돌볼 수는 없어요. 지가 알아서 살겠죠.
> 사회복지사 경숙: 부모는 자식이 성장할 때까지 돌보아야 하는 의무가 있지 않습니까? 그 점 어떻게 생각하세요?
> 은숙: 그럼 제 인생은 누가 돌보지요?
> 사회복지사 경숙: 어머님은 어른이시고 아드님은 아직 청소년입니다. 그리고 남자친구를 집에 데려오는 것에 대해 아드님이 느낄 불안이나 걱정은 생각 안 하세요?

• 당신이 만약 경숙의 슈퍼바이저라면 앞의 상담에서 어떤 부분이 역전이 현상인지 찾아서 밑줄을 그어 보고 이 역전이 현상이 경숙의 성장배경의 어떤 부분의 영향을 받아 발생된 것인지 설명해 보시오.

----

② 사례 2

은미는 가족상담소에서 사회복지사로 일을 한 지 3년이 되었다. 일을 하면서 목소리가 작고 몸이 가냘프게 느낄 정도로 왜소한 클라이언트들에 대해 이유 없이 불편함을 느끼곤 한다. 은미는 위로 2살 터울의 언니가 1명 있다. 어려서 몸이 약하고 늘 아팠던 언니를 은미보다 항상 먼저 보호를 했으며, 무슨 일이든 은미보다 언니 중심으로 결정을 하였다. 이 부분에 대해 은미는 언니가 안쓰럽기도 하고 밉기도 하였다는 말을 하곤 하였다.

• 당신이 만약 은미의 슈퍼바이저라면 앞의 내용에서 은미가 겪고 있는 어려움이 역전이 현상인지 토론해 보고, 만약 역전이문제가 있다면 은미의 성장배경의 어떤 부분의 영향을 받아 발생된 것인지 설명해 보시오.

CHAPTER
03

사회복지실천을 위한 의사소통 익히기

03 사회복지실천을 위한 의사소통 익히기

사회복지실천 면접기술에서 의사소통은 클라이언트와 공감하고 신뢰관계를 바탕으로 한 효율적 개입과정에 가장 중요한 부분이다. 효율적인 의사소통이란 상대방의 말을 잘 듣고 적절하게 반응하는 일련의 기술인 동시에 상호이해를 돕는 훈련이다.

1. 관심 기울이기

관심을 기울이고 집중하는 것은 인간관계에서 가장 기본적인 것이다. 그러나 관심을 집중한다는 것은 쉬운 일이 아니다. 상대방에 대한 충분한 관심 없이 이루어진 피상적인 관심은 오히려 기분이 상하고 무시받는다는 느낌이 들기 쉽다.

〈표 3-1〉 대상자에게 관심을 집중하는 행동

- 대상자를 향해 앉고 몸을 기울인다.
  몸과 얼굴을 대상자와 눈을 마주 볼 수 있는 위치로 향해 앉고 상체를 대상자를 향해 약간 기울인다.
- 개방적인 몸자세를 취한다.
  다리를 꼬거나, 팔짱을 끼는 등 폐쇄적인 느낌을 주지 않는다.
- 눈맞춤을 적절히 한다.
  상대방을 쳐다보지 않는 것도 문제가 되고 너무 지나치게 상대방을 똑바로 쳐다보는 것도 부담되므로 대상자의 얼굴 쪽에 시선을 두고 자연스럽게 시선을 맞춘다.
- 긴장을 푼다.
  상담자가 긴장을 하거나 불안하면 신체적 반응으로 나타나게 된다. 이런 경우 클라이언트를 불편하게 만들 수 있으므로 긴장을 풀어야 한다. 말이 빨라지거나, 얼굴표정이 굳어지거나, 눈썹을 움직이는 등 긴장 시 나타나는 자신만의 행동을 미리 알아 놓을 필요가 있다.

┃보기┃

62세 김순희 할머니는 무직인 42세 아들과 함께 생활하고 있으며, 아들이 술을 마시고 화가 나면 김순희 할머니를 구타해 온몸에 멍이 들곤 한다. 그러나 동네사람들이 아들이 자신을 때리는 것을 알면 욕할 것 같아 몰래 파스만 바르고 숨기고 있다. 최근 들어 아들의 폭력빈도가 잦아지고 있어 김순희 할머니는 생명의 위협을 느끼면서 용기를 내어 동네 지역사회복지관을 찾아 왔다.

도입단계의 옳지 않은 예는 다음과 같다.

  W'er: 어르신 어떻게 오셨어요? (다리를 꼬고 앉아 눈은 컴퓨터를 보며 말로 응대를 한다.)
  김순희: 아니 그냥 뭐…… (머뭇머뭇하며 말을 흐린다.) 바쁘신 거 같으니 다음에 올게요.
  W'er: (그제서야 얼굴을 돌리고 할머니와 눈마주침을 한다.) 할머니, 어떤 일로 저희 기관에 방문하셨나요? (여전히 다리를 꼬고 앉아 있다.)
  김순희: (어렵게 자신의 구타상황을 이야기함)
  W'er: 아! 그러셨구나. 그런데 어쩌지요. 저희 기관은 그런 문제에 도움을 드릴 방법이 없는데……. 일단 집에 가 계시면 제가 방법을 알아보고 전화를 드릴게요.

도입단계의 옳은 예는 다음과 같다.

  W'er: (할머니를 향해 일어서서 눈으로 응대하며 가볍게 인사를 드림) 어르신, 무슨 일로 저희 기관에 방문을 하셨나요? (상체를 할머니 쪽으로 향해 약간 기울인다.)
  김순희: (머뭇거리며 자신의 구타상황을 사회복지사에게 말함)
  W'er: 많이 힘드시겠어요. 몸은 지금 어떠신가요? 이렇게 오시기가 쉽지 않으셨을 텐데……. 저희 기관을 믿고 어려운 이야기를 해 주셔서 감사드립니다.
  김순희 : (아들을 피해서 나오고 싶은데 갈 곳이 없다고 호소하며 눈물을 흘리자 사회복지사가 티슈박스에서 티슈를 꺼내 할머니에게 건넨다.)
  W'er: 죄송하지만 저희기관은 임시거처시설이 없습니다. 그렇지만 그런 도움을 줄 수 있을 다른 기관에 연결시켜 드릴 수 있습니다. 괜찮으시다면 제가 다른 기관을 연계해 드려도 될까요?

실천연습

① 사례 1

천주교 재단에서 운영하는 복지관에 근무하는 김미숙 사회복지사는 절실한 천주교 신자로 낙태를 반대하는 가치관을 가지고 있다. 최근 청소년 상담에서 문란한 성관계를 맺으며 생명의 소중함을 모르는 청소년이 많다는 생각에 스트레스를 받고 있다. 낙태문제로 상담하러 온 클라이언트를 면담하고 있는 상황이다.

> 사회복지사 미숙: 어서 와! 네가 미영이니? (다리를 왼쪽으로 꼬고 앉아 인사를 함)
>
> 미영: 안녕하세요? (사회복지사를 탐색하듯 쳐다보면서 자리에 앉는다.)
>
> 사회복지사 미숙: 아까 전화로 임신문제를 이야기 했었는데, 지금 어떤 상황인 거니? (클라이언트를 향해 얼굴을 돌리고 팔짱을 끼고 바라본다.)
>
> 미영: (머리를 숙이고 의자를 흔들며 앉아 있다.)
>
> 사회복지사 미숙: 어디 아픈 데는 없니? 지금 몇 개월인 거니?
>
> 미영: (아무 말도 하지 않고 휴대폰만 만지작거리고 있다.)

• 다음의 질문을 생각해 보시오.

  – 사회복지사는 면담에서 어떤 태도를 보였는지 적어 보시오.

  – 클라이언트는 사회복지사의 태도에서 어떤 감정을 느꼈을지 적어 보시오.

----

② 사례 2

27세 김준수 씨는 정신보건사회복지사 수련과정을 받고 있다. 정신과 외래에서 불안증을 호소하는 클라이언트의 사회력 조사를 의뢰받은 상황이다. 수련을 시작하고 처음 하는 면담이라 불안하고 매우 긴장되는 상황이다.

사회복지사 준수: 안녕하세요? 날씨가 많이 춥지요? (눈을 깜박거리며 인사를 한다.)

클라이언트: 예, 많이 추운데요. 오후부터는 눈이 온다고 하네요.

사회복지사 준수: 오늘 저랑 어린 시절 이야기를 좀 하려고 하는데요. 괜찮으시지요? (긴장하면 나타나는 증상인 눈과 코를 실룩이며 이야기한다.)

클라이언트: (자신의 어린 시절 이야기를 하며 눈물이 나와 눈물을 닦는다.)

사회복지사 준수: 예, 그렇군요. 중학교 시절 이야기 좀 더 부탁드릴게요. (시선은 필기도구에 가 있고 클라이언트를 바라보지 않고 이야기를 받아서 적고 있다.)

• 다음의 질문을 생각해 보시오.

 － 사회복지사는 면담에서 어떤 태도를 보였는지 적어 보시오.

- 클라이언트는 사회복지사의 태도에서 어떤 감정을 느꼈을지 적어 보시오.

----

2. 경청하기

상대방의 이야기를 듣는 경청의 방법에는 소극적 경청방법과 적극적 경청방법이 있다. 소극적 경청은 클라이언트의 이야기에 대해 "예" "그렇군요" "힘드셨겠네요" 등의 단답형의 반응이나 짧은 인사반응을 하는 것을 의미하고, 적극적 경청은 클라이언트가 이야기하는 것에 대해 적극적으로 피드백하며 구체적인 이야기를 끌어내고 들을 수 있도록 하는 과정이다. 적극적 경청에서 사회복지사는 클라이언트의 언어적 그리고 비언어적 메시지에 모두 주의를 기울여야 한다. 적극적 경청은 대상자의 이야기에 반응을 보여 대상자와의 대화를 촉진하고 대상자로 하여금 대화를 통해 자기인식을 하게 하는 것이다.

〈표 3-2〉 적극적 경청반응

- 명료화하기: "~하다는 말인가요?" 하는 식의 질문하기
- 반영하기: 상대방이 하고자 하는 이야기와 감정 상태를 듣는 사람이 있는 그대로 이해하고 받아들이기
- 공감하기: 상대방의 입장이 되어 대상자를 공감하고 표현하기
- 요약하기: 대상자의 말을 압축해 두서너 개 정도의 문장으로 바꾸어 말하거나 반영하기
- 피드백하기: 대상자가 경험한 사건에 대한 행동, 생각, 상황에 대한 의견 제시하기

1) 명료화하기

클라이언트가 자신의 생각이나 감정을 정확히 알지 못한 상태에서 진술을 혼란스럽게 하는 경우 명료화를 거쳐 자신의 생각과 감정을 명료하게 표현하고 정리할 수 있도록 돕는 것을 의미한다.

┃보기┃

79세 김명희 할머니는 1년 전 고관절 수술 후 거동이 불편하여 요양원에 입소한 상황이다. 최근 들어 "이제 모든 게 끝났다"며 본인의 옷과 귀중품을 옆의 지인들에게 나누어 주는 상황이 발생해 면담을 하게 되었다.

> W'er: 할머니, 주변 분들에게 물건을 나누어 주시는데 어떤 이유에서 그러시나요?
> 김명희: 이제 모든 것이 끝났거든요. 그러니 저는 필요가 없어요.

사회복지사는 클라이언트가 한 말 중 어떤 말을 명료화하면 좋을까?
좋지 않은 예는 다음과 같다.

> W'er: 이제 필요가 없어서 나누어 주시는 거예요?

좋은 예는 다음과 같다.

> W'er: 모든 것이 끝났다고 말씀하시는데요. 끝났다는 의미가 무슨 뜻인가요?

✎ TIP 　자신의 물건을 주변 사람에게 나누어 주는 행동을 하게 되는 이유에 대해 클라이언트가 모든 것이 끝났다고 표현하므로 그 말을 명료화할 필요가 있음

실천연습

① 사례 1

16세 종수는 부모가 자신을 화나게 할 때 충동적으로 부모를 구타하는 문제로 사회복지사 면담을 하게 되었다.

> W'er: 부모님이 주로 어떤 때 본인을 화나게 하나요?
> 종수: 꼭 기분 나쁘게 만드는 말들을 툭툭 던져요. 그럼 화가 나요.

• 사회복지사는 클라이언트가 한 말 중 어떤 말을 명료화하면 좋을지 적어 보시오.

> W'er: _____
>
> _____
>
> _____
>
> _____
>
> _____

🖉 TIP 부모님이 종수를 자극하는 말들이 무엇인지 알 수 있도록 명료화하기

② 사례 2

11세 아영이는 학교에 등교할 때 위생이 불결하고 친구들과 어울리지 않으며, 친구가 다가오면 심한 욕을 해서 곁에 다가오지 못하게 한다. 작년에 아버지가 돌아가시고 급격하게 친구들과 다툼이 늘어 상황이 안 좋아져서 학교사회복지사가 면담하고 있다.

> W'er: 아영아, 요즘 친구들과 다툼이 많다고 들었는데 무슨 일이 있었니?
> 아영: 별일 없어요. 친구들이 절 화나게 해서 그래요.
> W'er: 내가 본 그동안의 아영이는 그렇게 쉽게 친구들에게 화를 내고 싸우는 사람은 아니었는데 무엇인가 아영이 마음을 힘들게 하는 게 있니?
> 아영: 그냥 친구들이 자기들 아빠 이야기할 때 기분이 나빴어요. 아빠 없다고 무시하는 거 같았어요.

• 사회복지사는 클라이언트가 한 말 중 어떤 말을 명료화하면 좋을지 적어 보시오.

W'er: --

TIP 아버지의 죽음이 아영이의 최근 문제행동과 관련이 있으므로 아버지 이야기를 하는 것에 대한 힘든 부분이 무엇인지 명료화해 줌

2) 반영하기

반영하기는 상대방이 하고자 하는 이야기와 감정 상태를 듣는 사람이 있는 그대로 이해하고 받아들이는 것이다. 클라이언트의 말의 내용을 반영하여 클라이언트가 전달하려는 사건과 거기서 느끼는 상황을 잘 이해했음을 표현한다. 이런 반영과정을 거쳐 클라이언트가 현재 표현하고 있는 생각과 감정 이면의 것을 찾아낼 수 있도록 도울 수 있다.

┃보기┃

23세 진영 씨는 지방에서 올라와 자취를 하며 낮에는 아르바이트를 하고 밤에는 야간대학에 다니고 있다.

진영: 친구가 급히 400만 원이 필요하다고 연락이 왔어요. 그래서 등록금 하려고 모아 둔 300만 원을 빌려줬어요. 나머지 돈은 어디서 알아보라고 하고요. 8월에 등록금을 내면 되니까 3개월 정도 여유가 있으니 그전에 달라고 했고요. 그런데 일주일 전부터 전화도 받지 않고, 살던 집도 가 보니 이사를 가고 없더라고요.

클라이언트의 말에 사회복지사는 어떤 반응을 하면 좋을까?
옳지 않은 예는 다음과 같다.

(계속)

W'er: 믿었던 친구인데 이사도 가 버리고 전화도 안 되니 많이 당황스러우시겠어요.

옳은 예는 다음과 같다.

W'er: 믿었던 친구가 진영 씨와 한 약속을 깬 것에 대해 당황스럽고 한편 믿음에 대한 배신감에 화도 나실 것 같아요. 하지만 사람을 믿는 것이 잘못된 것은 아니라고 생각해요.

실천연습

① 사례 1

42세 정수 씨는 마약중독으로 해독치료를 받는 중 사회복지사에게 자신이 마약을 하게 된 경위를 이야기하고 있다.

정수: 제가 마약에 손을 댄 것은 친구의 배신으로 사업을 실패하고 이혼을 하고 부터였어요. 모든 사람들이 실패했다고 마약을 하지는 않는데, 그런 선택을 한 저 자신이 너무 바보 같고 한심합니다.

• 앞의 클라이언트 말에 사회복지사는 어떤 반영을 하면 좋을지 적어 보시오.

W'er: _____

_____

_____

_____

_____

> **TIP** 모든 사람이 힘들다고 마약을 하는 것은 아닌데, 힘든 상황을 적극적으로 헤쳐 나가지 못하고 마약을 통해 회피했던 것을 후회하는 마음을 반영해 줌. 모든 사람들이 완벽한 선택만 하는 것은 아니라는 것을 알게 해 줌

② 사례 2

32세 영진 씨는 결혼을 전제로 사귀어 오던 중 남자친구가 자신의 제일 친한 친구와 양다리를 걸치고 있다는 사실을 알고 혼란스러워 하고 있다.

영진: 전 남자친구와 제 친구 모두 용서할 수 없어요. 특히 제 친구의 행동은 정말 이해가 안 돼요. 제가 너무 어리석었어요. 전 어쩜 이렇게까지 모를 수 있었을까요?

• 앞의 클라이언트 말에 사회복지사는 어떤 반영을 하면 좋을지 적어 보시오.

W'er: _____

_____

_____

_____

_____

TIP 남자친구와 자신의 친구의 배신에 대해 본인만 바보처럼 모르고 있었던 것에 대해 감당하기 힘든 상황. 그 상황이 되면 어느 누구도 감당하기 힘들다는 것을 반영해 주고 속이려고 하는 사람에게서 사실을 파악하는 것은 누구나 힘들다는 것을 알게 해 줌

3) 공감하기

공감하기는 클라이언트가 느끼고 있는 감정에 대해 있는 그대로 이해하고 받아들이면서 클라이언트의 정서적 어려움을 공감적으로 표현을 하는 적극적 반응의 한 형태다.

┃보기┃

45세 정순 씨는 영어학원 강사였으나 5년 전 어머니에게 뇌졸중과 심장문제가 생겨 보살
피느라 직장을 그만두었다. 가정돌보미가 오는 시간을 빼고 항상 어머니 옆에서 간호했
으나, 며칠 전 어머니를 혼자 두고 잠시 약국에 다녀와 보니 어머니가 돌아가셨다. 정순
씨는 어머니의 죽음과 임종을 지키지 못한 점에 대해서 많이 슬퍼하고 있다.

　정순: 항상 엄마 옆을 지키고 있었는데, 엄마는 하필 그 시간에 왜 그렇게 급히 가셨을까
　요? 다시 돌아가고 싶어요. 안방에 가면 엄마가 있을 것만 같아요.

클라이언트에 공감하고 그것을 사회복지사의 말로 표현해 보자.
옳지 않은 예는 다음과 같다.

　W'er: 어머니가 너무 갑작스럽게 운명하셔서 많이 힘드시겠어요. 마음의 준비도 못 하셨
　겠어요.

옳은 예는 다음과 같다.

　W'er: 어머니가 너무 갑작스럽게 돌아가셔서 많이 힘드시죠? 무엇보다 그 순간 임종을 지
　키지 못한 자신에게 화가 나고 더 힘드신 것 같습니다. 저라도 그럴 것 같아요. 그 순간으
　로 다시 돌아가서 어머님의 마지막을 함께하고 싶을 것 같아요. 하지만 돌아가신 어머님
　도 정순 씨의 그런 안타까운 마음을 충분히 아실 것 같습니다.

실천연습

① 사례 1

　건설회사 인사과에 근무하는 50세 기영 씨는 건설경기 불황으로 회사가 구조조정을
시행하게 되었으며, 구조조정 대상을 정리하는 인사책임을 맡아 직장 내 스트레스가
많다.

기영: 선생님, 저는 직장에서 이렇게 스트레스가 심한데 집사람은 전혀 모르고 있습니다. 모르는 게 아니라 알고 싶어 하지 않는 것 같아요. 전 정말 집사람에게 서운하고요. 집에 들어오면 싸우게 되니 집에 들어가기가 싫어집니다.

• 클라이언트를 공감하면서 사회복지사의 말로 표현해 보시오.

W'er: _____
_____
_____
_____
_____

> 📝 TIP 직장에서 스트레스 상황임에도 부인이 이해하지 못함에서 오는 힘든 상황을 공감해 줌. 또한 자신의 스트레스 상황을 부인이 모르고 있음을 재인식시킴

② 사례 2

5남매의 장녀인 김순희 씨는 14세에 학교를 그만두고 동생들과 아픈 엄마의 생계를 책임지기 위해 서울로 올라와 미싱사로 25년간 일을 해 왔다. 동생들은 대학공부까지 다 시키고 시집, 장가까지 보내느라 자신은 결혼도 아직 못하고 서울에 전세도 마련 못해 월세를 살고 있다. 최근 시골집을 장녀인 자신의 명의가 아닌 남동생 명의로 이전한 사실을 알고 어머니와 형제들에게 화가 난 상황이고 그동안 살아온 게 너무 허망해 술을 마시게 되었으며, 혹시 자신이 알코올중독자가 되는 게 아닌가 걱정되어 스스로 상담을 신청하였다.

김순희: 선생님, 제가 그 집이 탐이 나서 그러는 게 아니에요. 전 사전에 엄마가 그런 결정을 내려야 했다면 저에게 적어도 전화 한 통화 해 줘야 한다고 생각해요. 어떻게 그 일을 몰래 진행할 수 있냐는 거예요. 저 몰래 명의를 이전하면 제가 평생 모를 것도 아니잖아요. 뒤통수를 한 대 얻어맞는 느낌이에요. 그동안 그것들을 가족이라고 생각하고 제가 희생하면서 살아온 게 너무 허망하고 헛살았다 싶어요.

• 클라이언트를 공감하면서 사회복지사의 말로 표현해 보시오.

W'er: _____

_____

_____

_____

_____

TIP 집의 명의문제보다 가족을 위해 희생한 자기 삶에 대해 인정해 주지 않는 부분에 화가 나는 것을 공감해 줌

4) 요약하기

상대방이 말하는 내용의 초점을 찾아 주제를 명확하게 요약 정리하여 클라이언트에게 표현하는 방법이다. 클라이언트는 이 과정을 통해 자신의 진정한 상황과 복잡한 감정에 대한 통찰을 할 수 있다.

┃보기┃

40세 갑규 씨는 아버지가 최근 돌아가셨고 건강이 안 좋아 택배 일을 못해 생활고를 겪고 있다.

갑규: 3개월 전 함께 살던 아버님이 돌아가셨고 현재는 반지하방에서 혼자 생활하고 있어요. 기흉이 심해 택배 일도 못하고 집에 누워있는 상황입니다. 돌아가실 때 아버지 혼자 계셨는데 제가 아버지 죽음을 방치한 것은 아닌지 죄책감이 많이 드네요. 그런 생각을 안 하려고 하는데 자꾸 아버지를 따라 죽어 버리고 싶다는 생각이 머리에서 떠나지가 않아요.

클라이언트의 대화내용을 요약해 보자.
옳지 않은 예는 다음과 같다.

W'er: 지금까지 말씀하신 것을 정리해 보면, 3개월 전에 아버지가 돌아가셔서 상심이 큰데 기흉도 심해져 일도 못나가고 계신 거지요. 아버지 죽음에 대한 죄책감도 들고, 아버지를 따라 죽고 싶다는 생각이 반복적으로 든다는 말씀을 하신 거죠.

(계속)

옳은 예는 다음과 같다.

> W'er: 아버님이 돌아가신 후 혼자 남게 되었고 현재 질병 때문에 일도 못하신 상황이 힘드시군요. 더욱이 아버님이 돌아가실 때 옆에 계시지 못한 죄책감이 현재의 어려운 상황과 맞물려 더욱 갑규 씨를 힘들게 하고 있네요.

실천연습

① 사례 1

43세 정현 씨는 현재 마약중독으로 치료를 받고 있다.

> 정현: 전 3세부터 보육원에서 자랐어요. 17세부터 자동차 정비 일을 했지요. 그러다 34세에 우연히 산 복권이 당첨된 거예요. 저는 태어나서 그렇게 큰돈은 처음이었어요. 그 돈으로 외제자동차 정비사무소를 차렸어요. 자동차 정비와 외제차 부품을 수입해서 파는 일을 했는데 직원들을 고용하니 저는 별로 할 일도 없었고, 때마침 외제차가 호황이라 사업도 잘되었어요. 결혼도 안했으니 챙겨야 할 가족도 없고, 혼자서 돈을 펑펑 쓰며 살았어요. 주변 사람들에게 요즘 말하는 '갑질'이란 걸 하면서 말이죠. 일이 너무 쉽게 풀리니 사는 게 별로 치열해야 할 이유가 없더라고요. 그때 마약거래하는 친구를 만났어요. 약에 취해 있으면 마치 제가 신이 된 기분이랄까? 나중에는 약 없인 살 수가 없었어요. 그러고 사니 사업도 망하고, 주변 사람들도 떠나고 어느 날 정신차려 보니 약에 찌들어 있더라고요. 지난날을 생각하면 너무 후회되고 제 자신에게 화가 나요.

• 앞의 사례 내용 중 정현이 힘들어 하는 것에 대해서 요약해 보시오.

✎ TIP 보편적으로 사람들이 소중함을 느끼는 상황은 그것이 없을 때인 것에 반해, 갑작스럽게 생긴 큰 행운에 감사하지 못하고 자기관리를 못한 것에 대한 후회하는 것에 지지와 격려를 해 줌

② 사례 2

17세 언국이는 학교에서는 별 문제가 없지만 어머니에게만 폭력행동을 보이고 있다. 사회복지사에게 어머니에게만 화가 나는 이유를 말하고 있다.

> 언국: 어려서부터 늘 엄마 딴에는 걱정한다고 하는 말인 거 아는데요. "너도 형처럼 서울에 있는 대학은 가야 할 텐데! 수학학원이 다니기 싫으면 형한테 자존심 한번 굽히고 배우면 어떻겠니? 형이 수학을 잘하잖니?" 아주 사람의 마음을 후벼 파는 말만 한다니까요. 그러니 제가 화가 올라올 수밖에 없지요. 어릴 때부터 항상 그래 왔어요. 항상 형하고 저를 비교해 왔다니까요. "형 반만 닮아라, 형 공부하니까 조용히 해라! 그거 형이 좋아하는 반찬이니 형한테 양보해라." 아버지가 강원도에서 근무해서 집에 주말에만 오셨거든요. 그러니 아빠가 없을 때는 모두 형 위주로 집안이 돌아갔어요.

• 앞의 대화 내용 중 언국이가 어머니에게 힘들어 하는 것에 대해서 요약해 보시오.

✎ TIP 어머니가 자신을 걱정하고 배려하는 마음이 느껴지는 말보다는 형 위주로 생각하는 부분

5) 피드백하기

피드백은 정보를 정확하게 전달하고 자신의 이해를 명료화하는 과정이다. 상대방이 전달하는 의도나 의미를 정확하게 이해했다는 확신이 서지 않을 때에는 자신이 이해하는 바를 상대방에게 말하고 확인할 필요가 있다.

〈표 3-3〉 피드백하기의 규칙들

- 피드백이 클라이언트에게 진심으로 전달되려면 현재 상황에 대한 즉각적인 반응이어야 하고 클라이언트에게 정직하고, 지지하는 태도로 이루어져야 한다.
- 즉각적이라는 것은 클라이언트가 다른 내용의 말로 대화내용을 넘기기 전에 바로 다루어 주는 것을 말한다. 상대방의 말이 클라이언트와의 상담에서 중요한 맥락일 때 명료화하고 바로 피드백을 주는 것이다.
- 상담자의 정직함이 필요한데, 이것은 상담자가 피드백과정을 통해 클라이언트를 자신이 원하는 방향으로 조정하고자 하는 것은 아닌지 자기 점검을 하는 노력을 말한다.
- 클라이언트가 말한 내용에 대해서 평가적인 용어는 피하는 것이 좋다.
- 클라이언트는 피드백에 대해서 자신을 평가한다는 생각을 가질 수 있으므로 가급적 처음에는 긍정적인 것부터 시작하는 것이 좋다.

┃보기┃

재수생인 지민이는 초등학교 동창인 광수가 연예인이 되어 돈도 잘 벌고 부모님 차도 바뀌 줬다는 말을 엄마 편에 듣게 되었다. '거울을 보며 성형을 하면 예뻐질까?' 하는 생각도 해 보고, '성격이 너무 내성적이라 할 수 있을까?' 하는 걱정도 들었다. 이런 자신의 마음을 사회복지사에게 물어본 상황이다.

　지민: 선생님, 저 가수를 해 볼까 하는데요. 선생님 생각은 어떠세요?

지민의 질문에 사회복지사의 옳지 않은 반응의 예는 다음과 같다.

　W'er: 현실적으로 가능한 상상을 해라. 너는 장래 희망이 매일 바뀌니?

옳은 반응의 예는 다음과 같다.

(계속)

W'er: 내가 보기에 네가 연예인이 되려면 넘어야 고비가 많아 보이는데 재능도 뛰어나야 하고, 경제적으로 뒷받침도 있어야 하고 무엇보다 네가 하고자 하는 의지가 강해야 하는데 나는 네가 충분한 고려 없이 뛰어들었다가 실망할까 봐 걱정이 된다.

실천연습

① 사례 1

38세 진미 씨는 18세에 결혼해 17세 된 아들과 7세 된 딸이 있으며, 남편은 작년에 지병으로 사망하였다. 평상시 남편과 이혼을 생각했고 사이도 좋지 않아 남편의 죽음이 많이 힘들지는 않았다고 한다. 현재 구청 복지과에서 시행하는 사례관리서비스를 받고 있다. 두달 전 초등학교 동창을 만나 실수로 임신을 하게 되었으며, 초등학교 동창에게 알리지 않고 아이를 낳고 싶다고 하며 아이를 낳으면 아동수당이 더 나오는지를 상담하고 있다.

• 사회복지사의 적절한 피드백을 적어 보시오.

W'er: --

🖉 TIP   우선 현실적으로 아동수당만으로 아이 셋을 기를 수 있는지 점검하고 현재 가족에게 엄마의 임신으로 파생될 수 있는 문제를 객관적 입장에서 피드백을 함

② 사례 2

36세 경원 씨는 현재 골프장 캐디를 2년째 하고 있다. 2년 전 남편의 사업실패로 살던 집도 경매로 날아가고 경원 씨가 기숙사 생활을 하며 캐디 일로 돈을 벌어 남편의 남

은 채무와 가족의 생활비를 책임지고 있다. 10개월 전부터 남편은 5세인 아들을 돌봐야 한다는 핑계로 내연녀를 집으로 끌어들여 생활하고 있다. 자신이 돈을 벌어 남편, 아들, 남편의 내연녀까지 생계를 책임지는 게 너무 화가 나지만, 자신의 아들을 뺏길까 봐 이혼을 망설이고 있다. 스트레스가 너무 심하고 불면증에 시달려 상담하러 왔다.

• 사회복지사의 적절한 피드백을 적어 보시오.

W'er: --

🖉 TIP 현실적인 것을 확인해 볼 수 있는 의사결정에 대한 피드백이 필요. 현재 생활을 유지할 때 경원 씨에게 생길 수 있는 문제와 남편과 헤어질 때 경원 씨에게 생길 수 있는 문제를 생각해 보는 시간을 갖고 예상되는 문제에 대한 피드백을 함

3. 침묵 다루기

침묵하기는 내담자가 보내는 비언어적 메시지라고 할 수 있다.

〈표 3-4〉 침묵의 종류

- 상담자의 견해나 메시지에 동의하는 뜻으로 침묵한 채 고개를 끄덕일 수 있다.
- 상대방의 메시지에 동의하지 않는다는 부정의 침묵일 수 있다.
- 자신만의 생각을 정리할 때 필요한 침묵일 수 있다.

〈표 3-5〉 침묵에 대한 사회복지사의 대처

- 침묵은 내담자가 표현하는 묵언의 언어이므로 섣불리 깨뜨리지 말고 기다리는 시간이 필요하다.
- 상대방이 오해하지 않도록 수용적인 적절한 비언어적 행위가 있어야 한다.
- 내담자의 저항에서 오는 침묵의 경우는 무조건 기다릴 것이 아니라 그 침묵의 원인과 클라이언트의 숨은 감정을 언급하고 마무리해야 한다.

침묵을 통해 자신의 생각을 정리하는 예는 다음과 같다.

┃보기┃

40세 진선미 씨는 결혼한 지 10년 되었으며 8년 전 아이가 유산된 후 불임진단을 받았다. 최근 남편과 성격 차이로 이혼을 생각하고 있는 상황이다.

부인: 저희는 별다른 문제는 없었어요. 남편도 정말 좋은 사람이고요. 단지 성격이 너무 맞지가 않았어요.
W'er: 그러시군요. 그럼 남편과의 성생활도 별다른 문제가 없으셨나요?
부인: (아무런 말이 없이 생각에 잠김)

부인의 침묵에 대해 사회복지사의 옳지 않은 반응의 예는 다음과 같다.

W'er: (부인의 침묵을 초조하게 바라보다 다른 이야기로 화제를 전환한다.) 주제가 좀 불편하셨나봐요? 그럼 어떻게 결혼을 하시게 되었는지 말씀해 주시겠어요?

옳은 반응의 예는 다음과 같다.

W'er: (부인의 침묵을 기다려 주는 마음을 가지고 잠시 기다림) 성생활 이야기를 하니 뭔가를 생각하시는 거 같은데요. 저에게 해 주고 싶은 말씀이 있으신가요?
부인: 네! 선생님 이야기를 듣고 잠시 저의 상황을 정리해 봤는데요. 남편이 저와 잠자리를 원하지 않았던 것 같아요. 저희는 쇼윈도 부부였던 것 같아요.

실천연습

① 사례 1(상대방의 메시지에 동의하지 않는다는 부정 침묵의 예)

중학교 3학년 정수는 반복적으로 오토바이를 훔치는 행동을 해서 법원 보호관찰 중에 있으며 의무적으로 상담을 받아야 하는 상황이다.

> W'er: 안녕? 여기까지 찾아오는데 힘들지는 않았니?
> 정수: 아니요. 아는 길이에요. (사회복지사를 옆으로 쳐다보면서 이야기함)
> W'er: 이 동네를 알아? 언제 여기 와 본 적이 있어?
> 정수: (상담자 눈을 피해 아래만 쳐다보고 말이 없다.)
> W'er: 앞으로 선생님하고 3개월 동안 일주일에 한 번씩 만나야 하는데 네 생각
> 은 어떠니?
> 정수: (아무 말도 하지 않고 창문만 바라보고 있다.)

• 사회복지사는 남학생의 침묵에 어떻게 질문하면 좋을지 적어 보시오.

W'er: _____

_____

_____

_____

_____

✍ TIP 정수는 법원 보호관찰 중에는 의무적으로 상담을 받아야 하는 것을 알면서도 사회복지사의 계속된 질문에도 침묵하고 있음. 정수에게 침묵하는 이유를 묻고, 정수가 상담에 동의하지 않아 상담을 진행할 수 없는 상황임을 설명함

② 사례 2(상담자의 견해나 메시지에 동의하는 뜻의 침묵의 예)

79세 김영순 할머니는 10년 전 남편이 돌아가시고 함께 살던 딸도 3년 전에 집을 가출해서 혼자서 생활하고 계신다. 최근 욕실에서 넘어져 고관절이 골절된 상황이고 재가거주를 희망하고 있다.

W'er: 어르신, 거동도 불편한 분이 혼자 생활하시기 힘드실 텐데 요양원에 가시
는 게 좋지 않을까요?

김영순: 요양원이 여러모로 편안은 하지! 하지만 난 이집을 떠날 수 없어요.

W'er: 3년 전 집을 나가셨다는 따님 때문에 못 떠나시는군요?

김영순: (아무 말도 하지 않고 고개를 숙이고 있다.)

• 사회복지사는 김영순 할머니의 침묵에 어떻게 질문하면 좋을지 적어 보시오.

W'er: --

✎ TIP 잠시 기다렸다가 침묵한 이유가 사회복지사가 따님 때문에 집을 못 떠난다고 말한 것에 동의
하는 것인지 물어봄

4. 질문하기

클라이언트와 사회복지사가 만남의 목적에 동의하면 그 후 클라이언트의 문제에 개
입하기 위한 사전 정보를 탐색하게 되는데 이때 질문하는 기술이 필요하다. 이때 질문
은 현재 상황이 어떠한지, 무엇이 문제인지, 문제해결을 위한 방법에는 무엇이 있는지
등을 함께 이야기 나눈다. 또한 질문을 통해 클라이언트가 가지고 있는 능력과 강점,
주변의 원조자원 등을 탐색할 수 있다. 그러나 너무 빈번하게 사용되는 폐쇄형 질문은
클라이언트가 심문을 받는 것처럼 느낄 수도 있다. 따라서 상황에 맞게 폐쇄형과 개방
형 질문을 적절하게 사용해야 한다.

1) 개방형 질문과 폐쇄형 질문

(1) 개방형 질문

개방형 질문은 클라이언트가 자기 수준에 적절한 다양한 방법으로 대답할 수 있는
것으로, 대표적으로 '무엇' '어떻게'로 표현된다. 예를 들면, "부모님과 사이가 좋으십니
까?"를 "부모님과 관계가 어떠십니까?"로 표현한다.

‖보기‖

35세 신협 씨는 아픈 어머니에 매여 독립도 취업도 못하는 상황이다. 겉으로는 아들에게
독립을 하라고 말하지만 아들이 면접을 보러 가는 날에는 뇌졸중 후유증과 어지럽고 심
장이 아프다고 호소해 아들은 입사면접을 포기했다.

　W'er: 어머니가 아프서서 입사면접을 포기할 때 당신은 어떠셨나요?
　W'er: 저와 어머니 이야기를 하고 나니 마음이 어떠세요?
　W'er: 어머니가 당신을 보내지 못하는 이유는 무엇일까요?

---

(2) 폐쇄형 질문

폐쇄형 질문은 상대방에게 충분히 말할 기회를 제한하며 대개 한두 단어로 대답을
이끌어 내는 단점이 있기는 하지만 클라이언트가 자신의 생각을 표현하는 것을 힘들어
하거나 생각이 정리되지 않았을 때 대화의 방향을 잡는 데 유용하게 활용되기도 한다.
하지만 상대방과 처음 만나 대화 시 사회복지사가 대화의 내용을 한 방향으로 단정 지
을 우려가 있을 때는 폐쇄적 질문을 덜 이용하여야 한다. 예를 들면, "이번 주에 학교를
안 가신건가요?" "당신은 직장을 그만 두신 건가요?"와 같은 질문이다. 신협 씨 사례를
폐쇄형 질문으로 하면 다음과 같다.

‖보기‖

　W'er: 어머니 때문에 면접을 포기하신 건가요?
　W'er: 저랑 어머니 이야기를 하니 마음이 후련하신가요?
　W'er: 어머니가 당신을 보내지 못하는 것이 불안함 때문인가요?

실천연습

① 사례 1

43세 원종연 씨는 최근 직장이직 문제와 부인과의 불화로 불면증과 원형탈모증이 생겨 상담을 받고 있다. 이동통신 회사에 다니는 원종연 씨는 회사에서 스트레스가 심해 명예퇴직을 하고 휴대폰 대리점을 운영하고자 하나 부인의 반대가 심하다.

> 사회복지사: (_____?)
> 원종연: 애들 엄마와는 사이가 안 좋아요. 결혼 초부터 계속 삐그덕 거렸어요. 애들 엄마 성격이 너무 강해요. 서로 안 지려고 기를 세우는 거지요.

• 원종연 씨가 자신의 생각을 표현하는 대답을 할 수 있도록 하기 위해서 사회복지사는 어떻게 개방형 질문을 하면 좋을지 (   )에 들어갈 적절한 질문을 만들어 보시오.

W'er: _____

_____

_____

_____

_____

✎ TIP 부인과의 관계를 묻는 질문을 개방형 질문으로 만들어 봄

② 사례 2

43세 원종연 씨는 사회복지사 상담을 통해 스트레스가 많이 완화되었다. 부인과의 관계도 많이 편안해졌으며, 사회복지사가 실제로 부인과 관계가 좋아졌는지 물어보고 있다.

> 사회복지사: (_____?)
> 원종연: 아니요. 애들 엄마하고 사이가 좋아진 것 같지는 않아요. 대신 서로가 덜 싸우려고 노력하는 것 같아요. 옛날 같으면 한번 싸우면 끝장을 보는데 서로가 막다른 상황까지는 안 가려고 참는 거지요.

• 원종연 씨가 앞의 대답처럼 사회복지사의 질문에 예, 아니요로 대답하기 위해서는 사
회복지사가 어떻게 폐쇄형 질문을 하면 좋을지 (   )에 들어갈 적절한 질문을 만들어
보시오.

W'er: --

> TIP 클라이언트가 상담을 통해 변화되고 노력하고 있는 내용을 확인하기 위한 폐쇄형 질문을 만
들어 봄

2) 잘못된 질문

(1) 과도한 질문

상대방의 특정행동에 대한 이유나 동기가 궁금할 때는 "왜"라는 질문을 많이 하게 된
다. 그러나 이는 상대방에게 따지는 것 같은 인상을 주거나 무엇인가 그와 동의하지 않
는다는 불쾌감 또는 비판적인 감정을 주게 되므로 면담 시 주의해야 한다. "왜"를 '어떤
이유'로, '어떤 상황' 등의 개방형 질문으로 바꾼다. 클라이언트의 문제되는 행동을 추
궁하듯이 물어보지 않는다.

┃보기┃

42세의 정선 씨는 맞벌이 부부다. 7세와 5세인 아들을 두고 있고 친정어머니가 양육을
전담하고 있다. 최근 딸을 한 명 더 낳고 싶어 친정어머니에게 딸도 키워 줄 것을 부탁해
친정어머니가 매우 심한 스트레스를 받고 갈등상황에 있다.

과도한 질문의 예는 다음과 같다.

W'er: 당신은 양육을 책임질 수 없는 상황에서 왜 아이를 또 낳으려고 하시나요?

(계속)

옳은 질문의 예는 다음과 같다.

W'er: 양육에 어려움이 있는 상황에서 아이를 가지려는 이유가 있으십니까?

① 사례 1

39세 진영 씨는 TV에서 방영되는 홈쇼핑을 자주 보며, 충동적으로 물건을 구매하고 반품하기를 반복적으로 하고 있다. 최근 과도한 홈쇼핑으로 카드 대금이 많이 나와 신용대출을 받았고 어머니의 권유로 사회복지 상담을 하고 있다.

W'er : 신용대출까지 받아 가면서 홈쇼핑을 왜 하시나요?

• 앞의 과도한 질문을 옳은 질문으로 바꾸어 보시오.

W'er: _____
_____
_____
_____
_____

TIP 경제적 어려움에도 불구하고 홈쇼핑을 계속하는 이유에 대해 물어봄

② 사례 2

사업을 하는 남편에게 생활비를 타 쓰고 20년간 매달 가계부 검사를 받는 55세 김미형 씨는 남편이 자신을 무시하는 문제로 상담을 받았다.

W'er: 그동안 남편에게 매달 가계부 점검을 받으면서 무시받는 느낌이 든다고 이야기해 본 적 있으세요?

김미형: 아니요. 한 번도 말해 보지 않았어요.

W'er: 그렇게 20년간 가계부를 쓰시면서 왜 한 번도 하기 싫다고 말을 하지 않았나요?

• 앞의 과도한 질문을 옳은 질문으로 바꾸어 보시오.

W'er: --

<small>**TIP**</small> 남편의 가계부 쓰기 요구에 지속적으로 참은 상황은 어떤 상황인지 물어본다.

(2) 유도질문

사회복지사가 의도를 숨기고 클라이언트의 문제에 대한 해결책으로 유도하는 질문이다. 사회복지사가 유도질문을 통해 클라이언트를 조종하려는 의도를 가져서는 안 된다.

┃보기┃

지방 출장이 잦은 42세 박진 씨는 외박을 하고 들어올 때마다 부인에게 용돈을 하라고 10만 원씩 준다고 한다. 부인은 돈이 아니라 왜 외박을 하는지 해명을 듣고 싶은데, 그것을 따지면 남편이 헤어지자고 할까 봐 참고 있다. 사회복지사는 남편과 면담 중이다.

유도질문의 예는 다음과 같다.

W'er: 아버님이 외박을 자주 한다고 들었는데요. 외박하고 오는 날 부인에게 10만 원씩 용돈을 주는 게 정말 부인을 위하는 일이라고 생각하세요?

옳은 질문의 예는 다음과 같다.

W'er: 부인께서는 남편 분이 집에 들어오시지 못하는 이유를 알고 싶어 하십니다. 말씀해 주실 수 있으십니까?

---

① 사례 1

37세 김정미 씨는 재취업을 위한 직업교육과 직업상담을 받고 있다. 상담과 교육을 통해 직업기술능력이 향상되어 상담을 종료해야 하는 상황이나 김정미 씨는 자신의 향상을 부정하고 지속적으로 상담을 받고 싶어 한다.

> W'er: 처음 오셨을 때보다 전산활용기술도 향상되셨고 취업처에서 김정미 님 면접도 봤으면 하는데, 김정미 님은 면접을 보고 싶어 하지 않으시네요?

• 앞의 유도질문을 옳은 질문으로 바꾸어 보시오.

W'er: _____
_____
_____
_____
_____

> 🖉 TIP 김정미 씨가 교육 후 기술이 향상되었음에도 불구하고 지속적으로 상담을 받으려는 이유에 대해서 질문함

② 사례 2

44세 김남덕 씨는 결혼 후 지속적인 술 문제로 인해 취업 유지를 못하고 있다. 미용업을 하는 부인이 생계를 책임지고 있으며, 경제적인 어려움을 겪는 부인이 최근 남편의 동의 없이 임신중절수술을 했다. 이들 사이에는 아들 한 명이 있다. 김남덕 씨는 본인이 술을 먹는 이유가 부인이 몰래 임신중절수술을 했기 때문이라고 핑계를 대고 있다.

> W'er: 지속적으로 술을 드시고 직장에 적응 못하는 문제가 부인 때문이라고 그러시는데 남덕 씨 문제는 없으십니까?

• 앞의 유도질문을 옳은 질문으로 바꾸어 보시오.

W'er: --

> **TIP** 비록 남덕 씨가 자신이 문제를 인정하지 않고 부인을 핑계로 댄다고 하더라도 남덕 씨의 술
> 조절 문제와 직장생활 문제를 부인과 연관시키지 말고 별도로 질문, 탐색하는 것이 바람직함

5. 저항, 방어 다루기

1) 저항, 방어하기

저항이란 클라이언트가 억압된 충동이나 부정적 감정을 느꼈을 때 생기는 불안으로 자신을 보호하고 현재 상태를 유지하려는 생각, 태도, 감정, 행동을 의미한다. 상담약속 시간을 어긴다거나 뚜렷한 이유 없이 자주 늦거나 특정한 이야기 등을 하지 않는 등의 행동이 저항에 해당한다. 또한 방어하기는 클라이언트가 보이는 저항의 한 방법으로 사회복지사와 면담을 두려워하거나 불편해 하는 클라이언트가 사회복지사와 일정한 거리를 두거나 의미 있는 상호작용과 의사소통을 피하는 것을 의미한다. 클라이언트가 보이는 문제행동 중 거부하기, 비난하기, 낙인찍기, 회피하기, 무력감 호소하기, 위기상황 만들기, 약한 척하기 등이 여기에 해당된다.

2) 클라이언트의 저항, 방어행동 완화하기

사회복지사는 클라이언트의 저항, 방어행동에 대해 적극적 경청의 방법을 활용하여 부정적 행동을 멈추게 하여 상담현장에 동참시킬 수 있다.

(1) 명료화하기

클라이언트가 자신의 생각이나 감정을 정확히 직면하기를 두려워하고 혼란스러움을 핑계로 무기력이나 회피 등의 방법으로 방어하고자 할 때 상황과 감정에 대한 명료화를 거쳐 클라이언트가 생각과 감정을 정리할 수 있도록 도울 수 있다.

(2) 반영하기

클라이언트가 대화 중에서 보이는 방어행동에 영향을 받지 말고, 방어행동 이면에 클라이언트가 전달하려는 사건과 거기서 느끼는 상황을 잘 이해했음을 표현하고 반영 과정을 거쳐 클라이언트가 현재 표현하고 있는 부정적 생각과 감정이면의 것을 찾아낼 수 있도록 돕는 것이다.

(3) 공감하기

클라이언트가 느끼는 어려움에 대해 방어행동을 통해 비효율적인 의사소통 방법으로 자신의 어려움을 호소하고자 할 때 공감하기 방법을 활용하여 상담자의 방식으로 클라이언트의 어려움을 수용해 주고 클라이언트가 다른 사람에게 충분히 이해받았음을 자각하고 부정적 감정에서 빠져나오게 한다.

(4) 피드백하기

클라이언트가 저항, 방어행동으로 직면해야 할 문제를 회피하고 상담과정을 부정적 상황으로 몰고 갈 때 사회복지사는 상담과정에서 받은 인상을 클라이언트에게 피드백하여 클라이언트가 문제행동을 직면할 수 있도록 한다.

클라이언트의 저항을 감소하기 위해 사회복지사가 반영기법을 활용한 예를 보면 다음과 같다.

‖보기‖

남편의 주사와 잦은 폭언으로 참다 못한 부인이 상담을 의뢰하였다. 부부는 서로에게 책임을 전가하며 비난하고 있고, 16세 아들은 학교 등교도 거부하고 자기의 방에서 나오지

(계속)

않으려는 상황이다. 아들의 문제행동이 부모의 불화에 있다고 판단하여 남편을 상담하게 되었다.

W'er: 지금 어떤 상황인지 여쭤 봐도 될까요?

남편: 우리 집은 아무 문제없어요. 사회생활하면서 남자가 이 정도도 술을 안 먹나요? (거부하기) 여편네가 예민해서 별것 아닌 것을 떠벌리고, 자꾸 옆에서 깐죽깐죽하니 손이 올라가지요. (비난하기)

W'er: 어느 분이 문제가 있다기보다 아드님을 돕기 위해서 저희가 모인 겁니다.

남편: 그 새끼는 원래 그래요. 배가 불러서 그렇지요. 정신이 썩었어요. (낙인찍기)

W'er: 아드님 때문에 많이 힘드신 부분이 있지요. 그렇지만 아드님도 자기 나름대로 노력하고 있는 부분이 있지 않을까요? 아버님 생각은 어떠세요.

남편: 애 엄마가 남자애를 강하게 길러야지, 매일 치마폭에 끼고 있으니 애가 그렇게 되지요.

W'er: 아버님은 아드님의 문제가 부인의 양육방식의 문제라고 생각하시는군요?

남편: 이젠 나도 모르겠어요. 우리 부부가 달라진다고 애가 나아질까요? 다 부질없다고 생각해요. 술을 괜히 먹게 되는 게 아니에요. 나이는 들고 집에 들어오면 깐죽거리는 마누라에 아들은 한심하게 저러고 있고, 나도 기운이 빠져요. 나도 좀 위로받고 싶다고요.

W'er: 집에 들어오셨을 때 아드님을 보면 기운이 빠질 때 술을 드시게 된다는 말씀이시죠?

남편: 예, 술을 자제해야지 생각은 하는데, 집에 들어오면 답답해서 술을 더 먹게 돼요.

W'er: 집에 들어오셔서 아드님을 보면 답답하고, 오히려 술을 찾게 되시면 마음이 많이 힘드시겠어요.

남편: 예. 많이 힘들어요. 애 엄마가 딱하기도 하고, 그런데 화부터 나니 마음은 안 그런데 소리부터 지르게 돼요.

W'er: 아버님 마음과는 다르게 화부터 올라오시는군요. 부인에게 미안한 마음을 표현해 보신 적은 있으세요?

• 앞의 사례에서 사회복지사는 저항하는 남편에게 어떤 방법으로 저항을 멈추게 했나요? 상담내용에서 관련 문장을 찾아보고 개입방법에 대한 개인의 의견을 쓰시오.

TIP 자신의 잘못을 방어하는 아버지의 행동에 대해 사회복지사가 술을 먹게 되는 마음과 부인에게 미안함을 표현 못하고 반대로 행동하는 마음을 반영을 통해 이해해 줌

관련 문장 찾기

W'er: 집에 들어오셨을 때 아드님을 보면 기분이 나빠지고 술을 드시게 되나 봐요? 집에 들어오셔서 아드님을 보면 답답하고 오히려 술을 찾게 되시면 마음이 많이 힘드시겠어요.

① 사례 1

화려한 장신구와 문신을 지적한 학교 선생님에게 욕을 하여 자퇴 위기에 있는 17세 정훈이는 이번이 세 번째로 옮긴 학교다. 매번 학생 지도 선생님에게 불량한 복장과 문신, 피어싱 등으로 지적을 받았으며 이번 학교에서 선처가 없으면 자퇴를 해야 한다. 다행히 학생이 진심으로 선생님께 용서를 구하고 반성하는 마음과 학생의 행동에 변화가 있을 시 선처키로 결정이 내려져 학교사회복지사에게 의뢰되었다.

> 정훈: 내가 뭘 잘못했는데요? 왜 나만 가지고 그래요. 내가 이러는 것은 세상이 불합리해서 그래요. (비난)
> W'er: 정훈이 생각에는 잘못이 없는데 다른 사람들이 문제라고 생각하고 있구나.
> 정훈: 전 아무 문제가 없어요. 사람들이 왜 나를 문제라고 생각하는 거죠?(거부)
> W'er: 다른 사람들이 너에게 문제라고 말하는 것을 들은 적 있어?
> 정훈: 대놓고 그런 말을 하지는 않지만 제가 생각해도 제가 좀 또라이예요. 똘기가 충만하죠. (낙인)
> W'er: 똘기 충만이라? 어떤 면에서 본인이 그렇게 생각되는데?
> 정훈: 뭐, 남하고 조금 다르니까요? 아니 다르다는 이야기를 듣고 살았으니까요?
> W'er: 남하고 다르다는 말을 들을 때 정훈이는 어떤 마음이 드니?
> 정훈: 좀 외롭죠. 나쁜 아이로 오해받으니까 기분도 상하고요.
> W'er: 실제로 너도 너 자신이 다른 사람하고 다르다고 느끼니?
> 정훈: 아니요. 저도 다른 아이들하고 같은데, 표현하는 방법이 거칠어서…… 모르겠어요. 제가 다른 애들하고 다른 거 같기도 하고.
> W'er: 정훈이도 다른 아이들과 같은 평범한 사람인데 나쁜 아이로 생각되어 속상하고 혼란스럽기도 하고 그런가 보다. 선생님 말이 맞니?
> 정훈: 선생님 말을 들으니 혼란스럽다는 말이 맞는 것 같아요.

• 앞의 사례에서 사회복지사는 저항하는 정훈이에게 어떤 방법으로 저항을 멈추게 했는지 적어 보시오.

✏️ TIP 자신의 잘못을 방어하는 정훈의 행동에 대해 사회복지사가 이해해 주고 본인이 이해한 것이 맞는지 명료화하는 과정을 통해 이해받고 존중받는 경험을 함

② 사례 2

부모가 이혼하고 아버지와 조부모와 살고 있는 10세 시연이는 친구를 잘 사귀지 못하는 문제가 있어 개별상담과 또래집단으로 구성된 집단상담 프로그램에 참여 중이다. 집단에서의 적응이 성공적이라 집단상담의 보완으로 함께 병행한 개별상담은 종료하고 집단상담만 참여하기로 했다. 시연이도 그렇게 하겠다고 했으나 개별상담 마지막 날 선생님이 자기를 미워한다고 울고 화를 내고 있다.

> W'er: 시연이 화 많이 났니? 이제 다 운 거야?
>
> 시연: 선생님 미워요. 왜 절 미워하시는 거예요. 왜 절 안 만나시는 건데요? (비난하기) 모두 다 싫어요. 모두 좋아지면 다 떠나요. 선생님도 이제 안 만날 거예요. (거부하기)
>
> W'er: 선생님이 시연이를 왜 미워해?
>
> 시연: 저는 원래 재수 없는 아이예요! 다 저를 싫어해요. (낙인찍기)
>
> W'er: 선생님은 시연이가 많이 좋은데. 시연이 보면 기분이 좋아지고 씩씩해지는데……. 오늘 이렇게 울고 있으니 선생님도 기운이 없어지네.
>
> 시연: (고개를 떨구고 침묵하고 있다.)
>
> W'er: 지난번에 이제 집단에서 만나기로 선생님과 약속했었잖아. 선생님을 개인적으로 만나지 못해서 많이 서운하니?
>
> 시연: 예! 겁이 나요. 못할까 봐 겁이 나요.
>
> W'er: 우리 시연이가 집단만 한다고 하니 선생님이 떠나는 것처럼 느끼는구나. 그래서 잘 못할까 봐 불안하기도 하고 화도 나고 그러는구나.
>
> 시연: 예! 친구들하고 만날 때는 선생님께 모르는 거 물어볼 수도 없잖아요.

W'er: 선생님은 시연이가 아이들하고 함께 있어도 개별상담 때랑 똑같이 항상
용기 내라고 응원하고 있었는데. 이제 시연이가 선생님 없이도 잘할 수 있는 게
많아졌잖아. 혼자서 하는 게 너무 대견해서 말 안 하고 속으로 응원하고 있었는
데? 시연이가 이제 그걸 느껴 주면 좋겠다. 프로그램에서 선생님하고 눈 마주치
면 파이팅 하라고 눈인사할 건데 시연이도 눈인사 해 줄 수 있지?

• 앞의 사례에서 사회복지사는 개별상담 종료에 대해 저항하는 시연이의 마음을 어떤
방법으로 다독여 주어 저항을 멈추게 했는지 적어 보시오.

> ✏ TIP   사회복지사의 관심이 적어질까 봐 두려워서 저항하는 시연이의 마음을 사회복지사가 공감해
> 주고 시연이가 자신의 감정을 타인에게 존중받는 경험을 하게 함

사회복지실천을 위한 기록기술 익히기

04 사회복지실천을 위한 기록기술 익히기

1. 기록의 개념

사회복지실천에서 사회복지사가 클라이언트와의 면담에서 생기는 면담내용이나 개입의 과정 등 사회복지사가 클라이언트와 행한 모든 것을 문서화한 것을 사회복지실천 기록이라고 한다. 기록은, 첫째, 사회복지사가 개입한 클라이언트와 기관, 지역사회에 대한 법적·윤리적 문제에 대한 책무성을 가져야 한다. 둘째, 사회복지사는 기록의 과정을 통해 클라이언트의 욕구개입에 대한 서비스 활동을 검토하고 평가, 수정 등을 통해 전 과정을 점검해야 한다. 셋째, 사회복지사는 클라이언트와의 개입에서 변화사항을 서로 공유하고 기록을 통해 남기며 클라이언트와 공유할 수 있다. 넷째, 기록은 사회복지사의 실천에 대한 과정을 슈퍼바이저, 동료들과 공유하고 지도감독을 받는 데 활용된다. 다섯째, 클라이언트 문제에 대한 개입 시 사회복지사가 변경될 수 있는 다양한 상황에서 현재까지의 진행과정을 파악하여 클라이언트에게 효율적, 지속적 서비스를 제공하게 한다. 여섯째, 사회복지사의 개입과 사회복지기관에서 시행하는 서비스의 기록을 통해 재정적 지원을 받을 수 있다. 일곱째, 기록은 다양한 욕구가 있는 클라이언트의 문제 개입에 있어서 다양한 영역의 전문가와 의사소통을 촉진하고 통합된 서비스의 방향을 제시한다.

2. 기록의 유의사항

기록할 때 주의할 유의사항은 여덟 가지가 있다. 첫째, 기록은 정확하고 간결해야 하며 기록담당자의 이름과 기록 일자가 적혀 있어야 한다. 둘째, 기록은 다른 전문가와 공유하는 자료이므로 암호 등을 적지 말고 다른 사람이 알아볼 수 있도록 적어야 한다. 셋째, 클라이언트에게 비밀보장과 기록이 공유되는 전문가의 범위를 알리고 클라이언트의 사생활에 유념하여 현재의 문제와 관련이 없거나 타인에게 밝히길 꺼리는 문제 등에 대해서 클라이언트와 합의하여 기록해야 한다. 넷째, 기록의 과정에 윤리적 문제가 있으면 안 되고 부정확한 내용을 기록자 추측에 의해서 기록하면 안 된다. 다섯째, 기록자의 선입견이나 편견이 들어간 내용은 배제되어야 하며, 유행하는 단어나 특정 단어의 사용은 안 되고 용어 선정에 있어 일반적인 사람이 쓰는 보편 타당한 용어를 써야 한다. 여섯째, 기록을 슈퍼비전이나 사례회의에 사용할 경우 클라이언트의 사적 정보가 노출되지 않도록 유의한다. 일곱째, 기록을 하기 전 클라이언트에게 양해와 동의를 구한다. 기록을 하는 목적과 기록이 클라이언트에게 어떤 도움이 되는지 간략하게 이야기한다. 여덟째, 녹음이나 녹화의 경우 반드시 허락을 받고 시행한다. 클라이언트와 면접을 할 때 메모는 최소한으로 줄인다.

3. 기록의 종류

1) 과정기록

과정기록(process recording)은 사회복지사와 클라이언트 간에 있었던 일을 그대로 기록하는 방식으로 의사소통의 내용이나 비언어적 표현까지도 모두 포함시킨다. 클라이언트의 표정과 몸짓에 대한 사회복지사의 생각과 분석 내용 등이 포함된다. 과정기록은 작성과정에 시간이 많이 소요되므로 실천현장에서 거의 사용되지 않으나 실습이나 지도감독을 통하여 클라이언트에 대한 사회복지사의 개입 전 과정에 대한 교육용으로 유용하다.

〈표 4-1〉 과정기록의 예시

> W'er: 지난번에 이혼에 대해서 말씀하셨는데요. 현재의 마음은 어떠세요?
>
> 성보라: 정말 이혼하고 싶어요. 사는 게 지긋지긋해요. 매일 이혼 생각을 하지만 남편을 돌아보면 불쌍하고 아이들도 불쌍하고 그러면 또 연기에 대한 저의 갈망을 내려놓게 돼요.
>
> W'er: 보라 씨 마음에서 여러 가지 생각이 동시에 드니 갈등이 많이 되시겠어요.
>
> 성보라: 실제로 행동으로 옮긴 적도 있어요. 이혼소송을 2번이나 했지만 2번 다 제가 소송을 취하했어요.

(계속)

W'er: 어떤 이유에서 소송을 취하하신 건가요?

성보라: 시아버지가 제가 연예인이라 결혼을 반대했어요. 그럴수록 전 오기가 생겨 끝까지 결혼하고 싶었어요. 남편의 집안이 재벌 집이었다는 게 놓치기 싫다는 마음을 먹게 한 거 같아요. 시아버지가 각서를 쓰래요. 결혼 후에는 연예인 생활을 하지 않겠다는 내용이 주요 내용이었어요.

W'er: 결혼과정이 순탄하지는 않으셨군요? 결혼생활은 어떠셨어요?

성보라: 결혼 후 쌍둥이로 2명의 아이를 낳았고, 시아버지의 반대는 어느 정도 가라앉았어요. 하지만 전 우울증이 지속적으로 있어 정신과 진료를 받게 되었어요.

2) 요약기록

요약기록(summary recording)은 사회복지 기관에서 많이 사용하는 형태로 시간의 경과에 따라 클라이언트의 상황과 개입내용을 요약해서 기록하는 것이다. 클라이언트의 모든 정보를 기록하는 것이 아니라 개입문제와 관련된 것을 기록하거나 특정 행동이나 사실, 사회복지사 개입에 대한 클라이언트의 변화 등을 기록한다.

〈표 4-2〉 요약기록의 예시

45세 성보라 씨는 20대에 인기 연예인으로 활동하다 시댁의 반대를 무릅쓰고 재벌가에 시집을 갔으며, 현재 우울증으로 자살생각과 이혼하고 싶은 마음을 표현하고 있다. 클라이언트는 연기에 대한 갈망과 함께 연기생활 했던 친구들의 성공을 보면서 초라한 자신과 비교를 하고 있으며 이혼하고 싶은 마음이 크지만, 남편과 아이들이 불쌍하다는 생각 때문에 결심을 못하고 있다. 클라이언트는 결혼 전 자신이 연예인이라 반대하는 재벌가 시아버지에게 연예인 생활을 안 한다는 각서를 쓰고 결혼을 했으며, 그 후 2명의 아이를 낳고 우울증이 지속되어 정신과 진료를 받고 있다. 클라이언트는 실제로 이혼소송을 2번이나 했으나 2번 다 소송을 취하한 사실이 있으며, 시아버지는 3년 전에 돌아가셨다. 클라이언트가 이혼소송 후 바로 취하하는 경우가 2번이나 있었던 것으로 보아, 정말 이혼하고 싶은 마음이 있는지 감별할 필요가 있다. 클라이언트의 이혼에 대한 생각이 남편이 싫어서인지, 연기활동의 좌절에서 온 것인지를 클라이언트와 알아보는 시간을 갖고, 연기에 대한 좌절 때문에 이혼을 하고 싶은 것이면 남편에게 자신의 본 마음을 알리고 연기가 자신의 인생에 미치는 영향에 대해서 설득할 수 있도록 도와야 한다.

3) 문제중심(문제 지향적)기록

문제중심(문제 지향적)기록(Problem-Oriented Recording: POR)은 문제중심으로 개입계획과 수행 및 점검을 위주로 기록하며 SOAP식 구성을 사용한다. 클라이언트의 문제에 초점을 맞추다 보니 문제 이외의 클라이언트의 감정과 생각이 배제되고 강점보다는 문제에 초점이 맞춰지는 단점이 있으나 문제에 대한 개입에 초점이 맞추어져 타 전문가와의 협업업무에 효율적으로 사용된다.

SOAP식 구성은 다음과 같다. S(Subjective information)는 클라이언트나 가족으로부터 얻는 주관적 정보, 기본적인 자료, 클라이언트가 느끼는 자신의 상황에 대한 인식과 감정 등이다. O(Objective information)는 검사와 관찰로부터 얻은 객관적 정보, 전문가의 관찰, 검사 결과, 체계적 정보 등이다. A(Assessment)는 사정, 주관적 정보와 객관적 정보를 검토해서 추론된 전문가의 해석이나 결론이다. P(Plans)는 문제를 해결하기 위한 방법이나 계획이다.

〈표 4-3〉 문제중심기록의 예시

45세 성보라 씨는 20대에 인기 연예인으로 활동하다 시댁의 반대를 무릅쓰고 재벌가에 시집을 갔으며, 현재 우울증으로 인한 자살생각과 이혼을 요구하는 상황이다.

- S: 이혼하고 싶어요. 정말이지 사는 게 지긋지긋해요. 매일 이혼 생각을 하지만 남편을 돌아보면 불쌍하고 아이들도 불쌍하고 그러면 또 연기에 대한 저의 갈망을 내려놓게 돼요.
- O: 클라이언트는 실제로 이혼소송을 2번이나 했으나 2번 다 소송을 취하한 사실이 있다. 클라이언트는 시댁의 반대에 결혼 후에는 연예인 생활을 그만 두겠다는 각서를 쓰고 결혼을 했고 그 후 2명의 아이를 낳고 우울증이 지속적으로 있어 정신과 진료를 받고 있는 상황이다.
- A: 클라이언트가 이혼소송 후 바로 취하한 것으로 보아 정말 이혼하고 싶은 마음이 있는지 감별할 필요가 있다. 클라이언트의 우울증이 정말 연기활동의 좌절에서 오는 것인지 확인해야 하며 시아버지가 돌아가신 상황이고 아이들도 성장했으므로 남편이 클라이언트의 연기활동을 지지해 줄 수 있는지 알아볼 필요가 있다.
- P: 이혼에 대한 생각이 남편과의 문제인지 연기활동의 좌절 때문인지를 의사소통척도를 활용한 의사선택을 실시한다. 클라이언트의 우울증이 어떤 상황에서 유발되는 것인지 우울증의 원인을 상황과 심리적 관계로 구분해 볼 필요가 있다. 클라이언트가 연기 복귀에 대한 자신의 의견을 남편에게 전달하고 설득하는 데 필요한 자기표현 훈련을 실시한다.

① 사례 1

- 방법: 다음 사례의 과정기록과 문제중심기록을 토대로 요약기록을 만들어 본다.

- 사례: 21세 대학 2학년 정진우 씨는 4년 전액 장학금을 받고 입학을 했다. 평상시 조용하고 자기표현이 적으나, 축구나 게임 등에서는 강한 승부근성을 발휘하는 편이다. 자신이 화가 나거나 컨디션이 좋지 않을 때 고3 동생을 반복적으로 구타하는 문제를 가지고 있다.

- 과정기록 방법으로 기록하기

> W'er: 동생에 대해서 어떤 감정들이 드세요?
> 정진우: 동생을 때리면 안 된다는 것도 알고, 때리고 반성도 하지만 막상 화가 뻗치면 저도 참을 수가 없어요.
> W'er: 동생을 미워하시는 마음이 크신가요?
> 정진우: 아니요. 평상시는 동생도 엄마 없이 커서 불쌍하다는 생각이 들어요. 그런데 또 원망하는 마음도 동시에 들어요.
> W'er: 동생을 원망하는 마음이 드시는 건 어떤 상황에서 그런가요?
> 정진우: 엄마가 동생을 낳다가 돌아가셨어요. 전 엄마한테 인사도 못했는데 학교에서 집에 와 보니 엄마가 동생 낳으러 병원에 간다고 저보고 할머니 말 잘 듣고 있으라고 엄마 곧 온다고 했는데, 집에 이상하게 생긴 애만 오고 엄마는 죽었대요.

- 요약기록 방법으로 기록하기

> --
> --
> --
> --
> --

• 문제중심기록 방법으로 기록하기

> • S: 동생을 때리면 안 된다는 것을 알고 때리고 반성도 하지만 막상 화가 뻗치면 저도 참을 수가 없어요.
> • O: 클라이언트의 폭력성이 다른 사람에게는 표출되지 않고 동생에게만 표출되고 있고, 동생의 구타를 말리던 할머니가 허리를 다쳐 요양원에 입원을 한 상황이다. 클라이언트의 학교 친구들은 클라이언트에 대해 자기주장을 잘 못하며 조용한 성격이라고 한다. 클라이언트의 아버지 말씀에 클라이언트의 어머니가 여덟 살 차이가 나는 동생을 출산하다 돌아가셨기 때문에 동생이 밉다고 표현했다고 한다.
> • A: 평상시 조용하고 스트레스에 취약한 클라이언트는 8세의 어린 나이에 어머니가 갑작스럽게 돌아가신 마음의 충격을 가지고 있으며 동생을 출산하는 과정에 어머니가 돌아가셨기 때문에 동생을 미워하는 마음이 크다. 동생의 출산과 어머니의 돌아가심에서 오는 혼란스러운 감정을 정리할 필요가 있으며 스트레스 상황에 선택적으로 나오는 공격성을 다른 건강한 방법으로 해결하는 방법을 모색해 봐야 한다.
> • P: 어머니 임종에 대한 마음의 상처를 어루만져 주는 작업을 통해 어머니와의 충분한 애도과정을 표현하는 시간을 갖고 동생에게 생기는 양가감정을 정리하는 연습이 필요하다. 스트레스 상황에서 자기 자신을 적절하게 표현하는 자기표현 훈련과 평상시 생활에서 긴장과 스트레스를 관리할 수 있는 여가생활과 스포츠 등의 개발이 필요하다.

② 사례 2

• 방법: 2명씩 짝을 지어 파트너를 만들고 최근 고민하고 있는 주제를 면담자와 상담자와 되어 면담을 한다.

• 과정기록 방법으로 기록하기

(계속)

• 요약기록 방법으로 기록하기

• 문제중심기록 방법으로 기록하기

4. 사회복지실천 기록 시 하게 되는 오류

1) 사실과 견해가 혼합되어 있는 경우

클라이언트에 대한 있는 그대로의 사실에 대한 묘사와 그에 대한 사회복지사의 견해나 판단이 혼합되어 있는 경우, 사회복지사가 관찰한 것과 사회복지사가 추론한 것이 분명하게 명시되지 않는다.

┃보기┃

16세 지은이는 잦은 가출과 폭력행동으로 경찰서에 입건되는 일이 잦았고, 지은이 아버지는 사회복지사에게 딸의 일을 상담하며, 당시 상황을 설명하고 있다.

• 옳지 못한 예

(사실에 대한 묘사) 지은이 아버지는 경찰서에서 전화를 받고 지은이를 데리러 경찰서로 갔다. 부인에게 알릴지 잠시 고민을 했지만 지은이와 부인이 갈등이 심해지지 않기 위해 부인에게는 비밀로 하기로 했다. <u>아마도 이와 같이 부인에게 이야기하지 않고 지은이와 아버지가 해결한 사건이 이번 건 말고도 많을 거라고 예상된다.</u> → 밑줄 친 부분은 사회복지사의 견해다.

(사회복지사의 견해나 판단) <u>지은이 아버지는 지은이에게 이렇게 하면 정상적인 생활을 못하고 교도소에 가야 한다고 훈계를 했고 이렇게 하는 것이 아이를 위한 최선의 선택이라고 생각했다.</u> → 밑줄 친 부분은 실제로 지은이 아버지가 말한 사실의 내용이다.

• 옳은 예

(사실에 대한 묘사) 지은이 아버지는 경찰서에서 전화를 받고 지은이를 데리러 경찰서로 갔다. 부인에게 알릴지 잠시 고민을 했지만 지은이와 부인이 갈등이 심해지지 않기 위해 부인에게는 비밀로 하기로 했다. 지은이의 아버지는 정상적인 생활이 안 되면 나중에는 교도소에 가야 한다고 지은이를 훈계했고, 이것은 아버지로서 최선의 선택이라고 생각했다.

(사회복지사의 견해나 판단) 지은이 아버지는 지은이의 문제행동을 부인이 모르는 게 지은이와 부인의 갈등을 줄이는 방법이라고 생각하고 있으며, 이번 사건도 지은이와 지은이 아버지가 부인 모르게 처리한 많은 사건 중 하나였을 것으로 생각된다. 과거의 문제해결방식을 알기 위해 이에 대한 확인과정이 필요하다.

① 사례 1

76세 진양자 할머니는 함께 사는 아들의 잦은 구타로 이웃주민이 신고하여 노인학대
예방센터에 입소하게 되었다. 입소할 때 큰 가방에 세면도구와 옷가지를 챙겨서 오셨
으며 익숙한 듯이 자신이 가지고 온 물건들을 꺼내 놓은 모습을 보였다. 눈가의 멍에
대해서 묻자 옆집 할아버지랑 싸우다 그렇게 되었다고 말을 하며 얼버무리는 모습을
보인다. 함께 살던 아들의 근황에 대해서 묻자 멀리 일하러 갔다고 이야기를 한다. 눈
가의 멍은 그 전날 아들의 학대에 의해서 이루어졌을 것이다. 진양자 할머니가 아들의
폭력을 주변에 밝히고 싶어 하지 않는 이유를 추후면담을 통해 탐색해 봐야 한다.

• 사례를 '사실에 대한 묘사'와 '사회복지사의 견해나 판단'으로 구분하여 기록하여 보
  시오.

　－ 사실에 대한 묘사

　－ 사회복지사의 견해나 판단

　---

② 사례 2

39세 휠체어 장애인 진영 씨는 장애인 활동보조 서비스를 신청하기 위해 장애인복지관에 방문해서 사회복지사 면담 중이다. 진영 씨는 그동안 자신에게 배치된 활동보조인들이 모두 마음에 들지 않았다며 그 사람들의 험담을 늘어놓기 시작했다. 진영 씨에게 필요한 서비스는 청소와 음식을 할 수 있도록 보조하는 것이며 주 1회 외출에 필요한 활동보조를 하는 것이라고 말했다. 그동안 활동보조인의 행동들이 마음에 들지 않아도 부당한 대우를 받을까 봐 참았고 모든 잘못은 활동보조인의 잘못이라고 말했다. 한 달에 활동보조인이 4명이나 바뀌는 것은 활동보조인만의 문제가 아닐 것이다. 활동보조인의 잘못도 있겠지만 모든 잘못을 활동보조인의 탓으로 돌리는 진영 씨에게도 문제가 있을 것이다. 활동보조인과 진영 씨의 양방 상담을 통해 진영 씨가 활동보조인과 갈등을 겪는 이유를 탐색해 보고 대처방안을 마련할 필요가 있다.

• 사례를 '사실에 대한 묘사'와 '사회복지사의 견해나 판단'으로 구분하여 기록하여 보시오.

- 사실에 대한 묘사

- 사회복지사의 견해나 판단

----

2) 구체적 근거 없이 판단하는 경우

클라이언트의 복잡한 상황에 대한 이해 없이 사회복지사의 경험을 바탕으로 섣부르게 판단하는 것을 말하며 뒷받침되는 관찰과 평가없이 결론을 내리는 것을 말한다.

▌보기▐

38세 김미희 씨는 자기 의견이 받아들여지지 않을 때 타인과 큰 목소리로 싸움이 잦고 이로 인해 주변 사람과 갈등관계가 많아 업무적으로 손해가 많다.

- 옳지 못한 예

  38세 김미희 씨는 자기 주장이 강한 사람이다. 다혈질이라 다른 사람과 갈등이 많다.

- 옳은 예

  38세 김미희 씨는 다른 사람과 대화 시 자신의 의견을 관철해야 하며 주장이 받아들여지지 않을 시 참지 못하고 목소리가 커지고 삿대질 하는 손동작이 많아지는 등의 모습을 보인다. 이것은 다른 사람들에게 지나치게 자기 주장이 강한 사람으로 비춰질 가능성이 높다.

실천연습

① 사례 1

28세 진수 씨는 대학을 졸업하고 처음으로 직장생활을 하면서 직원과의 스트레스로 상담을 받으러 왔다. 진수 씨는 내성적이고 생각이 많은 성격이라 다른 사람이 자신에게 말을 걸어오면 "이 사람이 왜 나에게 말을 걸까?"하고 경계부터 한다. 가족 이외의 사람에게 먼저 다가가 자신의 이야기를 해 본 적도 없으며 친하지 않은 사람과 한 공간에 있는 것을 불편하게 생각한다.

- 다음의 사회복지사의 의견에 대한 근거를 본문에서 찾아 적어 보시오.

사회복지사 의견: 진수 씨는 내성적이고 사람에 대한 의심이 많은 성격이다.

----

② 사례 2

40세 영미 씨는 최근 시누이의 이간질로 시댁 식구들로부터 고립이 되었고 남편과의 관계도 서먹해져 스트레스를 받고 있다. 영미 씨는 주변사람에게 상냥하고 사람들을 잘 챙긴다. 다른 사람이 자신에 대해 부정적으로 말을 하는지 신경을 많이 쓰며 항상 다른 사람에게 자신의 좋은 모습을 보이려고 노력한다. 시누이들의 부당한 요구에도 싫은 표정 없이 모두 들어주고 살았는데 시어머니를 모시는 문제로 시누이와 남편과 갈등이 생겼다.

• 다음의 사회복지사의 의견에 대한 근거를 본문에서 찾아 적어 보시오.

사회복지사 의견: 영미 씨는 다른 사람의 눈치를 많이 본다.

CHAPTER

05

사회복지실천 과정별 연습하기

05 사회복지실천 과정별 연습하기

1. 초기면접하기

1) 초기면접

초기면접은 인테이크(intake)라고도 하며 시작단계에 이루어지며 클라이언트에 대한 기본 정보 및 상황을 파악할 수 있다. 인테이크 경위와 경제상황과 지원요청사항에 대한 정보가 들어가고 건강 상태에서는 진단명과 구체적인 발병 시기 등이 들어가야 한다. 가족사항의 경우 현재 함께 거주하지 않아도 클라이언트에게 영향을 미칠 수 있으며 관계가 있는 가족은 모두 기입한다.

2) 초기면접 시 주의사항

초기면접 시 주의해야 할 사항으로는, 첫째, 클라이언트의 초기면접과 기관서비스에 대한 양가감정을 이해해 주고 문제와 상황에 대한 진실한 관심을 표현한다. 둘째, 기관의 정책에 대한 소개를 통해 클라이언트의 관심사가 해당기관에서 다뤄질 것인지 다른 기관에 의뢰가 필요한지를 명확히 한다. 셋째, 다른 기관의 연계가 필요한 경우 단순한 소개가 아닌 기관의 담당자와 구체적으로 연결해 주는 과정이 필요하다. 넷째, 비밀보장과 윤리적 요건에 대한 설명을 통해 클라이언트의 사생활이 보호되는 경우와 외부기관에 공유되어야 할 사항들을 미리 공지한다. 다섯째, 클라이언트가 주로 호소하는 문제를 탐색하여 면접의 목적을 설명하고 진행과정에 대한 설명을 통해 사회복지사가 개입해야 할 목표를 명확히 하고 진행과정에서 클라이언트의 역할을 설명한다.

3) 첫 전화 상담하기

첫 전화 상담을 할 때는 네 가지를 주의해야 한다. 첫째, 사회복지사는 처음 전화 상담에서 클라이언트의 두려움을 줄이고 클라이언트의 기대욕구가 기관에서 해결 가능한 것인지 확인해야 한다. 둘째, 전화 통화 중에 클라이언트의 비언어적 행동을 읽을 수 없으므로 클라이언트의 자세한 정보를 얻거나, 욕구문제 해결에 대한 장황한 설명은 도움이 되지 않는다. 셋째, 대면상담에서 무엇을 할 것인지에 대한 메시지와 방문 일시, 사무실 위치, 담당자 이름 등을 안내해야 한다. 넷째, 처음 전화 상담에서 자세한 정보수집이나 기관의 서비스 절차 등 과도한 정보를 제공하면 클라이언트가 부정적 마음과 압도되는 듯한 부담감을 가지므로 복잡하고 자세한 설명은 대면 만남에서 다룬다.

┃보기┃

59세 최말이 씨는 남편과 5세, 9세 손녀를 키우며 살고 있다. 재작년 이혼한 딸은 아이들만 최말이 씨에게 맡기고 가출한 상황이고 남편은 은퇴 후 아파트 경비로 재직 중이다. 불면증이 심해 병원에 갔더니 우울증 약을 먹으라는 권유와 함께, 5세 손녀는 유치원에서 산만하니 상담을 받으라고 하여 최근 신경 쓸 게 많은 상황이다. 평소 수지침을 받으러 다니던 집 앞의 복지관에서 도움 받을 것이 있나 싶어 전화를 했고 안내 데스크에서 상담접수를 해 주었다.

W'er: 안녕하십니까? ○○복지관 ○○○ 사회복지사입니다. 최말이 어머님 되시나요?
최말이: 예, 제가 최말이입니다.
W'er: 어머님, 어제 면담신청을 하신 것으로 알고 있는데요. 구체적으로 어떤 어려움이 있으신가요?
최말이: 제가 속상해서 살 수가 없어요. 딸아이는 이혼하고 가출해서 손녀들은 제가 데리고 있어요. 유치원 선생님이 상담을 받으라고 하고, 남편은 관심도 없고, 밤에 도통 잘 수가 없고 제가 지금 제정신이 아니에요.

• 도입단계의 옳지 않은 예

W'er: 아! 여러 가지로 힘드신 일이 많으시군요. 저희 기관을 믿고 연락 주셔서 감사합니다. 따님은 가출한 지 얼마나 되셨나요? 손녀는 어떤 이유로 상담을 받으라고 하나요?

(계속)

• 도입단계의 옳은 예

W'er: 여러 가지로 힘든 일이 많으신 것 같은데, 저희 기관을 믿고 먼저 연락 주셔서 감사
드려요. 어머니 생각하시기에 저희 기관에서 어떤 도움을 받으시면 좋을까요?

> **TIP** 사회복지사는 처음 전화상담에서 클라이언트의 두려움을 줄이고 클라이언트의 기대
> 욕구가 기관에서 해결 가능한 것인지 확인해야 함

최말이: 모르겠어요. 그냥 답답하고…… 혹시 애들한테 도움될 만한 프로그램이 있나 싶
어 연락드렸어요.
W'er: 아! 그러셨군요. 저희 기관에서는 아동을 위한 놀이심리치료, 학습 프로그램 등이
시행되고 있어요. 어머니 전화상으로는 전부 설명이 어려우니 나오셔서 아이들을 위한
프로그램을 보시고 답답한 일에 대해서도 말씀 나누었으면 합니다. 나오실 수 있으실
까요?

> **TIP** 처음 전화상담에서 자세한 정보수집이나 기관의 서비스 절차 등 과도한 정보를 제공
> 하면 클라이언트가 부정적 마음과 압도되는 듯 한 부담감을 가지므로 복잡하고 자세
> 한 설명은 대면 만남에서 다룸

최말이: 예, 제가 매주 수요일 오전에 수지침 하러 가니까, 그때 가면 되겠네요.
W'er: 그럼 다음 주 수요일 수지침 끝나고 11시에 뵙겠습니다. 3층 상담실로 오시면 되시
고요. 저는 사회복지사 ○○○입니다. 약속시간하고 제 이름 메모하셨지요? 그럼 그때 뵙
겠습니다.

> **TIP** 대면 상담에서 무엇을 할 것인지에 대한 메시지와 방문 일시, 사무실 위치, 담당자 이
> 름 등을 안내해야 함

실천연습

① 사례 1

사회복지관에서 일하는 사회복지사는 클라이언트 지연미 씨로부터 가정방문을 요청
하는 전화를 받았다.

지연미: 거기 ○○복지관이죠?

W'er: 네, 맞습니다. 무슨 일로 전화 주셨습니까?

지연미: 내가 너무 힘들어서 전화를 했는데, 우리 집으로 좀 와 주세요.

W'er: 아! 여러 가지로 힘드신 일이 많으신가 봐요. 저희 기관을 믿고 연락 주셔서 감사합니다. 일단 어떤 일인지 말씀 좀 해 주세요

지연미: 내가 힘들어서 전화로 말을 못하니, 그냥 좀 와 주세요

W'er: 많이 힘드시군요. 그럼 저희가 내일 아침에 방문하도록 할게요.

• 앞의 사회복지사가 대화에서 보완해야 할 부분이 무엇인지 적어 보시오.

W'er: _____

_____

_____

_____

_____

> ⌷ TIP 담당자가 가려면 어떤 어려움이 있는지 알아야 클라이언트의 상황에 맞추어 전문가를 보낼 수 있다고 구체적 설명이 필요하며 대략적인 집안상황의 파악이 필요함

② 사례 2

47세 준수 씨는 12세 아들이 있다. 아들과의 갈등으로 복지관에서 상담을 받을까 고민 중이다. 준수 씨는 실직 후 우울감과 분노조절이 잘 안 되는 상황이며 아들이 자신의 말을 안 듣거나 대들면 분노통제가 안되고 체벌을 가해 아들과 갈등이 심하다.

준수: 거기 ○○복지관이죠? 제가 상담을 좀 받고 싶은데 가능할까요?

W'er: 전화 주셔서 감사합니다. 어떤 이유로 상담을 원하시나요?

준수: 제가 아들과 사이가 좋지 않은데요. 제가 실직 후 우울증이 좀 있는데요. 분노조절이 안되고 아이를 자꾸 체벌을 가하게 됩니다.

W'er: 그러시군요. 전화로 자세한 이야기는 좀 힘드시니 우선 만나 뵙고 이야기 나누지요.

• 앞의 사회복지사가 대화에서 보완해야 할 부분이 무엇인지 적어 보시오.

W'er: _____

_____

_____

_____

_____

> **✎ TIP** 클라이언트의 욕구가 기관에서 해결 가능한 것인지 점검해 볼 필요가 있음. 클라이언트가 우울증이 있다고 했으므로 그 부분에 대한 좀 더 자세한 이야기를 듣고 복지관에서 해결 가능한 서비스인지 판단해야 함

4) 첫 면담하기

첫 만남에서 사회복지사와 클라이언트는 서로를 평가하고 첫인상을 통해 상호작용을 만든다. 첫 면담에서 주의할 점은, 첫째, 클라이언트가 첫 만남에서 가질 수 있는 두려움, 양가감정, 혼란스러움을 공감한다. 둘째, 사회복지사의 신체언어, 옷차림, 자세 등은 클라이언트의 평가에 작용함을 인식한다. 셋째, 비밀보장의 규칙을 설명하고 상황에 따라 비밀보장이 될 수 없는 상황을 알린다. 넷째, 클라이언트에게 원하는 이야기가 나오도록 재촉하지 않으며 성급하게 결론을 내리지 않는다. 다섯째, 사회복지사는 사용하는 언어수준을 클라이언트에게 맞추며 클라이언트가 말한 것을 이해할 수 없다면 다시 한번 설명을 부탁해야 한다. 여섯째, 첫 면담에서 클라이언트가 이야기하고 싶어 하지 않는 질문에 대한 답을 종용하지 않는다. 일곱째, 클라이언트에게 지킬 수 없는 약속을 하지 않으며 클라이언트의 질문에 대답을 할 수 없을 때는 얼버무리지 말고 다음 기회에 확인하고 알려 주는 게 상호신뢰감 형성에 도움이 된다. 여덟째, 첫 면담에서는 클라이언트와 신뢰관계가 중요하므로 가급적 기록을 간단하게 하고 부득이 기록을 해야 할 상황이라면 클라이언트에게 양해를 구하고 세부사항을 기록하고 면담 종료 후 기록내용을 공유한다. 클라이언트가 기록을 거부할 때는 중단해야 한다.

‖ **보기** ‖

75세 정진숙 할머니는 할아버지와 생활하고 있으며, 최근 할아버지가 대퇴부 수술을 받고 집에 있어 할아버지 목욕을 도와줄 방문서비스를 신청했다. 두 분 다 은행원 출신으로 아이 없이 부부만 산다는 말을 듣기 싫어 외부 사람과의 접촉이 적었고 자존심이 강하여 남한테 도움받는 것을 싫어한다. 복지관의 방문서비스 도움에 양가감정을 느껴 상담 종료 10분 전에 사회복지사를 만나러 왔다.

W'er: 어르신, 저희가 약속한 시간보다 많이 늦게 오셨네요? 상담시간이 10분밖에 남지가 않았어요.

정진숙: 네, 많이 늦어 미안합니다. 사실은 고민이 좀 돼서요. 남편이나 저나 집에 사람들이 방문하는 것을 싫어해서요. 서비스 신청을 남편이 어떻게 생각할지 잘 모르겠어요.

• 옳지 않은 예

W'er: 남편이 방문서비스 받는 것을 원하지 않으시나 보네요? 그럼 방문서비스 말고 댁에서 해결할 다른 방법이 있으신가요?

• 옳은 예

W'er: 집에 모르는 사람이 방문하는 게 많이 부담스러우신가 봐요? 충분히 그러실 수 있지요. 그런 부담 느끼는 분들 많으세요.

⟨✏ TIP⟩ 클라이언트가 첫 만남에서 가질 수 있는 두려움, 양가감정, 혼란스러움을 공감함

정진숙: 예, 좀 부담이 되네요. 오늘 면담도 많이 고민하다가 왔어요.

W'er: 그러셨군요. 방문서비스가 오면 어떤 게 제일 불편하실까요?

정진숙: 모르는 양반에게 구구절절 다 설명하기도 좀 그러네요.

W'er: 저라도 낯선 사람에게 제 이야기를 한다는 게 힘들 것 같습니다. 그럼에도 불구하고 서비스 요청을 하신 데는 두 분 만으로 해결되기 힘든 부분이 있으실 것 같아요.

정진숙: 네, 그렇습니다.

W'er: 대퇴부 골절은 이동이 혼자서 안 되기 때문에 우선 욕실까지 이동이 안 되고 욕실에서도 보호자가 환자 부축상황에서는 목욕을 시킬 수가 없지요. 저희 기관에서는 남성분 같은 경우 남자 사회복지사와 남자 자원봉사자가 2인1조로 방문합니다. 거동이 불편한 할아버지께 목욕서비스가 위생문제뿐만 아니라 혈액순환을 촉진하는 데도 많은 도움이 될 거예요.

정진숙: 말씀 듣고 보니 그러네요. 지난번에도 남편 목욕시키려다 제가 허리를 다칠 뻔 했어요.

(계속)

> W'er: 할머님과의 약속시간 이후에 다른 상담 약속이 있어 지금 긴 이야기를 하기는 힘들 것 같습니다. 우선 할아버지와 서비스에 관해 다시 한 번 의논해 보시는 게 가능할까요?
>
> 정진숙: 그럼 한 번 해 볼게요.
>
> W'er: 그럼 다시 한 번 의논해 보시고 구체적인 도움과 관련된 이야기를 다음 만남에서 다시 하도록 하겠습니다.

실천연습

① 사례 1

개인 병원 간호사로 근무하는 39세 진이영 씨는 1년 전 교통사고로 아들을 잃은 상황이다. 그 사건 이후로 남편과도 사이가 나빠졌으며, 괴로운 마음에 병원에 있는 마약류의 약품을 몰래 자신에게 주사하기 시작했다. 현재는 주사를 맞지 않으면 불안하고 초조하다. 용기를 내어 동네의 정신건강증진센터에 상담 방문했다.

> W'er: 안녕하세요? 어제 전화 주신 진이영 씨지요?
>
> 진이영: 선생님, 여기서는 제가 말하는 모든 것에 대해서 비밀을 지켜 주시지요?
>
> W'er: 그럼요. 말씀하시는 모든 것에 대해서 비밀을 철저하게 지켜 드릴 테니 걱정하지 마세요.
>
> 진이영: 사실 제가 병원 간호사인데요. 1년 전부터 병원에 있는 마약류를 주사하고 있어요. 이제는 중독이 된 거 같아요. 어쩌죠?
>
> W'er: 아! 그건 저희 기관에서 어떻게 할 수가 없어요. 중독센터에 알리고 거기서 치료를 받아야 해요.
>
> 진이영: 그럼 다른 데 가서 이야기해야 하나요? 경찰서에 신고하실 거죠? 모든 비밀을 지켜 준다며 왜 다른 말을 하세요? 없던 걸로 하겠어요. (자리를 박차고 나가버린다.)

• 앞의 사례에서 사회복지사는 어떤 실수를 했는지 적어 보시오.

🖋 TIP 초기 면접에서의 비밀보장 규칙 설명

② 사례 2

이번 달에 사례관리 부서에 배치를 받은 사회복지사 김우주 씨는 클라이언트를 면담하는 게 두렵고 본인이 상담하는 게 서툴까 봐 걱정을 많이 하고 있다. 클라이언트 상담 시 관련 정보를 빠뜨릴까 봐 꼼꼼하게 다 적었고, 클라이언트와 이야기하면서도 클라이언트에게 양해를 구하지 않고 클라이언트가 하는 말을 놓칠까 봐 한쪽 손은 계속 기록을 하였다.

사회복지사 김우주: 지금까지 말씀 너무 감사드리고요. 제가 하나도 빠짐없이 잘 적었습니다. 제가 다음 번 면담을 위해 전화를 드리고 댁으로 방문하도록 하겠습니다. 안녕히 가세요.
클라이언트: 아! 네. 제 이야기를 다 적으셨구나. 뭐라고 적으셨는지 궁금하네요. 그럼 안녕히 계세요. (마음속에서 자신의 이야기를 뭐라 적었는지 궁금하고, 한편으로는 개운치 않은 마음을 가지며 인사를 하고 나온다.)

• 앞의 사례에서 사회복지사는 어떤 실수를 했을지 적어 보시오.

🖋 TIP 기록에 대한 양해를 구하기. 면담내용 공유

5) 초기 가정방문하기

가정방문은 클라이언트가 익숙한 환경에서 보다 개방적으로 자신에 대한 이야기를 할 수 있게 하며 클라이언트의 주변 환경을 이해하고 클라이언트의 사회적 수행기능을 평가할 수도 있다. 초기 가정방문을 진행할 때 주의할 점은, 첫째, 명확한 목표가 있어야 하며 클라이언트가 단순히 사교적 방문으로 혼동해서는 안 된다. 둘째, 가정방문을 사전에 약속시간을 정하고 가야 한다. 셋째, 첫 방문 시 집안의 청소 상태나 환경에 대해서 평가를 하지 말아야 하며 어디에 앉아야 하는지 물어본다. 넷째, 가정방문 시 집안에 손님이나 다른 가족이 있을 시 개인적 문제를 이야기하는 것이 가능한지를 물어봐야 한다. 다섯째, 클라이언트가 우범지역에 살거나 전화 통화시 목소리가 격양되어 있거나 알코올 문제나 폭력성향이 있을 때는 동료와 함께 방문해야 하며, 사회복지사가 클라이언트를 방문 시 이성의 클라이언트 혼자 거주 시에는 동료와 함께 방문하는 것이 적절하다.

‖보기‖

아동학대 신고를 받고 가정방문을 나간 동사무소 사회복지사는 집에서 김윤경 씨를 만났다. 42세 김윤경 씨는 6세인 아이를 때린다는 의심을 받고 동네 사람들에 의해 신고되었다.

W'er: 안녕하세요? 전 동사무소에서 나온 사람인데요. 김윤경 씨 맞으세요?
김윤경: 그런데요. 무슨 일로 오셨어요? 연락도 없이 오셨네요.
W'er: 김윤경 씨가 아이를 때린다는 신고가 들어와서요. 그래서 제가 나온 거예요.
김윤경: 아이를 때린 적이 없는데요.
W'er: 네, 뭔가 오해가 있을 수도 있지요. 그런데 청소하시기가 힘드신가 봐요. 이런 쓰레기는 왜 모아 놓으셨어요?
김윤경: 그거 쓰레기 아닌데요. 내가 쓰는 건데요.

• 앞의 사례에서 사회복지사는 어떤 실수를 했을까요?

① 아동학대 신고로 인한 불시방문이라도 찾아가기 전에 클라이언트에게 가정방문을 위한 사전 약속시간을 정하고 가야 한다.

② 낯선 사람의 방문을 경계하고 있는 클라이언트에게 집안의 환경에 대한 언급은 클라이언트 입장에서는 자신을 공격하거나 비난한다고 생각할 수 있다.

실천연습

① 사례 1

오늘 오전에 가정방문이 다섯 집이나 예약되어 있는 사회복지사는 마음이 바쁘다. 두 번째 집에서 20분이나 시간이 초과되어 지금 방문하는 세 번째 집에서는 신속하게 방문을 마치고 나와야 한다. 오늘 방문하는 김수미 씨 집은 처음 방문하는 집이라 집에 들어가서 체크해야 할 여러 질문들을 생각하며 초인종을 누른다. 방문하는 집에 인사를 드리고 들어가니 오늘 상담할 김수미 씨 외에 친구들이 함께 있다. 사회복지사는 사전 방문 약속을 잡아서 클라이언트도 기다리고 있는 상황이고, 클라이언트와 허물없이 지내는 친구들인 것 같아 개의치 않고 클라이언트에게 필요한 질문들을 했다.

> W'er: 예, 이것으로 오늘 상담을 마치겠습니다. 별도로 하실 말씀 없으시지요? 제게 부탁하신 부분을 기관에 들어가서 알아보고 연락드리겠습니다.
> 김수미: 예, 안녕히 가세요.
> W'er: (클라이언트의 표정이 어두운 것을 감지하고 뭔가 불편한 마음으로 집을 나선다.)

가정방문을 마치고 기관에 들어가니 세 번째 방문한 클라이언트에게 전화가 왔고, 자신이 아까 좀 곤란한 상황이었다고 말을 한다. 친구들이 있어서 말을 못했다고 하면서 개인의 신상에 대해서 이야기하며, 이렇게 전화로나마 말은 하고 나니 마음이 편하다고 한다.

• 앞의 사례에서 사회복지사가 실수한 내용을 찾아보고 고쳐 보시오.

✎ TIP   다른 사람 앞에서 사적인 이야기 공개 동의 구하기

② 사례 2

일주일 전 구청 사례관리팀에 발령받아 근무를 시작한 정이경 사회복지사는 오늘 처음으로 담당 사례를 지정받고 가정방문을 갔다. 미리 전화 약속을 하고 방문한 클라이언트는 반갑게 사회복지사를 맞아 주었으며, 클라이언트는 퀼트공예에 열중하고 있었다. 퀼트공예에 관심이 많았던 사회복지사는 클라이언트에게 질문도 하고 실제로 함께해 보는 시간도 가졌다. 마음속에서는 클라이언트의 밀린 공과금과 휴대폰 요금에 대해서 이야기 나누고 방안을 모색해야 한다는 걸 알고 있지만, 지금 말하면 클라이언트와 라포가 깨질 것 같아 기회만 보다가 그 이야기는 못하고 퀼트 강의만 듣고 나오고 말았다. 다음 날 다시 날을 잡기 위해 클라이언트의 집에 전화를 했고, 클라이언트는 반갑게 인사하며 퀼트 이야기를 했다. 사회복지사는 공적인 일로 방문을 해야 함을 설명하고 다시 방문 날짜를 약속하고자 한다.

• 앞의 사례에서 사회복지사가 실수한 내용을 찾아보고 고쳐 보시오.

TIP 가정방문에 대한 명확한 목표 공지하기

6) 초기면접양식 작성 예시

9세 김○○은 척수장애인 아버지와 학대행위가 의심되는 어머니, 6세 여동생과 생활하고 있다. 최근 아동학대 의심으로 이웃주민에 의해 구청에 접수된 사례다. 다음은 초기면접양식 작성의 예시다.

접수번호	1	상담일시	2016. 5. 1.
상 담 자	정○○	소 속	○○구청 복지정책과 복지조사팀
접수경로	□ 대상자 요청(방법:)　　　□ 사례관리자의 발굴 □ 기관 내 의뢰( )　　　　　□ 타 기관 의뢰( ) ■ 통장 및 이웃주민 등( )　　□ 기타		
상담장소	■ 가정/지역사회기관 방문　　　■ 내방　　□ 전화		
대상자 성명	김○○	성 별	■남　　□여
주민등록번호	000000-1000000	전화번호	(집) (H.P)
주　　소	행복시 행복동		
가구유형	□ 부부중심가구 □ 독거노인가구 □ 조손가구	□ 청장년 1인가구 □ 미혼모, 모가구 □ 한부모가구	□ 소년소녀가구 ■ 장애인가구 □ 노인부부가구
상담내용	■ 클라이언트의 진술과 등과 팔에 멍 자국으로 보아 모의 학대가 의심됨 ■ 모가 폐지나 고물을 주워 와서 집이 지저분하고 냄새가 나고 비위생적임 ■아이들이 또래에 비해 키와 몸무게가 적게 나가는 것으로 보아 발달이 늦고 모가 아이들을 제대로 양육하지 못하는 것 같음		
주요문제	■안전(학대, 방임, 기타 안전)의 문제 ■가족생활문제(가족관계, 보육, 간병 등) ■생활환경 및 권익보장의 문제	■신체 및 정신건강 문제 ■사회적 관계(친인척 이웃, 동료관계 등) ■교육 및 학습의 문제	■경제적 문제 ■일상생활 유지문제 □취(창)업 및 직무수행상의 문제
상담결과	□국민기초생활보장 □한부모가족 ■장애인복지	□아동 ■사회복지서비스 (바우처)	□청소년특별지원 ■긴급복지 □기타사회복지서비스
판정의견	■서비스 연계/사례관리 대상( )　□사례관리　□서비스 연계(요청) □서비스 연계(실행)　　　□서비스 제외		
상담자 종합의견	지역정신건강증진센터에 의뢰하여 모의 정신건강 검진이 필요하며, 주민센터 사회담당 부서와의 합동관리를 통해 아동학대에 대한 구체적 개입방안을 모색함. 모의 양육에 대한 어려움을 파악하고 지역연계를 함		

7) 정보보호와 정보공개하기

개인정보자기결정권은 「헌법」 제17조 사생활 비밀과 자유 보장을 목표로 하며, 자기 정보를 개인이 함께 공유하기를 원하는 사람과 공유되어야 하며 이러한 전제가 확보되지 않을 때에는 인간의 존엄은 상실된다고 적고 있다. 개인정보자기결정권의 구체적 내용은 자신에 관한 정보의 공개와 유통을 스스로 결정하고 통제할 수 있는 권리를 의미하는데, 여기에는 그 자체에 비밀성이 있는 정보뿐만 아니라 개인에 관련된 일체의 정보에 대한 권리를 의미한다.

클라이언트의 정보를 취급할 때 주의해야 할 점은, 첫째, 첫 면담 시 클라이언트는 자신의 사생활 권리와 클라이언트의 개인정보가 어떻게 사용되는지 설명을 들어야 한다. 둘째, 클라이언트의 개인정보가 기록된 컴퓨터 파일의 경우 비밀번호를 걸어 타인이 볼 수 없게 해야 하며 종이서류의 경우 잠금장치가 된 곳에 보관해야 한다. 셋째, 클라이언트의 건강정보의 경우 당사자가 허락한 경우에만 공개할 수 있으나 클라이언트의 치료나 서비스를 위한 전문적 자문을 위해서 정보를 공유할 수 있다. 넷째, 개인정보는 파쇄기에 의해 내용을 확인할 수 없도록 조치해서 파기해야 한다. 다섯째, 클라이언트에게 필요한 서류 등을 우편으로 보낼 시 특정 기관명이 명시되어도 되는지 확인한다. 다음은 기관에서 활용되는 개인정보제공 및 활용동의서와 정보공개 위임장 양식이다.

〈표 5-1〉 개인정보제공 및 활용동의서 예시

기본 개인 정보 수집	■ 필수정보: 성명, 생년월일, 연락처(전화 또는 휴대전화), 주소
	■ 이용목적 성명, 생년월일, 연락처, 주소: 복지관 업무 및 복지정보 안내 등 서비스 이용 안내, 복지관 소식 및 고지사항 전달, 불만처리 등을 위한 원활한 의사소통 경로의 확보 등
	■ 개인정보 보유 및 이용기간 수집한 개인정보 파일의 보유기간은 수집 목적을 달성한 시점까지이며, 파기를 요청하실 경우 절차에 따라 즉시(5일 이내) 파기됩니다.
	■ 개인정보 제공 동의 거부 권리 및 동의 거부에 따른 불이익 내용 또는 제한사항 귀하는 개인정보 제공 동의를 거부할 권리가 있으며, 동의 거부에 따른 불이익은 없습니다. 다만, 일부 재활 서비스는 그 특성에 따라 제한될 수 있으며, 장애인 복지서비스 관련 안내를 받지 못할 수도 있습니다.
	이용자 구별을 위한 필수정보 수집에 동의하십니까?　□ 동의함　□ 동의하지 않음

(계속)

고유 식별 정보 수집	■고유식별번호: 주민등록번호, 복지카드사본 ■이용목적: 교복지원사업의 경우 「장애인복지법」 제2조의 규정에 의한 장애인이어야 하며 이에 대한 증빙으로 [복지카드]사본을 수집하여야 합니다. ■보유기간: 영구
	고유식별정보 수집에 동의하십니까? □ 동의함 □ 동의하지 않음
민감 정보 수집	■민감정보: 장애정보, 현 건강상태, 개인발달사 등 ■이용목적: 교복지원사업 진행을 위해 수집하고자 합니다. ■보유기간: 영구
	민감정보 수집에 동의하십니까? □ 동의함 □ 동의하지 않음
선택 정보 수집	■선택정보: 가족사항, 소득수준, 가정환경, 사회적 관계망, 사회성 정도, 기타 사례관리 서비스 계획수립과 관련한 정보 등 ■이용목적: 교복지원사업 진행을 위해 수집하고자 합니다. ■보유기간: 영구
	선택정보 수집에 동의하십니까? □ 동의함 □ 동의하지 않음

※ 법적 의사결정 능력이 없는 자의 경우 반드시 법적 대리인의 동의가 필요함에 따라 [법적 대리인 동의서] 본인은 법적 대리인으로 서비스 이용 신청에 동의합니다.

법적 대리인 성명	(인/서명)
법적 대리인 연락처	
본인과의 관계	

본인은 앞의 내용을 충분히 숙지하였으며, 복지관의 보다 나은 서비스 제공과 정책 수립을 위해 개인정보를 수집, 활용, 제공하는 것에 동의합니다.

년 월 일

확인자 (인 또는 서명)

□ 동의자 (인 또는 서명)

□ 위임 보호자 (인 또는 서명)

○○장애인종합복지관 귀하

〈표 5-2〉 정보공개 위임장 예시

정보공개 위임장

지시사항: 이 양식은 3부가 작성된다. 사본들은 다음의 사람들에게 배부한다.
1. 클라이언트나 클라이언트의 후견인
2. 정보를 제공하는 측
3. 정보를 제공받는 측

본인(김진석)은
1. ○○종합복지관 가족복지팀에서 ○○종합복지관 사무국장 김철수(서명)
   진로 탐색을 위해 상담한 상담기록과 적성검사 내용을 직업재활 훈련을 위해
2. ○○직업재활 훈련시설의 직업재활팀에 ○○직업재활 훈련시설 직업재활 팀장 오영수
   (서명)에게

정보공개 함을 동의합니다.

2016년 3월 4일

정보공개 당사자: 김진석(서명)

1. 본인은 위임장을 직접 읽었거나 타인이 읽는 것을 들었다. 본인은 이 내용을 이해하고
   동의한다.
2. 본인의 서면동의 없이는 다른 어떠한 정보도 제공될 수 없음을 알고 있다.
3. 본인은 언제라도 이 위임을 서면진술서에 의해 해지할 수 있다는 사실과 본 위임은 ○○
   직업재활 훈련시설 퇴소일자에 자동으로 해지된다는 사실을 알고 있다.

클라이언트 김 진 석(서명)   (2016년 3월 4일)

후견인 김 봉 수(서명)   (2016년 3월 4일)

* 김진석은 ○○종합복지관 가족복지팀 사례관리대상이었으며, ○○직업재활 훈련시설의 직업재활시설
에서 훈련을 받게 되어 정보공개 위임장 작성 후, ○○종합복지관 가족복지팀에서 ○○직업재활 훈련시
설 직업재활팀에 김진석의 면담정보를 공개함.

2. 자료수집과 사정 연습하기

사정은 사회복지사가 수집된 정보를 통해 클라이언트의 문제 상황에 대한 잠정적인 결론을 얻기 위한 과정이다. 따라서 수집되어야 하는 정보를 정확히 얻는 것도 매우 중요하다. 사회복지실천을 위한 사정은 '환경 속에 인간'이라는 관점 속에서 클라이언트의 문제를 진단하는 것으로 문제 상황에 따라 필요한 자료를 수집해야 할 사정목록의 구성과 해당되는 사정목록의 정보를 정확히 파악할 수 있는 사정 기술이 필요하다.

1) 자료수집을 위한 사정목록 구성하기

클라이언트의 문제상황을 정확히 확인하기 위해서는 자료수집에 필요한 내용을 명확히 파악하여 사정목록을 구성하는 것이 중요하다. 특히 사회복지실천에서의 사정은 클라이언트의 강점관점에서 스스로가 문제해결의 주체가 되고 임파워먼트를 할 수 있도록 사정목록을 구성할 필요가 있다. 초기상담에 필요한 간략한 사정내용들을 바탕으로 현재의 문제 상황을 보다 구체적으로 탐색하고 문제 상황에 영향을 미치는 클라이언트의 생애주기에 대한 정보와 다양한 환경적 요인에 대한 자료를 수집해야 한다. 그러기 위해서는 필요한 사정내용의 목록을 미리 구성하고 자료수집 방법을 선택하는 것이 보다 정확한 문제사정에 선행되어야 한다.

(1) 문제의 구체적인 탐색을 위한 자료수집과 사정목록

사회복지실천을 위한 사정과정은 문제사정 시 '환경 속에 인간'이라는 관점 안에서 문제에 미친 환경의 영향을 살펴보고, 클라이언트를 정신병리적인 입장에서 보는 것이 아니라 그의 강점을 극대화하여 스스로 문제해결의 경험을 갖도록 하는 '강점관점'에서의 자료수집이 필요하다. 이를 위해서는 사회복지사가 바라보는 관점이나 해결책 중심이 아니라 클라이언트나 가족이 바라보고 있는 문제를 파악하고 문제해결의 과거경험이나 문제가 발생되지 않았던 상황을 확인하는 것이 중요하다. 또한 자료수집 과정은 문제해결의 동기부여를 위해 클라이언트가 원하는 문제해결의 목적을 명확하게 발견할 수 있는 내용들이 포함되어야 한다. 클라이언트의 문제해결에 장애가 되는 요인들을 발견하고 이를 해결하기 위해 필요한 자원이 무엇인지를 발견하는 과정이기도 하다.

〈표 5-3〉 문제의 구체적인 탐색을 위한 자료수집과 사정목록

1단계: 문제파악	• 무엇이 문제인가? • 언제부터? • 얼마나 자주? • 어떤 상황에서 발생? • 과거의 대처경험? • 과거의 대처방법?	• 클라이언트와 가족들은 문제를 제각기 무엇으로 정의하고 있는가? • 문제를 어떻게 설명하고 있는가? 가족들의 설명과 일치하는가? • 문제행동이 얼마나 자주 발생하는가? • 주로 어떤 상황에서 문제행동이 발생되는가? • 문제행동으로 인해 파생되고 있는 문제가 있는가? • 과거에 문제해결을 위해 대처했던 경험이 있는가? • 문제해결을 위해 대처했던 방법들은 무엇인가? • 문제가 발생되지 않았던 경우가 있는가?
2단계: 문제해결을 통해 얻는 것	• 해결을 통해 얻고 싶 은 것은 무엇?	• 최종적으로 해결되기를 바라는 것은 무엇인가? • 문제가 해결된다면 달라질 수 있는 상황은 무엇인가? • 문제해결을 통해 얻고 싶은 것은 무엇인가?
3단계: 장애물	• 문제해결에 장애가 되고 있는 것은 무엇?	• 무엇이 당신이 원하는 것을 이루는 것을 방해하는가? • 장애가 되는 것이 클라이언트의 생각이나 감정인가? • 장애가 되는 것이 클라이언트의 가족인가? • 가족 이외에 주변 환경 중에서 당신을 방해하고 있는 것이 있 는가?
4단계: 문제해결에 필요한 자원	• 문제해결에 필요한 자원들은 무엇?	• 문제해결에 도움이 될 수 있는 대처기술이나 자원들은 무엇인가? • 가지고 있는 대처기술이나 자원들은 무엇인가? • 가지고 있는 대처기술이나 자원들을 활용하여 문제해결을 성공 해 본 적이 있는가? • 새롭게 필요한 대처기술이나 자원들은 무엇인가? • 가족이 문제해결을 위한 자원으로 활용 가능한가? • 어떤 지역사회 자원이 도움이 되는가?

　문제의 구체적인 탐색을 위한 자료수집과 사정목록의 예를 보면 다음과 같다.

　36세 지영은 결혼한 지 9년이 된 가정주부다. 남편 은철은 전문직에 종사하고 있다. 자녀로는 8세 된 아들과 6세 된 딸을 두고 있다. 결혼 한 달 뒤부터 남편 은철은 한 달에 한두 차례 알코올에 취한 상태에서 부인인 지영에게 신체적 폭력을 행사한다. 이웃의 권유에 의해 가족상담소에서 상담을 한 차례 받은 적이 있으나 큰 도움이 되지 못했다. 부부간에 싸움이 벌어질 때마다 지영은 매번 이혼을 결심하지만 남편 은철이 다음 날 자신이 때린 것에 대해 사과를 하면 용서를 해 주곤 하였다고 한다. 그러나 얼마 지나지 않아 똑같은 상황이 계속 반복되었다. 최근에도 같은 문제가 발생하여 전문상담기관에 상담을 요청해 왔다.

① 첫 번째 단계: 문제파악

문제파악	• 클라이언트와 가족들은 문제를 무엇으로 정의하고 있는가? 지영은 자신의 문제를 '남편의 폭력'으로 정의하고 있으며, 남편 은철은 '말다툼으로 인해 실수로 한 행동'이라고 말한다. • 문제를 어떻게 설명하고 있는가? 가족들의 설명과 일치하는가? 지영은 "결혼 직후부터 술만 먹으면 이유 없이 나를 때리고 원하지 않는 부부관계를 강제로 해야만 했어요. 남편은 알코올중독자예요"라고 진술하고 있으며, 이와 상반되게 남편 은철은 "나를 화나게 해서 실수로 몇 번 그리고 몇 대 때린 것이고 가족폭력까지는 아니다"라고 설명하고 있다. 시어머니는 "지영이 남편 내조와 살림살이를 제대로 하지 않아서 생긴 일"이라고 설명하고 있으나 친정 부모는 "은철은 알코올중독자이고 상습폭력범이지만, 그래도 아이를 위해 참고 살아야죠"라고 말하고 있다. • 문제행동이 얼마나 자주 발생하는가? 지영에 의하면 한 달에 한두 차례 알코올에 취한 상태에서 신체적 폭력과 성폭력을 했다고 한다. • 어떤 상황에서 문제행동이 주로 발생되는가? 지영에 의하면 "남편이 술에 취해서 집으로 돌아오면 술을 먹지 말라는 자신의 잔소리에 화가 난 남편 은철이 소리를 지르는 언어폭력을 시작하는데, 자신도 이런 남편에 화가 나서 따라서 소리를 지르면 더욱 분노한 남편이 다른 신체적 폭력들을 행사한다"고 한다. • 문제행동으로 인해 파생되고 있는 문제가 있는가? 폭력을 수반한 부부싸움을 반복하면서 아이들이 매우 불안해 하고 있으며, 싸울 때 살림살이들을 부수기도 해 가정경제에 어려움이 발생된다. 또한 이웃주민들이 경찰에 신고하는 민원이 자주 들어와 이사를 해야 할지도 모른다. • 과거에 문제해결을 위해 대처했던 경험이 있는가? 과거 이 문제를 해결하기 위해 부부가 함께 가족상담소에서 상담을 받은 적도 있지만 도움이 되지 못했다. • 문제해결을 위해 대처했던 방법들은 무엇인가? 전문가의 상담을 받은 적이 한 차례 있다. 그리고 남편이 술을 끊기 위한 노력을 몇 차례 했지만 모두 실패했다. • 문제가 발생되지 않았던 경우가 있는가? 남편 은철이 부인이 지영과 싸우는 것을 보고 두려움에 떨면서 우는 아이들을 보면서 남편이 술을 끊으려고 두 달간 금주를 한 적이 있다.

② 두 번째 단계: 문제해결을 통해 얻는 것

문제 해결을 통해 얻는 것	• 최종적으로 해결되기를 바라는 것은 무엇인가? 남편 은철의 단주와 폭력이 없어졌으면 좋겠다. 만약 문제가 해결되지 않는다면 지영은 이혼까지 생각하고 있다. • 문제가 해결된다면 달라질 수 있는 상황은 무엇인가? 술만 안 먹으면 자신에게도 잘해 주고 아이들과 잘 놀아 주고 아무런 문제가 없다. 이런 아빠로 돌려주고 싶다. • 문제해결을 통해 얻고 싶은 것은 무엇인가? 가능한 온전한 가정을 지키고 싶고 아이들과 행복해지고 싶다.

③ 세 번째 단계: 장애물

장애물	• 무엇이 당신이 원하는 것을 이루는 것을 방해하는가? 남편과 이혼도 생각해 보았지만 혼자 아이들과 살 자신이 없다는 생각이 지금까지 오게 한 것 같다. • 장애가 되는 것이 클라이언트의 생각이나 감정인가? 어렸을 때 아빠가 술을 드시고 엄마를 때리는 것을 본 적이 있다. 그런데도 엄마는 우리들 때문에 참고 사셨다. 나도 그래야 하는 것은 아닌지 내가 참지 못하는 것이 모성애가 부족해서 그런 것은 아닌지 하는 생각이 들 때가 있다. • 장애가 되는 것이 클라이언트의 가족인가? 남편의 음주와 폭력을 시댁 식구가 용인하고 있다. 어떨 때 남편보다 시어머니가 더 밉다. • 가족 이외에 주변 환경 중에서 당신을 방해하고 있는 것이 있는가? 남편에게 맞고 사는 여자는 나밖에 없는 것 같다. 친구들도 못 만나겠다. 만약 이 사실이 주변에 알려지면 죽을 것 같다. 몰랐으면 좋겠다는 생각에 지금까지 참아 왔다.

④ 네 번째 단계: 문제해결에 필요한 자원

문제해결에 필요한 자원	• 문제해결에 도움이 될 수 있는 대처기술이나 자원들은 무엇인가? 남편에 대한 알코올중독 관련 치료와 분노조절에 대한 상담치료가 필요하다. 또한 지영의 우울감에 대한 상담치료와 남편과 시댁식구에게 적절한 자기표현을 할 수 있는 훈련이 필요하며, 자녀들의 불안에 대한 심리치료가 요구된다. 따라서 중독치료를 할 수 있는 병원 연결과 지영과 자녀의 상담치료를 할 수 있는 전문기관의 연계작업이 필요하다. • 가지고 있는 대처기술이나 자원들은 무엇인가? 남편에게 무기력하지 않고 자기표현을 해야 한다는 동기부여가 되어 있으며, 아이들을 안전하게 지키고 아버지를 찾아 주어야 한다는 생각이 있다. • 가지고 있는 대처기술이나 자원을 활용하여 문제해결을 성공해 본 적이 있는가? 남편 은철이 자녀에 대한 부성애가 강한 편으로, 아이들로 인해 술을 끊으려고 두 달간 금주를 한 적이 있다. • 새롭게 필요한 대처기술이나 자원들은 무엇인가? 남편의 중독치료와 아내인 지영과 자녀들의 우울이나 불안 등을 상담할 수 있는 전문상담기관과의 연계가 필요하다. 또한 적절하게 자신의 생각과 감정을 남편과 그 외 가족들에게 할 수 있는 자기표현기술과 주변 사람들과의 대인관계 회복을 위한 대인관계기술 등이 필요하다. • 가족이 문제해결을 위한 자원으로 활용 가능한가? 시어머니의 경우 지영에게 도움이 되지 못하고 있고 친정엄마의 경우도 자신의 문제와 연결되어 지영에게 적절한 조언을 하고 있지 못해 자원으로서 활용하는 데 한계가 있다. • 어떤 지역사회 자원이 도움이 되는 가? 의료기관과 전문상담기관의 도움이 필요하고, 위기상황이 발생될 때 도움을 요청할 수 있는 가족위기개입을 전문으로 하는 사회복지기관의 사례관리 서비스를 받을 수 있도록 하고 사례관리자의 전반적인 상담진행과정에 대한 정기적인 모니터링과 함께 지원상담이 필요하다.

실천연습

① 사례 1(문제의 구체적인 탐색을 위한 사정연습)

은미는 4년 전 재혼하여 남편과 전 부인 사이에서 태어난 6세 딸을 키우고 있다. 최근 아이의 친모에 의해 아동학대문제로 고발되었다. 피해자인 6세 영숙의 친모는 최근에 만난 딸인 영숙에게서 원인을 알 수 없는 피멍의 흔적과 우울해 보이는 얼굴표정, 그리고 계모에 대한 물음에 두려움에 떠는 듯 한 표정 등을 보면서 계모인 은미가 자신의 딸인 영숙을 학대하고 있음을 확신하였다. 영숙은 학대 관련기관 전문가의 학대 사실에 대한 질문에 침묵하면서 매우 불안해 하고 있고 친아빠인 규식은 그런 사실이 없다며 강력히 부인하고 있다. 1년 전에도 영숙의 상처를 의심한 친모가 친아빠인 규식에게 이 문제를 확인하려 하였으나 규식의 강력한 부인으로 이를 확인하지 못했다. 그러나 이웃 주민들의 증언에 따르면 영숙의 집에서 간헐적인 영숙의 비명소리와 때리는 듯한 소리가 들렸음을 진술하고 있다. 의료기관의 진단소견에도 몸에 난 상처가 폭력에 의한 것일 수 있다로 나왔다. 최근까지 영숙이 다니고 있는 어린이집에서도 영숙의 상처에 의심을 하고 계모인 은미에게 이에 대해 물으면 뛰어다니다 난 상처라고 이야기를 하고 있어 의아해 하고 있었다고 한다.

• 앞의 사례를 〈표 5-3〉에서 제시하고 있는 사정목록에 근거하여 사회복지사의 구체적인 문제탐색을 위한 질문을 만들어 보시오.

– 문제파악을 위한 질문

- 문제해결을 통해 얻고자 하는 것을 위한 질문

- 문제해결에 장애물을 파악하기 위한 질문

- 문제해결에 필요한 자원을 파악하기 위한 질문

----

② 사례 2(문제의 구체적인 탐색을 위한 사정연습)

순구 씨는 현재 25세의 지적장애 3급을 진단받은 장애인이다. 2세 때 사회복지시설에 입소하여 현재까지 시설에서 생활하고 있다. 그러나 최근 현재 있는 시설에서 원생들과 자신이 원하는 것을 갖기 어려울 때 분노폭발과 공격적인 행동 등의 문제를 보이고 있다. 이를 말리는 생활교사에게도 언어폭력을 행사하는 등의 문제가 보이고 있다. 순구는 어린 시절에는 순종적인 아이였으나, 청소년기에는 공격적인 행동이나 분노조절의 문제가 나타나기 시작했다. 그러나 폭력적인 행동이나 분노폭발의 문제는 자신이 바라는 것을 얻게 되면 사라지곤 하였다. 담당 생활교사는 순구의 최근 정서적 · 행동적 문제를 정신적인 문제로 인식하고 정확한 진단을 받기 위해 정신과에 내원하였으나 행동에 대한 충동조절의 어려움이 있으나 그 외 다른 정신질환은 없는 것으로 진단되었다. 그럼에도 불구하고 담당 생활교사는 순구의 심리적 · 사회적인 측면보다는 정신병리적인 면을 여전히 의심하고 있다.

• 순구의 사례를 〈표 5-3〉에서 제시하고 있는 사정목록에 근거하여 사회복지사의 구체적인 문제탐색을 위한 질문을 만들어 보시오.

  - 문제파악을 위한 질문

  - 문제해결을 통해 얻고자 하는 것을 위한 질문

- 문제해결에 장애물을 파악하기 위한 질문

- 문제해결에 필요한 자원을 파악하기 위한 질문

----

(2) 클라이언트의 심리사회적 기능과 다양한 환경정보 사정을 위한 자료수집과 사정목록

클라이언트의 문제해결을 위해서는 사회적 기능의 향상이 필수적이다. 따라서 사회적 기능 향상을 위해 조사되어야 할 부분은 클라이언트의 신체적, 지적, 심리적 또는 정서적 그리고 사회적 기능에 관련된 내용들이다. 또한 환경적 요인에 대한 부분으로 가족을 비롯한 중요한 주변 사람들과 종교, 주거환경 등을 조사하게 되고 경제적인 부분과 관련된 소득이나 고용부분에 대한 자료수집이 진행된다. 이와 더불어 사회복지서비스를 받은 경험과 관련된 부분을 탐색하고 클라이언트의 사회복지서비스에 대한 편견이나 기대를 확인해 볼 수 있다.

〈표 5-4〉 클라이언트의 심리사회적 기능과 다양한 환경정보 사정을 위한 사정목록

개인정보 기관의 사정 및 이유	• 개인의 일반적 정보 • 사회복지기관의 참여와 사정 이유	• 초기면접에 근거한 일반적 정보에 대한 확인 • 초기면접에 요청한 클라이언트의 사회복지서비 스 내용에 근거한 사정이유의 설명 및 확인
클라이언트의 주 호소	• 클라이언트가 주로 진술 하고 있는 문제나 관심사	• 지금 현재 문제가 무엇이라 생각하는가? • 문제와 관련된 또 다른 내용들은 무엇인가?
가족관계와 기능	• 클라이언트의 가족배경 (원가족 포함) • 현재 가족의 구성 • 가족원의 역할과 관계 • 가족의 의사결정방법	• 현재 가족은 어떻게 구성되어 있는가? • 지금 동거하고 있는 가족을 비롯해서 원가족에 대한 설명과 적절한 각각의 역할을 하고 있는가? • 가족 간의 의사결정방법은 무엇인가? • 가족의 분위기는 어떠한가? • 클라이언트에 대한 가족의 이야기는 무엇인가? • 가장 영향을 많이 미친 가족은 누구이며 미친 영 향은 무엇인가?
그 외의 영향력 있는 사람	가족 이외의 영향력을 미치 는 중요 타인과의 관계	• 클라이언트가 도움을 요청할 수 있는 사람이 있 는가? • 클라이언트가 실제로 도움을 요청했던 사람은 누구인가?
종교와 영성	종교와 영성	• 종교를 가지고 있는가? • 종교가 자신에게 주는 의미는 무엇인가? • 삶에 있어 지켜야 할 가치나 도덕, 윤리적 원칙 이 있는가?
신체적 기능	건강상태, 영양, 질병, 장애 유무, 복용약물	• 건강상태는 어떠한가? • 영양상태는 어떠한가? • 만성적인 질병이나 최근 갖게 된 질병이 있는가? • 신체적·정신적 장애를 가지고 있는가? • 장애등급을 받았는가? • 복용하고 있는 약물이 있는가?
지적 기능	• 교육적 배경 • 학업수행 및 성취	• 학교교육을 어디까지 받았는가? • 흥미가 많았던 과목은 무엇이며 상대적으로 어 려웠던 과목은 무엇인가? • 학교에서 성적은 어떠한가? • 받은 성적에 대해 만족하는가? • 현재하고 있는 공부에 만족하는가? • 새롭게 하고 싶은 공부가 있는가?

(계속)

심리적 · 정서적 기능	최근 주요 정서와 심리상태, 감정조절능력, 자살사고	• 최근 주로 느끼는 감정은 무엇인가? • 주로 느끼는 감정과 함께 드는 생각은 무엇인가? • 화가 날 때 자신의 의지대로 조절하여 표현할 수 있나? 화가 날 때 주로 표현하는 방식은 무엇인가? • 분노 이외의 다른 감정을 자신의 의지대로 참거나 조절하여 표현할 수 있나? • 자신의 감정표현 방식에 만족하나? • 최근 자살에 대한 생각이나 시도를 해 본 적이 있나?
대인관계와 사회적 관계	대인관계능력, 주요 사회적 관계 정도	• 친한 친구라고 할 수 있는 사람이 있는가? 있다면 몇 명인가? • 소속된 집단에서 다양한 사람들을 사귀고 있나? 아니면 한정된 사람만을 사귀고 있는가? • 사람과 사귈 때 주로 자신이 먼저 다가가는 편인가? 아니면 따라가는 편인가? • 이성교제에 대한 자신의 능력은 어떠한가? • 사람들과 사귀는 것이 편안한가? 아니면 혼자 있는 것을 편안하게 느끼는가?
강점과 문제해결능력	강점, 대처방식, 문제해결의 동기 유무, 필요한 문제해결능력	• 자신만의 강점이 무엇인가? • 문제가 발생했을 때 주로 대처하는 방법은 무엇인가? • 문제가 발생했을 때 해결을 위해 노력하는 편인가? 아니면 회피하는 편인가? • 자신의 문제해결방법에 만족하는가? • 새롭게 필요한 문제해결능력은 무엇인가?
고용과 소득	고용, 소득, 과거 직업경험과 기술, 구직동기와 기술	• 현재 직업을 갖고 있는가? • 현재 소득은 어떻게 되나? • 과거 경험했던 직업은 무엇인가? • 자신만의 직업기술이 있는가? • 현재 구직에 대한 동기가 있나? • 원하는 직업을 갖기 위한 구직기술은 어떠한가?
주거환경	주택환경, 이웃, 주요 이동방법	• 살고 있는 집은 자가인가? 아니면 임대인가? • 가족구성원이 각자의 방을 가지고 있는가? • 부모와 자녀의 방이 분리되어 있는가? • 집 주변이 안전한가? • 가까운 이웃이 있는가? • 주요 교통수단은 무엇인가?

(계속)

지역사회서비스 이용경험	최근의 지역사회와 전문기관 서비스 이용경험	• 최근 지역사회에서 사회복지서비스를 받은 경험이 있는가? • 전문상담기관이나 의료기관 등 전문기관서비스를 받은 적이 있는가?
사회복지사의 소견	전반적인 상황에 대한 사회복지사의 소견과 사정	문제 상황을 중심으로 전반적인 환경과 관련 기능에 대한 사회복지사의 간략한 사정과 소견의 확인
서비스 계획	개입을 위한 서비스 주요 계획	필요 서비스의 제공을 위한 개입계획의 설정 및 확인

실천연습

① 사례 1

〈표 5-4〉의 클라이언트의 심리사회적 기능과 다양한 환경정보 사정을 위한 사정목록에 있는 질문을 활용하여, 다음의 사회적 사정보고서 예에서 제시하고 있는 사정내용을 이끌어 내기 위한 질문을 만들어 보는 연습을 해 보시오.

● 사회적 사정보고서의 예와 사정질문 연습

○○○ 종합사회복지관

담당사회복지사: 김철수

○ 개인정보

사례기록: 3456

연령: 25세

주소: 서울시 경기구 충남동 123-45

보고완료일자: 2016년 2월 5일

클라이언트 이름: 이영희

의뢰일자: 2016년 1월 18일

전화번호: 02) 123-0123

○ **보고이유**

이 보고서는 통합사례회의에서 전문가의 자문과 동료 슈퍼비전의 목적으로 사용하기 위해 준비한 것이다(클라이언트는 이런 목적으로 보고서가 준비된 것을 안다).

○ **사회복지 개입이유**

영희는 2년 동안 오랜 기간 무기력하게 집안에서만 생활하고 집 밖 활동이 거의 전무한 상황에서 영희 모에 의해 의뢰되었다. 2년 전 남자친구에게 원치 않은 성폭행을 당한 이후 과거에 해 오던 활동과 사람들과의 교류를 모두 끊고 자신을 자학하면서 심한 불안과 우울에 빠져 있었다. 밤마다 간헐적으로 소주 한 병 정도를 마시고 자곤 하였는데, 최근 들어 음주하는 횟수가 더욱 빈번해지면서 알코올중독의 문제도 보이고 있다. 모에 의해 상담 의뢰되었지만 영희는 본 기관의 도움에 동의하였다.

• 앞의 개인정보와 개입이유에 대한 내용을 이끌어 내기 위해 사용할 수 있는 질문을 만들어 보시오.

✎ TIP   클라이언트의 초기 면담에서 얻은 정보와 사회복지기관의 개입이유를 이끌어 낼 수 있는 질문은 〈표 5-4〉의 개인정보와 클라이언트의 주 요소에서 명시하고 있는 질문 내용을 참조

○ **자료의 출처**

이 보고서는 클라이언트 2차례 면담(1월 20일과 25일)과 클라이언트의 모 1차례 면담(1월 27일)을 기초로 작성되었다.

○ 가족배경과 상황에 대한 사정기록

영희는 2남매 중 막내다. 그녀의 오빠 영준은 30세로 회사원이며 지방에 회사가 있어 따로 살고 있다. 영희는 오빠와 어려서는 자주 놀았으나 초등학교에 들어가면서부터 거의 대화가 없었으며, 현재는 친밀감을 느끼지 못하고 있다. 영희가 남자친구에게 성폭행 당한 사실도 오빠는 전혀 모른다. 그녀의 부모는 31년 전에 결혼했으며, 아버지는 중학교 교사이고, 어머니는 작은 옷가게를 운영해서 낮 동안은 영희 혼자 집에 있다. 영희는 자신의 아버지에 대해 자기주장이 강하고 엄격하신 분으로, 자신의 성폭행 사건에 대해 "네가 처신을 잘못해서 벌어진 일이다"라고 말해 매우 상처를 받았다고 묘사하고 있다. 그러나 아버지는 사회복지사에게 영희의 상황이 달라질 수 있다면 협조하겠다는 의사를 표현했다. 어머니에 대해서는 평생 자식들을 위해 헌신적이신 분으로 자신을 유일하게 이해하고 위로해 주신다고 말하고 있다.

• 앞의 가족배경과 상황에 대한 내용을 이끌어 낼 수 있는 질문을 만들어 보시오.

> 📝 TIP   〈표 5-4〉의 가족관계와 기능에서 명시하고 있는 클라이언트의 가족배경(원가족 포함), 현재 가족의 구성, 가족원의 역할과 관계, 가족의 의사결정방법 등의 질문 내용을 참조

○ 신체기능과 건강

영희는 키가 160cm 몸무게는 70kg 과체중 상태로, 성폭행 사건이 있기 전에는 몸무게가 50kg이었다고 한다. 규칙적인 식사를 하지 않고 탄수화물이나 지방이 많은 음식을 가족이 아무도 없는 낮 시간에 주로 폭식하듯이 먹고 있어 역류성 식도염 관련 문제를 가지고 있으며 가끔씩 어지럼증도 호소하고 있다. 잦은 음주문제로 2년 전에 지방간 진단을 받은 적이 있으며 규칙적인 운동은 전혀 하고 있지 않다. 현재 역류성 식도염 치료를 위한 약물을 복용 중에 있으나 규칙적으로 약물을 복용하지 않고 식습관도 변

화가 없어 중상이 좋아지지 못하고 있다.

• 앞의 신체기능과 건강에 대한 내용을 이끌어 낼 수 있는 질문을 만들어 보시오.

🖉 TIP   〈표 5-4〉의 신체기능과 건강에 관해 명시된 건강 상태, 영양, 질병, 장애 유무, 복용약물 등
의 질문 내용을 참조

○ 지적 기능에 대한 사정기록

영희는 서울에 있는 4년제 대학에서 사회학을 전공하였다. 그녀의 평균학점은 B정
도로 우수한 학생은 아니었으나 상대평가인 평가방법을 고려하면 학업성적이 떨어지
는 학생도 아니었다. 그럼에도 불구하고 영희는 "자신은 특별하게 잘하는 것이 없는 사
람"이라고 묘사하고 있다. 그녀는 사람의 마음을 읽을 수 있는 심리학 과목을 좋아했으
며, 일정한 공식에 의해 진행되는 교양수학이나 컴퓨터 관련 과목을 싫어했다. 심리학
과목에 대해서는 자신의 생각과 다른 사람들의 생각이 어떻게 다른지가 매우 궁금하
며, 특히 자신의 마음을 들여다보고 조절할 수 있는 데 도움이 될 수 있어 가장 흥미가
있다고 말한다. 그럼에도 영희는 자신을 "스스로 무슨 생각을 하는 지 잘 모르는 사람"
이라고 설명하고 있다.

• 앞의 지적 기능에 대한 내용을 이끌어 낼 수 있는 질문을 만들어 보시오.

📝 TIP 〈표 5-4〉의 지적 기능에 관해 명시된 교육적 배경, 학업수행 및 관심과목, 성취 정도 등의
질문 내용을 참조

○ 심리적 · 정서적 기능에 대한 사정기록

영희는 자기 자신을 '불안정하고 우울한 사람'으로 묘사한다. 가끔씩 방에 혼자 있을
때 "왜 나에게 그런 끔찍한 일이 벌어졌는지 모르겠다. 내가 뭘 잘못했다고"라는 생각
속에 사로잡혀 심한 우울을 겪는다고 한다. 특히 아버지가 '마치 자신을 조롱하는 듯한
눈빛'으로 자신을 바라본다고 느낄 때에는 이대로 사라져 버리면 좋겠다는 생각을 한다
고 말했다. 그녀는 우울을 치료하고자 노력해 보지는 않았다. 자신은 부모님을 한 번도
만족시켜 드린 적이 없는 쓸모없는 사람이라고 묘사하면서 '쓸모없는 사람'이라는 단어
는 늘 아버지에게 듣던 말이라고 말한다. 그녀는 항상 자신에 대한 분노와 슬픔을 느꼈
지만 자신의 감정에 집중하기보다는 부모가 자신에 대해 느끼는 감정에 더욱 초점을
맞추는 듯이 보였다. 과거의 자신이 이룬 성취에 대해서는 '누구나 다 하는 일'이라고
평가절하하면서 '쓸모없는 사람'이라는 낮은 자존감을 가진 것처럼 보인다.

• 앞의 심리적 · 정서적 기능에 대한 내용을 이끌어 낼 수 있는 질문을 만들어 보시오.

📝 TIP 〈표 5-4〉의 심리적 · 정서적 기능에서 명시하고 있는 최근 주요 정서와 심리상태, 감정조절
능력, 자살사고 등의 질문 내용을 참조

○ 대인관계, 사회적 관계에 대한 사정기록

영희는 친한 친구가 1명 있었지만, 그 친구가 고등학교 3학년 때 미국으로 이민 간
이후 "친한 친구는 더 이상 없다"고 말하면서, 그녀는 학업에 따라가기도 바빠 친구를
사귈 시간도 없었지만 같은 과에 있는 친구들은 자신과 다른 사람들이라고 묘사한다.

그 친구들은 말을 잘하고 늘 자신감 있어 보여 자신이 초라하게 느껴진다고 말한다. 유일하게 자신에게 잘해 주었던 사람이 과거의 남자친구였는데 결국 "자신의 성적 욕망을 채우기 위해 자신을 이용한 것"이라고 표현했다. 대학 졸업 후 취업하려 했지만 번번이 면접에서 말을 잘하지 못해 떨어졌다고 한다. 말을 주도적으로 잘할 수 있었으면 좋겠다고 한다. 대학 재학 중 동아리활동이나 교외활동을 한 적은 없었다.

• 앞의 대인관계, 사회적 관계에 대한 내용을 이끌어 낼 수 있는 질문을 만들어 보시오.

TIP 〈표 5-4〉의 대인관계, 사회적 관계에서 명시하고 있는 친한 친구나 이성관계 또는 소속된 집단 속에서의 대인관계능력이나 사회적 관계 정도 등의 질문 내용을 참조

○ 종교와 영적 특성

영희는 종교를 가진 적이 없다. 그러나 최근 들어 종교에 관심을 갖고 가끔씩 종교 관련 방송을 듣곤 하였다고 한다. 자신이 어떤 모습이어도 자신을 받아 주고 전적으로 믿을 수 있는 절대적 존재가 필요하다는 말을 한다. 또한 종교를 가지는 이유로 "절대적 존재와의 소통을 통해 앞으로 살아가야 하는 삶의 옳고 그름을 알고 싶다"고 묘사한다. 기도하는 방법을 배우고 싶다는 의사를 표현했다.

• 앞의 종교와 영적 특성에 대한 내용을 이끌어 낼 수 있는 질문을 만들어 보시오.

✎ TIP 〈표 5-4〉의 종교와 영적 특성에서 명시하고 있는 종교 유무, 종교의 개인적 의미, 삶의 가치 나 윤리적 원칙 등의 질문 내용을 참조

○ 강점과 문제해결능력에 대한 사정기록

영희는 낮은 자존감과 쓸모없는 사람이라는 말로 자신의 능력을 최소화하는 경향이 있지만 비록 종교적 힘을 빌리기는 하나 현재의 삶을 벗어나려는 의지가 있고 자신을 돌아보려는 능력이 있다. 또한 대학을 졸업하였고 대학생활 동안 성실하게 생활한 경험이 있다. 또한 말을 잘하고 싶다는 표현을 통해 대인관계에 대한 욕구도 확인할 수 있다. 자신이 감당할 수 없는 문제 상황이 발생하면 사회적 관계를 정리하고 철회하려는 경향이 있다. 아버지와의 관계가 현재 지지적이지는 못하지만 어머니는 영희의 문제에 대해 개방적이고 협조적이다.

• 앞의 강점과 문제해결능력에 대한 내용을 이끌어 낼 수 있는 질문을 만들어 보시오.

✎ TIP 〈표 5-4〉의 강점과 문제해결능력에서 명시하고 있는 강점, 대처방식, 문제해결의 동기 유 무, 필요한 문제해결능력 등의 질문 내용을 참조

○ 경제/주거/교통

영희는 자신의 방이 따로 있는 32평형 아파트에서 부모와 함께 살고 있으며 필요한 돈을 부모로부터 지원받고 있다. 그러나 부와의 관계가 힘들어지면서 가능한 필요한 돈을 요청하지 않고 최소한의 생활비만 모에게 요청하고 있는 상황이다. 정식 직업을

가진 적은 없으나 대학 재학 중 과외교사를 2년 동안 한 경험이 있고 간혹 전공과 연관된 조사 설문 아르바이트를 간헐적으로 한 적이 있다. 영희 가족은 이웃과의 교류가 거의 없으며 주로 지하철을 이용한다. 영희는 2년 동안 지하철을 비롯한 대중교통수단을 이용한 적이 없다.

• 앞의 경제/주거/교통에 대한 내용을 이끌어 낼 수 있는 질문을 만들어 보시오.

📝 TIP 〈표 5-4〉의 경제/주거/교통에서 명시하고 있는 고용, 소득, 과거 직업경험과 기술, 구직동기와 기술, 주택환경, 이웃, 주요 이동방법 등의 질문내용을 참조

○ 지역사회자원 활용

영희가 사회복지관을 이용하기는 이번이 처음이다. 모가 처음 사회복지관에서의 상담을 권유할 때는 "가 봐야 뭐가 달라지겠느냐"며 회의적인 모습을 보였지만 계속된 모의 권유에 복지관을 방문하게 되었다. 면담 동안 그녀는 묻는 질문에 가능한 답변을 하려는 노력을 보였으며, 본 기관과 사회복지사라는 직업에 대해 여러 가지 질문을 통해 호기심을 보이기도 하였다.

• 앞의 지역사회자원 활용에 대한 내용을 이끌어 낼 수 있는 질문을 만들어 보시오.

📎 TIP 〈표 5-4〉의 지역사회자원 활용에서 명시하고 있는 최근의 지역사회와 전문기관 서비스 이용경험 등의 질문 내용을 참조

○ 소견과 사정

이 25세 된 여성은 남자친구의 성폭행 사건을 겪게 되면서 자신의 정체성이 무너지는 혼란을 경험하고 심한 무기력감과 우울감을 가지고 있는 상황이다. 갑작스러운 사건 속에서 가족의 지지체계가 적절히 작동하지 못하고 있으며, 현재 어느 누구하고도 자신의 갈등과 힘든 마음을 공유하고 의논할 대상이 없이 고립되어 있다. 그러나 본인을 비롯한 가족들 모두 현재의 상황에서 벗어나기 위한 의지를 가지고 있다. 2년 동안 사회활동이나 관계가 끊어진 상황에서 새롭게 사회적응을 하고 사회적 활동을 시작해야 하는 그녀는 시작에 대한 두려움과 과거의 상처에 대한 치유과정이 함께 필요하다는 데 동의하고 있으나 동시에 이에 대한 불안감이 높다.

☞ 문제 상황을 중심으로 전반적인 환경과 관련 기능에 대한 사회복지사의 간략한 사정과 소견의 확인이 필요!

○ 클라이언트와의 개입활동을 위한 목적

영희는 과거의 정신적 상처로부터 편안해질 수 있는 정기적인 상담에 참여할 필요가 있다. 또한 오랜 기간 고립생활로 인해 철회되어 있던 사회적 기능을 회복시키고 자존감 향상을 위한 프로그램이 계획되어야 한다. 가족이 지지체계로서 역할을 수행하기 위해 부가 클라이언트를 진정으로 이해하고 지지적으로 대할 수 있는 상담이 필요함을 부모와 협의하여야 하며, 유일한 형제인 오빠에게도 지지적 역할을 할 수 있는 상담이 요청되나 현재 여동생의 상황을 모르고 있어 이를 알릴지의 여부를 결정하여야 한다. 영희의 사회복귀를 위해 직업이나 사회적 활동 등을 포함한 구체적인 미래계획이 세워져야 하고 대인관계능력 향상을 위한 교육이나 훈련도 필요하다. 궁극적으로는 자신의 삶 속에서 예상치 못한 위기나 문제가 생길 때 과거에 문제를 회피하기 위해 선택하였던 사회적 철회가 아닌 건설적인 문제해결방법들이 모색되어야 한다.

☞ 필요 서비스의 제공을 위한 개입계획의 설정과 확인이 필요!

② 사례 2

자신에 대한 심리사회적 사정을 통해 사정연습을 해 보고 다음 양식에 맞추어 사회적 사정보고서를 작성해 보시오.

● ○○○의 사회적 사정보고서

담당사회복지사:

○ 개인정보

사례기록:	클라이언트 이름:
연령:	의뢰일자:　　년　월　일
주소:	전화번호:
보고완료일자:　　년　월　일	

○ 보고이유

○ 사회복지 개입이유

○ 자료의 출처

○ 가족배경과 상황에 대한 사정기록

○ 신체기능과 건강

○ 지적 기능에 대한 사정기록

○ 심리적 · 정서적 기능에 대한 사정기록

○ 대인관계, 사회적 관계에 대한 사정기록

○ 종교와 영적 특성

○ 강점과 문제해결능력에 대한 사정기록

○ 경제/주거/교통

○ 지역사회 자원활용

○ 소견과 사정

○ 클라이언트와의 개입활동을 위한 목적

----

(3) 가계도와 생태도 그리기

① 가계도 그리기

• 클라이언트의 가족과 주변 환경에 대한 자료수집과 사정을 위한 가계도와 생태도의
활용연습(생태도와 가계도의 상징들)

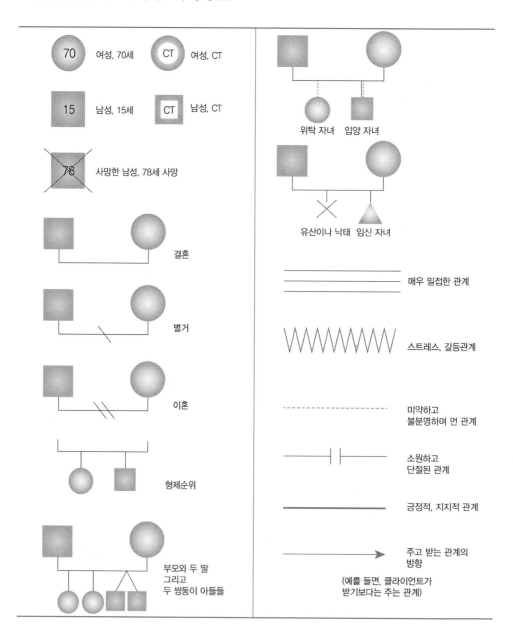

• 가계도 예시

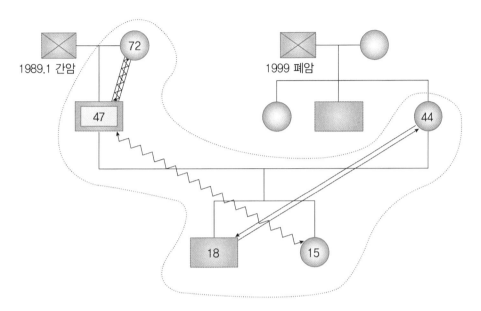

　앞의 가계도는 47세의 남자 클라이언트로 현재 44세의 부인과 18세인 아들 그리고 15세인 딸과 함께 살고 있다. 아버지는 1989년 간암으로 사망하였고 어머니는 함께 살고 있으나 서로 정서적으로 밀착되어 있으면서도 잦은 갈등관계에 있다. 자녀 중 딸과는 갈등관계에 있다. 아들은 상대적으로 클라이언트인 부인과 우호적인 관계에 있다.

실천연습

① 사례 1(가계도 그리기)

　50세의 남성 클라이언트는 75세 된 모친과 80세 된 부친과 함께 살고 있다. 형제는 위로 누나가 4명이 있고 클라이언트가 막내다. 클라이언트 밑으로 성별을 알 수 없는 동생이 있었으나 유산되었다. 자녀는 20세 된 딸 쌍둥이와 18세 된 막내아들이 있다. 부인은 45세로 외동딸로 성장하였으며, 부모 모두 클라이언트의 부인이 23세 되던 해에 교통사고로 돌아가셨다. 클라이언트의 부인과 클라이언트의 모친 간에 갈등으로 인해 클라이언트 부부는 잦은 싸움을 하고 있다. 클라이언트의 모친은 어렵게 얻은 아들의 식사나 다른 일상생활을 직접 관리할 정도로 많은 관여를 하고 있다. 이런 모습에 대해 클라이언트의 딸들은 어머니 편에 서서 할머니를 싫어한다. 할머니도 손녀들에 대해서는 데면데면하지만 하나밖에 없는 손자는 매우 아낀다.

• 가계도 그리기

② 사례 2(가계도 그리기)

• 자신의 가족 가계도 그리고 설명하기

② 생태도 그리기

• 생태도 예시

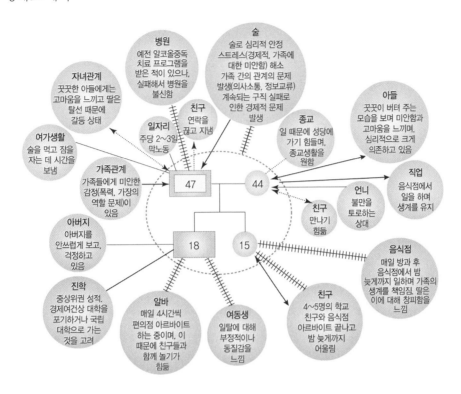

47세의 남성 클라이언트는 술에 대한 심리적 의존이 가장 크며, 클라이언트의 알코올중독은 가족의 경제적 위기와 함께 가족관계에도 많은 어려움을 초래하고 있다. 술에 대한 병원치료의 동기는 있으나 과거 치료에 실패한 경험을 가지고 있어 불신감이 팽배하다. 자녀와 관계에서 딸의 탈선문제로 갈등관계에 있고 아들이 자신의 역할에 성실한 것에 대견하게 생각하고 있다. 가족들에게 자신이 가장의 역할을 하지 못하고 술이 취한 상태에서 폭력을 행사한 것에 대해 미안한 마음을 가지고 있다. 특별한 여가활동은 없으며 직업은 일용직 막노동을 주 2~3회 정도 하고 있다. 친구관계는 거의 단절되어 있다. 클라이언트의 배우자는 44세로 음식점에서 일을 하고 있다. 남편의 알코올중독 문제로 스트레스 많이 받고 있으나 가족의 어려움 속에서도 열심히 살고 있는 아들에 대한 고마움과 심리적 의존을 많이 하고 있다. 성당에 자주 가고 싶어 하나 일 때문에 자주 가지 못하는 것에 대해 힘들어 하고 있고 자신의 어려움을 언니에게 자주 이야기하고 있으며 친구들은 거의 만나지 못하고 있다. 18세의 아들은 고등학교 3학년에 재학 중으로 성적은 중위권으로 대학진학을 가장 중요하게 생각하며 준비 중에 있다. 가정형편상 등록금이 적게 드는 국립대학에 진학하려고 한다. 아버지인 클라이언트에 대해 안쓰러운 마음을 가지고 있고 편의점에서 시간제로 일을 하고 있다. 일을 하느라 친구를 만나거나 여가활동은 거의 하지 못한다. 여동생의 일탈행동에 대해 매우 비판적이나 한편으로 가정형편 때문이라고 마음으로는 이해하고 있다. 15세의 딸은 중학교 3학년으로 어린 나이에 가정형편상 방과 후 음식점에서 밤늦게까지 일을 하여 가족의 생계에 보태고 있다. 그러나 일이 끝나면 또래친구들과 밤늦게까지 돌아다니는 등의 행동으로 아버지인 클라이언트와 잦은 갈등을 초래하고 있다.

실천연습

① 사례 1(생태도 그리기)

클라이언트는 16세의 발달장애 아들을 둔 45세의 여성으로 여가활동이나 친구들과의 교류를 거의 중단하고 아들의 특수교육에 전념하고 있다. 한 달에 1~2번 정도 교회에 새벽예배를 보기 위해 다니는 것이 유일한 외출이다. 52세의 남편은 건설회사에 중장비기사를 하고 있으나 지방에서 일을 자주 하여 최소 몇 달 동안 집에 들어오지 못하는 경우가 많다. 최근 체력적으로 힘들어져 일을 하는 것에 대해 스트레스를 많이 받고 있다. 아들 양육에 대해서는 부인과 몇 차례의 갈등이 발생한 후 거의 관여하지 않고 있다. 발달장애 아동 위로는 대학에 다니고 있는 20세 비장애인 딸이 있으나 남동생에게만 신경을 쓰는 모와 갈등이 잦고 남동생에게는 안쓰러운 마음과 미워하는 마음을 동시에 갖고 있다. 최근에는 사귀게 된 남자친구와 헤어지게 되면서 심리적으로 많이 힘들어 하고 있다. 자신의 힘든 마음을 몇몇 고등학교 동창인 친구들에게 털어놓기도 한다. 발달장애 아들은 특수고등학교 1학년에 재학 중인 동시에 재활치료센터에 다니고 있다. 클라이언트는 센터에서 실시하고 있는 부모모임에는 나가지 않고 있다고 한다. 아들은 센터에 있는 친구들에게 거친 욕설과 잦은 폭력을 사용하여 치료센터에서 중도탈락될 위기에 처해 있다.

• 클라이언트의 생태도를 그려 보시오.

② 사례 2(생태도 그리기)

• 자신의 가족 생태도를 그리고 설명해 보시오.

2) 사정과정에서 주로 사용되는 상담기술 연습하기

(1) 클라이언트의 요구에 따른 진정한 욕구를 사정하기

대부분의 클라이언트들이 초기면접에서 문제해결을 위해 진술하는 내용들을 자신이 진정으로 원하는 욕구라고 생각한다. 또한 훈련되지 않은 신임 사회복지사의 경우도 그 진술을 클라이언트의 욕구라고 생각하고 이에 맞는 사정과 개입계획을 세우는 오류에 빠지게 된다. 요구는 즉각적이고 즉시 관찰 가능한 현실적인 것이나 욕구는 장기적이고 자기점검을 통해서만 확인할 수 있다. 어떤 상황에 대해 머릿속에 자동적으로 떠오르는 생각은 자신의 진정한 욕구라기보다는 상황에 따른 고통이나 부정적 생각을 감소하기 위한 요구일 경우가 많다. 따라서 어떤 상황에 대한 욕구를 확인하기 위해서는 요구 이면에 숨겨져 있는 클라이언트의 생각이나 감정을 확인하는 것이 중요하다. 이는 자료수집을 위한 면담과정에서 진행되는데 실제 욕구를 확인하는 사정과정 자체가 클라이언트의 문제해결의 실마리가 되기도 한다. 또한 이를 통해서 클라이언트가 진정으로 원하는 개입목적과 계획을 세울 수 있다. 이때 어떤 상황에 대한 순간적으로 떠오르는 감정을 명확하게 알 수 없는 경우가 많아 감정카드나 감정목록표 등을 사용하여 상황에 따른 다양한 감정을 확인하고 이와 연결된 생각을 발견하는 것이 좋다. 이와 관련한 사례를 살펴보자.

┃보기┃

철수는 아버지와의 갈등으로 청소년 상담소에 상담을 요청해 왔다.

철수: 아버지 신경 쓰지 않는 곳에서 자유롭게 따로 살고 싶어요. (요구)
사회복지사: 함께 살고 있는 아버지가 어떻게 신경 쓰이세요? (클라이언트의 욕구 파악을 위한 탐색)
철수: 아버지는 저를 전혀 신경 쓰지 않으세요. 제가 뭘 하는지…… 하지만 전 별 상관 안 해요. (부의 관심에 대한 양가적 태도와 감정 파악)
사회복지사: 아버지가 관심을 가지지 않는 부분이 신경 쓰인다는 말이군요. (요구에 대한 진정한 욕구파악을 위한 요구의 재정의)
철수: 같이 살면서 관심이 없어요. 늘 바쁘시니깐…….

(계속)

> 사회복지사: 그런 아버지의 모습을 보면서 그 순간 어떤 생각과 감정이 들어요? (진정한 욕구파악을 위한 문제 상황에 대한 생각과 감정 확인)
>
> 철수: 잘 생각은 안 나지만 섭섭하고 외롭다는 생각이 들어요.
>
> 사회복지사: 그럼 따로 살고 싶다는 생각보다는 아버지가 철수에게 관심도 가져 주고 함께하는 시간이 많아서 덜 외롭게 느끼고 싶지 않다는 이야기인가요? (클라이언트의 진술을 토대로 진정한 욕구 확인)
>
> 철수: 네…… 그러면 좋겠어요.

① 사례 1

40세 은희는 회사 일에 몰두되어 있고 가정 일에 무관심한 남편 철호와 심한 부부갈등을 겪고 있다.

> 은희: 남편은 회사 일밖에 몰라요. 가족들에게 관심이 없어요. 전 괜찮아요. 아이들에게 관심을 가져 주면 좋겠어요. 얼마 전에도 제가 많이 아팠는데 아픈 줄도 몰라요. 남편이 아이들에게 아버지 역할을 잘할 수 있게 하려면 어떻게 해야 할까요?

• 당신이 사회복지사라면 클라이언트의 말에 어떻게 반응하면 좋을까요?

W'er: --

> ✎ TIP 남편이 자녀에게 관심을 가져 주는 것을 원하고 자신은 괜찮다고 하지만 클라이언트가 아팠을 때의 상황을 비추어 남편의 무관심한 것을 설명하고 있음. 이는 남편이 자신에 대한 관심을 가져 주길 바라는 욕구가 숨겨져 있는 것으로 보여 욕구재정의가 필요함

② 사례 2

14세 진국은 중학교 2학년이다. 최근 학교를 그만두겠다고 부모에게 억지를 부리면서 학교 가기를 거부하고 있다.

> 진국: 학교에 다니고 싶지 않아요. 전 그 학교에 미련이 없어요. 정말 싫습니다. 다른 학교에 갈 겁니다. 학교에 자퇴할 수 있게 도와주세요. 그런데 제가 학교를 그만두면 친구들이 제가 어디로 갔는지 궁금해 할까요?

• 당신이 사회복지사라면 클라이언트의 말에 어떻게 반응하면 좋을지 적어 보시오.

W'er: ---

🖉 TIP   학교에 미련이 없다고 하면서도 학교를 그만둔 후 친구들이 자신을 궁금해 할지에 대해 걱정하는 모습은 친구들과의 관계에 어려움이 있는 것으로 추측됨. 따라서 학교 중단이 문제인지 학교 친구들과의 관계가 문제인지 욕구의 재정의가 필요함

(2) 문제 상황의 대처전략 확인을 통한 문제를 구체화하기

클라이언트가 문제 상황에 어떻게 대응했는지를 확인함으로써 문제해결을 위한 클라이언트의 대처방법 문제를 구체화하고 필요한 대처전략을 개발할 수 있도록 돕는다. 대처전략은 문제를 해결하거나 문제를 통해 발생되는 고통을 완화하기 위한 클라이언트의 대응 노력들로, 크게 두 가지 유형으로 구분된다. 문제해결을 위한 과업중심의 대처전략과 정서적 고통이나 불편감 완화를 위한 정서 중심적 대처전략이 있다. 특히 신임 사회복지사는 상담 중 클라이언트가 울거나 화를 내는 경우 상황에 대한 불편감을 완화하기 위한 대응으로 해석하기보다 단순한 정서적 반응으로만 해석하는 경우가 있다. 또한 과업중심의 대처전략을 가진 클라이언트를 상담하게 되는 경우 자칫 문제 상황에서 일어날 수 있는 상대방의 감정에 공감하거나 자신의 감정을 들여다보는 것에 대해 어려움이 있을 수 있다. 이런 클라이언트에 대해 공감적 태도를 갖지 못한 사회복

지사의 경우 상대방의 감정교류의 어려움을 의도적인 노력부족으로 오해할 수 있다.

정서중심적 대처전략을 가진 사례를 살펴보자.

▌보기▐

은영은 28세로 무역회사에 다니고 있다. 최근 회사에서 맡은 일을 마무리하지 못하는 일이 반복되면서 해고위험에 처해 있다. 과거 다른 회사에서도 유사한 일로 권고사직을 당한 일이 있었다.

사회복지사: 같은 일이 반복되는 이유를 좀 더 구체적으로 생각해 보신다면 무엇 때문일까요?

은영: 저도 제가 왜 이런지 모르겠어요. 흑흑흑……

은영에 대한 옳지 않은 반응의 예는 다음과 같다.

W'er: 울지 마시고 제가 질문한 내용에 대해 생각을 해 보세요. 운다고 문제가 해결되지는 않습니다.

은영에 대한 옳은 반응의 예는 다음과 같다.

W'er: 우시는 걸 보니 제 질문이 은영씨가 생각하기에 많이 힘든 질문이었나 봅니다. (잠시 시간을 둠) 혹시 힘들거나 어려운 상황에 대해 누군가 그와 관련된 질문을 하게 되면 질문에 대해 생각하고 대답을 하기보다는 나도 모르게 울거나 화를 내거나 하는 모습들이 있으십니까? (정서중심의 대처방식에 대한 확인을 질문)

과업중심적 대처전략을 가진 사례를 살펴보자.

▌보기▐

기철은 35세로 결혼 6년차의 회사원이다. 최근 부부갈등이 매우 심해 부인이 이혼을 청구한 상황이다. 부인에 의하면 전혀 자신에 대해 공감하지 못하고 자신의 일에만 몰두한다고 한다. 기철은 자신은 외박 한 번 한 적 없이 가정에 충실했다고 말하고 있고 이혼에는 반대하고 있다.

사회복지사: 부인이 힘들어 하시는 것이 무엇이라고 생각하십니까?

기철: 제가 늦게 집에 들어오는 것이겠죠. 제가 일을 빨리 정리하고 일찍 집에 들어온다면 아무런 문제도 없을 겁니다.

(계속)

기철에 대한 옳지 않은 반응의 예는 다음과 같다.

W'er: 단지 그것뿐이라고 생각하십니까? 부인이 매일 느낄 감정에 대해서는 너무 생각을 하지 않으시네요.

기철에 대한 옳은 반응의 예는 다음과 같다.

W'er: 그렇다면 부인께서 자신을 공감하지 못한다는 부분에 대해서는 어떻게 생각하십니까? (교감능력을 확인하기 위한 질문) 만약 이해하기 어려우시다면 어떤 어려움이 있으십니까? 부인께서 말씀하시는 자신을 공감하지 못한다는 말 이면에는 부인께서 어떤 감정을 느끼고 계실까요?

실천연습

① 사례 1

형철은 21세로 대학교 3학년에 재학 중이다. 수업 중 진행하게 되는 팀 발표 준비를 앞두고 친구들과의 잦은 충돌로 급기야 같은 팀원들이 담당교수를 찾아가 함께 팀원을 할 수 없다는 이야기까지 하기에 이르렀다. 발표준비를 할 때면 매번 자신이 맡은 부분을 부실하게 그것도 예정보다 늦게 자료를 제출하여 팀원들의 반발을 사곤 하였다. 팀원들이 이 부분을 항의하면 매우 심하게 화를 내면서 "자신은 최선을 다했다. 나를 무시하는 것이냐"며 말다툼을 하곤 하였다. 이에 담당교수는 학교상담소에서 상담을 요청하였다.

형철: (흥분한 목소리로) 전 최선을 다했어요. 제가 뭘 잘못했죠? 제가 자료 찾는 게 좀 느리기는 해요. 그래도 절 이렇게 무시해요? 그 아이들 가만 두지 않겠어요.
W'er: 자료를 찾는 것이 좀 느리다는 것을 친구들에게 이야기한 적이 있나요?
형철: 아니요. 이야기해도 이해하지 못할 겁니다. 걔들은 잘하거든요. 괜히 말해 봐야 절 무시만 할 겁니다.

• 당신이 사회복지사라면 클라이언트의 말에 어떻게 반응하면 좋을지 적어 보시오.

W'er: _____

_____

_____

_____

_____

> **TIP** 자신이 처해 있는 상황을 설명하고 도움을 받으면서 문제를 해결하기보다는 그것을 감추기 위해 오히려 화를 내거나 짜증냈던 것은 정서적 대처의 전형적인 모습이므로 이를 확인할 수 있는 질문이 필요함

② 사례 2

경숙은 54세로 남편이 지병으로 10년 전 사망하면서 회사에 다니기 시작하였고 18세 고등학교 2학년인 딸 은정과 단 둘이 살고 있다. 최근 딸과의 갈등이 심한 상태로 은정에 의하면 "우리 엄마는 냉혈한 같아요. 절 사랑하지 않아요. 밥 먹이고 학비 주면 전부인가요? 저한테 관심도 없고 따뜻한 말 한마디 들어 본 적이 없어요. 같이 살고 싶지 않아요"라면서 청소년 쉼터에 기거하고 싶다고 찾아왔다. 이에 담당 사회복지사는 모인 경숙과 상담을 실시하였다.

경숙: 전 딸을 위해서 살아 왔어요. 부족한 것 없이 해 줬죠. 뭐가 잘못되었다는
건지 모르겠어요. 부모는 자식에게 해달라는 것 해 주는 재미로 살잖아요.
W'er: 딸이 원하는 것이 물질적인 것만일까요?
경숙: 은정인 늘 절 사랑하지 않는다고 하는데 그럼 제가 사랑한다는 말을 하면
되는 건가요? 매일 사랑한다는 말을 하죠. 그럼 되겠죠.

• 당신이 사회복지사라면 클라이언트의 말에 어떻게 반응하면 좋을지 적어 보시오.

W'er: _____

_____

_____

_____

> 🖉 TIP 딸이 원하는 것은 자신에 대한 관심을 느낄 수 있는 따뜻한 정서적 교류의 시간을 모와 갖는
> 것이었으나 경숙은 이 부분에 대한 공감보다는 단순히 사랑한다는 말만 해 주면 문제가 해결
> 될 것이라는 지나친 과업중심의 대처로 이를 확인할 수 있는 질문이 필요함

3. 개입계획 세우기

개입계획은 클라이언트의 사정을 통한 문제 상황 변화를 위한 개입의 방향을 설정하는 단계라고 할 수 있다. MBO(Management By Objectives)는 목표관리, 성과목표 관리를 의미하며 목표를 보다 합리적으로 조직관리하기 위한 경영관리기술이며, 최근 사회복지 현장에도 적용되고 있다. MBO의 기본개념은 목표의 설정, 목표달성을 위한 과정, 최종산출에 대한 평가의 피드백으로 이루어진다. 주어진 시간에 달성해야 할 최종목표를 세우고 하위목표 및 목표들 사이의 우선순위를 결정, 목표달성을 위한 구체적 실행방안 계획하기, 목표달성과정의 능률성과 절약 및 효과성을 기준으로 한 산출평가, 기술향상을 통한 목표와 결과의 피드백과정으로 이루어진다. 사회복지 현장에서의 MBO를 적용한 개입계획은 먼저 변화를 위한 개입대상을 선정하고 사정과정을 통해 클라이언트가 변화 가능한 표적문제를 정한다. 이 단계에서는 사정에서 확인된 욕구의 충족을 위해 제공될 서비스의 종류와 우선순위, 자원연계의 과정 등을 클라이언트와 합의하고 함께 계획을 세우는 과정이 필요하다. 사회복지 현장에서의 MBO 적용의 주된 특징은 개입목표가 눈에 보이는 변화를 측정할 수 있도록 구체적으로 선정되며 그 결과를 과정과 결과에 대한 질적·양적 평가과정을 통해 점검하는 과정이다.

〈표 5−5〉 개입계획

① 클라이언트의 표적문제 선정/ 집단프로그램의 경우 대상을 선정
  클라이언트에게 변화가 필요한 행동이나 정서 등과 관련된 분명한 표적문제를 선정한다.

② 목적
  개입을 통해 얻고자 하는 장기적이고 궁극적인 결과를 제시한다.

③ 목표: 클라이언트가 긍정적으로 변화 가능한 구체적 목표를 설정한다.
• 목표 1
 － 하위목표 1

(계속)

　　　－ 하위목표 2
　　　－ 하위목표 3
　　• 목표 2
　　　－ 하위목표 1
　　　－ 하위목표 2
　　　－ 하위목표 3
　　• 목표 3
　　　－ 하위목표 1
　　　－ 하위목표 2
　　　－ 하위목표 3

④ 구체적 실행방안
　　프로그램과정을 의미하며 하위목표에 대한 구체적 실행방안을 계획한다.

⑤ 평가하기
　　• 과정평가: 프로그램 전 과정에 대한 평가가 이루어진다.
　　• 효과평가: 목표들에 대한 성과를 양적 · 질적 방법을 통해 평가한다.

⑥ 평가결과를 피드백과정을 통해 개입방향에 적용한다.

〈표 5-6〉 클라이언트에 대한 개별 개입계획 사례

① 개입문제
　　22세 김정미 씨는 고등학교 때 집단 구타사건 이후 대인관계기피증이 생겨 집에서만
　　생활하며 부모님이 일을 나가신 동안 먹기, 씻기 등을 하지 않고 거실에서 TV만 시청
　　하고 있고 일상생활과 사회생활이 단절되어 있다.

② 목적
　　일상생활을 혼자 할 수 있으며 정상적인 사회생활을 유지하도록 한다.

③ 목표
　　• 목표 1: 클라이언트의 일상생활 기술능력이 향상된다.

하위목표	구체적 실행방안
혼자서 자신의 몸을 청결하게 할 수 있다.	• 매일 아침, 저녁으로 세수, 양치하기 • 주 2회 목욕하기
혼자서 청소를 할 수 있다.	• 주 1회 청소기 돌리기 • 주 1회 세탁기 돌리기
혼자서 점심식사를 챙겨 먹는다.	• 점심상 차리기 • 식사 후 설거지하기 • 주 1회 간단한 음식 만들기

(계속)

• 목표 2: 클라이언트의 주변환경 적응능력이 향상된다.

하위목표	구체적 실행방안
주변자원을 활용할 수 있다.	• 주 3회 뒷동산 올라가 산책하기 • 주 1회 도서관 가서 관심 있는 책 빌리기
은행업무를 볼 수 있다.	• 월 1회 공과금 납부하러 은행 가기 • 인터넷 뱅킹으로 은행 업무 보기
마트에 가서 장을 볼 수 있다.	• 주 1회 사회복지사와 장 보기 체험하기 • 주 1회 혼자서 마트 가서 장 보기

• 목표 3: 클라이언트가 느끼는 다른 사람에 대한 두려움을 완화한다.

하위목표	구체적 실행방안
다른 사람에 대한 불안감을 감소하고 정서안정 도모하기	• 주 1회 사회복지사 상담을 통해 트라우마 극복하기 • 주 1회 사회복지사 상담을 통해 변화활동에 대한 정서적 지지 받기
센터에서 실시하는 친구 사귀기 프로그램에 참석한다.	• 주 1회 실시되는 프로그램에 참석한다. • 매주 금요일에 실시되는 지역 맛집 탐방 프로그램에 참석한다.

④ 클라이언트와 사회복지사의 과제

• 클라이언트 과제
  – 사회복지사와 만날 때 지각하지 않기
  – 사회복지사가 제시하는 구체적 실행방안을 위한 방법들을 이행하는 것이 부담이 될 때 참지 말고 표현하기
  – 수행행동 체크리스트 성실히 기입하기

• 사회복지사 과제
  – 클라이언트가 적응에서 겪는 어려움을 함께 공감하기
  – 가정 방문 시 시간 지키기
  – 클라이언트가 경험할 수 있는 지역행사 정보를 성실하게 탐색하기

〈표 5-7〉 지역사회 여성 독거노인들에 대한 집단프로그램 개입계획 사례

프로그램명: 만성질환을 앓는 저소득 여성 독거노인의 우울 완화 및 자아존중감 향상을 위해 삶의 회상과 용서기법을 활용한 자아통합 프로그램

① 개입문제

  판암 2동 영구임대 아파트 밀집지역의 저소득 여성 독거노인들이 만성질환으로 인한 우울증수치가 높게 나와 사회적 지지와 관심이 절실한 상황이다.

② 프로그램 대상

대상 구분	산출 근거
주된 참여자	대전 동구 판암동에 거주하며 만성질환이 한 가지 이상 있는 저소득 여성 독거노인 10명 - 완치가 불가능한 질병(관절염, 고혈압, 요통, 소화성 궤양, 당뇨병, 디스크 등)을 3개월 이상 지속적으로 앓고 있는 여성 독거노인 - 저소득 여성 독거노인(기초생활 수급자, 차상위계층) - 가족 중 부양의무자 소득책정으로 일반 세대로 선정돼 정부보조금 지원은 받지 못하지만, 가족과의 관계가 단절되어 있는 여성 독거노인
주변 참여자	본 프로그램에 참여하는 여성 독거노인의 가족과 이웃, 지역주민 자서전 공동제작을 위한 자원활동가 10명

③ 목적

  만성질환을 앓고 있는 저소득 여성 독거노인 간의 집단을 구성하여 삶에 대한 회상과 용서의 감정을 나눔으로써 우울감을 완화하고 지역사회 내 자원활동가를 조직하여 여성 독거노인과 함께 자서전을 제작함으로써 대상 노인의 자아존중감을 높여 자아통합을 도모한다.

④ 목표

• 목표 1: 여성 독거노인 간의 회상과 용서집단 활동을 통해 정서적 우울감을 완화한다.

하위목표	구체적 실행방안			
유사한 특성을 고려한 집단 10명을 구성한다.	개별면담을 통해 선정된 어르신과 담당 사회복지사가 모여 프로그램 소개, 참여자 의견수렴을 통한 일정 조정, 사전검사 실시			
회상과 용서기법을 활용한 미술치료를 8회 진행한다.	1회	프로그램 안내	5회	기쁠 때, 화날 때, 슬플 때 얼굴 꾸미기(청소년기)
	2회	내가 태어난 달	6회	물고기 가족화(성인기)
	3회	어린 시절 회상하기	7회	내 인생의 봄날(노년기)
	4회	고무신에 그림 그리기	8회	고마운 사람 손(마무리)

(계속)

회상과 용서기법을 활용한 원예치료를 8회 진행한다.	1회	오리엔테이션	5회	노화(식물인형 토피어리 만들기)
	2회	나는 누구인가?(공기정화용 실내식물 심기)	6회	고난(압화액자 만들기)
	3회	결혼, 출산(나의 삶 되돌아보기)	7회	희망 (안스리움 화분 만들기)
	4회	자녀의 결혼, 부모(다육식물 미니정원)	8회	자서전 만들기

• 목표 2: 노인성 질환에 대한 관리능력을 향상한다.

하위목표	구체적 실행방안
만성질환의 건강관리교육을 2회 진행한다.	• 1회기 만성질환 이해(고혈압, 당뇨) • 2회기 체조 및 스트레칭
만성질환을 고려한 음식조리법 교육을 2회 진행한다.	• 1회기 음식 영양교육 • 2회기 음식 조리법 습득

• 목표 3: 여성 독거노인과 자원활동가가 함께 만드는 자서전활동을 통해 자아존중감을 향상한다.

하위목표	구체적 실행방안
여성 독거노인과 함께 자서전을 제작할 자원활동가를 구축한다.	• 기존 복지관 봉사활동 경험이 있는 자원활동가를 모집한다. • 지역 내 유관기관 및 주민 홍보를 통한 자원활동가를 모집한다.
여성 독거노인 및 자원활동가가 함께 자서전을 1회 제작한다.	• 어르신과 자원활동가를 1:1 매칭해 자서전 제작활동을 진행한다. • 어르신 10명과 자원활동가가 작성한 원고를 취합, 자서전을 발간한다.
여성 독거노인과 자원활동가가 함께 제작한 자서전 발표회를 1회 진행한다.	• 어르신 가족, 친지, 이웃을 초대하고 자원활동가와 함께 발표회를 진행한다. • 한 해 동안 진행한 프로그램 소감을 나눈다.

출처: 삼성복지재단(2016).

① 사례 1

   1년 전 부인이 위암으로 죽은 43세 강석 씨는 10세인 아들과 생활하고 있다. 강석 씨가 운영하던 가게는 부인이 죽고 한 달 뒤에 화재로 모두 전소된 상황이고, 강석 씨는 자포자기 상태로 집에서 술만 먹고 있다. 부모님과 형제들의 도움으로 생활하고 있으며 정리정돈을 못하고 쓰레기를 버리지 않아 집은 쓰레기 더미로 덮여 있다. 강석 씨의 아들은 학교에서 제공하는 점심으로 유일하게 제대로 된 밥을 먹고 있으며, 아침을 굶고 저녁은 강석 씨와 라면으로 대충 해결하고 있다. 강석 씨의 아들은 학습이 제대로 이루어지지 않아 쓰기, 읽기와 셈하기 등을 제대로 하지 못한다.

• 다음 사례에 대한 개입방안을 제시해 보시오.

① 개입문제

  강석 씨는 부인이 죽고 자포자기 상태로 집은 비위생적이고 일상적인 생활이 정상적으로 유지가 안 되고 있으며 아들은 제때 식사도 못하고 학업, 위생 등이 방치된 상태다.

② 목적

  강석 씨가 삶의 희망을 찾고 일상적인 생활유지와 경제활동을 재개할 수 있도록 하며 아들을 제대로 양육할 수 있도록 한다.

③ 목표

• 목표 1: 삶의 희망을 찾고 일상적인 생활을 유지한다.

하위목표	구체적 실행방안

(계속)

• 목표 2: 적절한 아들 양육을 할 수 있도록 한다.

하위목표	구체적 실행방안

• 목표 3: 경제활동을 재개하여 독립적으로 생활한다.

하위목표	구체적 실행방안

④ 클라이언트와 사회복지사의 과제

• 클라이언트 과제

• 사회복지사 과제

② 사례 2

20년간 다니던 직장에서 권고사직을 당한 45세 김미현 씨는 직장에 대한 배신감이 크다. 권고사직 한 달 후 어머니마저 돌아가셔서 미현 씨는 6개월째 구직활동을 하고 있으나 마음이 허할 때마다 폭식을 해 6개월 동안 20kg의 체중이 증가했고 변해 버린 외모 때문에 구직활동에 대한 자신감이 낮아져 있다. 그동안 단순사무직으로 근무를 해서 재취업을 하자니 나이와 취업분야가 한정되어 있어 여성인력개발원에서 제공하는 여성재취업을 위한 기술교육을 생각하고 있으나 어머니의 죽음에 대한 후유증과 직장의 일방적 권고사직의 상처, 급속하게 변해 버린 외모 등이 원인이 되어 변화된 모습을 생각만 할 뿐 자신감이 사라져 망설이고만 있다.

• 다음 사례에 대한 개입방안을 제시해 보시오.

---

① 개입문제
   믿었던 회사에 대한 배신과 어머니의 죽음에 대한 충격으로 체중이 증가하여 자신감이 저하되고 재취업을 망설이고 있다.

② 목적
   권고사직의 후유증 극복 및 어머니의 죽음에 대한 애도과정을 통해 정서적 안정감을 찾는다. 또한 체중감량을 통한 자기관리능력을 향상시켜 재취업에 성공한다.

③ 목표
• 목표 1: 정서적 안정을 찾는다.

하위목표	구체적 실행방안

(계속)

• 목표 2: 체중감량과 외모에 대한 자기관리능력을 높인다.

하위목표	구체적 실행방안

• 목표 3: 재취업에 성공한다.

하위목표	구체적 실행방안

④ 클라이언트와 사회복지사의 과제

• 클라이언트 과제

• 사회복지사 과제

4. 계약하기

클라이언트와 함께 개입해야 할 문제가 결정되어 개입 계획을 세우게 되면, 어떤 방법으로 진행될 것인지를 구조화하고 구체적인 계약을 맺어야 한다. 계약을 맺는 이유는 사회복지사와 클라이언트의 개입활동이 각자의 입장에서 공식적 성격을 띠게 되기 때문이다. 사회복지사는 자신의 개입계획에 좀 더 신중을 기하게 되고, 클라이언트는 개입에서 자신이 수행해야 할 과업에 책임을 지는 의미가 강하다. 또한 계약서에 종결과정의 합의를 통해 개입과정에서 클라이언트가 종결에 대한 마음의 준비를 할 수 있다.

1) 계약하기의 원칙

계약하기의 원칙은 다음과 같다. 첫째, 사회복지사는 클라이언트와 함께 달성하고자 하는 목표를 명시해야 한다. 둘째, 명시된 목표는 구체적이고 관찰 또는 측정 가능하게 제시되어야 한다. 셋째, 클라이언트의 목표달성을 위해 사회복지사와 클라이언트의 책임을 구체적으로 기입한다. 넷째, 클라이언트의 목표달성을 위해 사용될 방법을 구체적으로 기술해야 한다. 다섯째, 개입에 필요한 시간, 장소, 비용 등 행정적 절차를 기록해야 한다.

2) 계약의 유형

계약의 유형에는 크게 세 가지가 있다. 첫째, 서면계약이다. 사회복지사와 클라이언트가 개입목표 및 과정, 시간적 조건 등에 대해 합의한 내용을 문서로 작성하는 유형이다. 계약서에는 개입방법, 결과 달성을 위한 주요 활동, 클라이언트와 사회복지사의 역할과 책임, 활동을 위한 시간 및 행정절차가 명시되어 있다. 클라이언트와 서비스 제공자는 서류에 양방향 서명을 해야 한다. 둘째, 구두계약이다. 서면계약에서 명시하는 내용을 서류라는 형식을 사용하지 않고 클라이언트와 사회복지사가 구두로 계약을 맺는다. 구두계약은 자기서명을 불편하게 생각하는 클라이언트에게 적용되며 서면계약에 비해 신속하게 진행되는 장점이 있으나 합의한 내용의 자세한 부분을 서로 오해할 수 있고 혼란이 야기되는 단점이 있다. 셋째, 암묵적 계약이다. 실제로 계약의 내용을 서면이나 구두로 합의하지는 않았지만 암묵적으로 개입에 대한 계약을 하는 것이다. 의사소통이 명확하지 않아 양방향의 생각이 달라 오해의 소지가 크다.

3) 계약의 내용

사례번호, 날짜, 장소, 참석자

① 문제
    클라이언트가 규정한 문제
    사회복지사가 규정한 문제
    개입행동을 위한 합의된 문제 개요

② 최종목표
    명확하고 구체적으로 기술하고 목표달성 정도가 측정될 수 있게 기술한다.

③ 계획
    접근방법
    클라이언트의 과제
    사회복지사의 과제
    세션 내의 과제
    평가계획(목표와 과정에 대한 평가)

④ 서명날인: 사회복지사, 클라이언트

• 계약의 예시

클라이언트 김진석은 학교 부적응으로 고등학교를 자퇴하고 집에서 지내다 대학교 진학을 위해 검정고시학원을 등록하게 되었다. 검정고시학원에서의 원활한 적응을 위해 사회복지사가 개입하였다.

서비스 개입 계약서

우리는 다음의 사항에 합의한다.

1. 서비스의 목적 혹은 목표

 1) 클라이언트 김진석은 검정고시 합격을 위해 검정고시학원에 적응한다.

2. 서비스 계획

 1) 검정고시학원 등록을 돕는다.

 2) 검정고시학원 등록 후 처음 일주일을 함께 등원한다.

 3) 학원 다니면서 생길 수 있는 문제에 대해 매주 수요일 오후 5~6시에 상담을 실시한다.

3. 클라이언트 김진석은 다음과 같은 책임을 이행하기로 동의한다.

 1) 사회복지사와의 상담에 무단으로 결석하지 않는다.

 2) 상담시간을 준수한다.

 3) 상황에 따라 부모님의 도움이 필요한 경우 사회복지사가 부모님께 클라이언트의 이야기를 전달하는 것을 동의한다.

 4) 검정고시학원에 지각이나 결석, 조퇴 없이 다닌다.

4. 기관을 대신하여 사회복지사 김영경은 다음과 같은 책임을 이행하기로 동의한다.

 1) 클라이언트와의 면담과 학원등원에 시간을 준수한다.

 2) 클라이언트의 학원적응과정에서의 어려움에 공감하고 지지·격려한다.

이 합의서는 2016년 2월 28일부터 2017년 2월 27일까지의 기간 동안 유효하다.

2016년 2월 28일

클라이언트: 김진석   서명

사회복지사: 김영경   서명

실천연습

① 사례 1

1년 전 부인이 위암으로 죽은 43세 강석 씨는 10세인 아들과 생활하고 있다. 강석 씨가 운영하던 가게는 부인이 죽고 한 달 뒤에 화재로 모두 전소된 상황이고 강석 씨는 자포자기 상태로 집에서 술만 먹고 있다. 부모님과 형제들의 도움으로 생활하고 있으며 정리정돈을 못하고 제때 쓰레기를 버리지 않아 집은 쓰레기 더미로 덮여 있다. 강석 씨의 아들은 학교에서 제공하는 점심으로 유일하게 제대로 된 밥을 먹고 있으며 아침을 굶고 저녁은 강석 씨와 라면으로 대충 해결하고 있다. 강석 씨의 아들은 학습이 제대로 이루어지지 않아 쓰기, 읽기와 셈하기 등을 제대로 하지 못한다.

• 개입계획 세우기에 제시된 강석 씨 사례를 인용하여 개입 계약서를 완성해 보시오.

서비스 개입 계약서

우리는 다음의 사항에 합의한다.

1. 서비스의 목적 혹은 목표
 1) 강석 씨는 정상적인 일상생활을 통해 아들의 양육을 잘할 수 있다.

2. 서비스 계획
 1)
 2)
 3)

3. 클라이언트 (   )은 다음과 같은 책임을 이행하기로 동의한다.
 1)
 2)
 3)
 4)

(계속)

4. 기관을 대신하여 사회복지사 (   )은 다음과 같은 책임을 이행하기로 동의한다.

  1)

  2)

이 합의서는   년   월   일 부터   년   월   일까지의 기간 동안 유효하다.

년   월   일

클라이언트: (   )   서명

사회복지사: (   )   서명

② 사례 2

　20년간 다니던 직장에서 권고사직을 당한 45세 김미현 씨는 직장에 대한 배신감이 크다. 권고사직 한 달 후 어머니마저 돌아가셔서 미현 씨는 6개월째 구직활동을 하고 있으나 마음이 허할 때 마다 폭식을 해 6개월 동안 20kg의 체중이 증가했고 변해 버린 외모 때문에 구직활동에 대한 자신감이 낮아져 있다. 그동안 단순사무직으로 근무를 해서 재취업을 하자니 나이와 취업분야가 한정되어 있어 여성인력개발원에서 제공하는 여성재취업을 위한 기술교육을 생각하고 있으나 어머니의 죽음에 대한 후유증과 직장의 일방적 권고사직의 상처, 급속하게 변해 버린 외모 등이 원인이 되어 생각만 할 뿐 자신감이 사라져 망설이고만 있다.

• 개입계획 세우기에 제시된 김미현 씨 사례를 인용하여 개입 계약서를 완성해 보시오.

서비스 개입 계약서

우리는 다음의 사항에 합의한다.

1. 서비스의 목적 혹은 목표
  1) 정서적 안정과 체중감량을 통한 재취업에 성공한다.

(계속)

2. 서비스 계획

 1)

 2)

 3)

3. 클라이언트 (   )은 다음과 같은 책임을 이행하기로 동의한다.

 1)

 2)

 3)

 4)

4. 기관을 대신하여 사회복지사 (   )은 다음과 같은 책임을 이행하기로 동의한다.

 1)

 2)

이 합의서는   년 월 일 부터   년 월 일까지의 기간 동안 유효하다.

                                       년   월   일

                          클라이언트: (   )   서명

                          사회복지사: (   )   서명

5. 개입하기

1) 개인대상 실천: 개입하기

개입단계는 클라이언트가 가진 문제를 해결하기 위해 사회복지사의 전문적인 지식과 경험을 활용하여 클라이언트와 협력하는 기간이다. 클라이언트가 자신의 문제를 해결해 가는 과정에서 불안해 하거나 문제를 회피하는 등 심리정서적인 어려움을 겪는 경우도 있으며 문제해결과정에서 다른 사회체계와의 관계 속에서 어려움을 겪는 경우도 있다.

(1) 직면하기

직면하기(confrontation)는 클라이언트 자신이 건설적이고 목표지향적인 행동변화를 위한 노력을 하는 데서 벗어나거나 도피하는 경향이 있을 때 사용하는 실천기술이다. 클라이언트와 사회복지사의 전문적 관계에서 설정한 목표를 달성하기 위해 클라이언트가 상반된 행동을 한다든지 사회복지사가 객관적이고 현실적으로 봤을 때 클라이언트의 행동이 클라이언트가 원하는 것과는 다른 모습을 보일 때 사용할 수 있다. 직면하기는 매우 위험부담이 많은 기법이다. 클라이언트와 관계형성이 되어 있고, 클라이언트 자신의 행동에 대한 통찰능력이 있을 때 사용하는 것이 필요하다. 또한 클라이언트나 타인에게 긴박하게 위험을 초래할 경우 사용하는 것이 좋다. 가능한 따뜻하고 격정스러운 마음을 표현하면서 사용할 필요가 있다.

┃보기┃

사회복지사는 남편의 무관심에 대한 불만을 가지고 있는 여성을 상담하고 있다.

클라이언트: 남편이 그렇게 늘 가 버리고 없어도 나는 별로 개의치 않아요. 아이들 때문에 바쁘니까요. (침울한 표정으로 손가락으로 책상의 먼지를 쓸고 있다.)

사회복지사의 옳지 않은 반응의 예는 다음과 같다.

W'er: 아이들이 몇 살인가요?

(계속)

사회복지사의 옳은 반응의 예는 다음과 같다.

> W'er: 당신은 남편이 가 버린 것에 대해 별로 힘들지 않은 것처럼 계속 말을 하고 있어요. 그러나 당신의 표정은 그 말을 할 때 우울해 보이고 긴장되어 보입니다.

▮보기▮

사회복지사는 15세 남학생 철수를 상담하고 있다. 철수는 최근 친구들이 만들어 놓은 작품들을 특별한 이유 없이 파손시키는 행동을 해서 친구들과 갈등관계에 놓여 있다. 철수의 부모님은 관계가 좋지 않아 싸움이 잦고, 이혼에 대해 생각하고 있다. 철수는 상담과정에서 이렇게 말한다.

> 철수: 제 부모님은 이혼하려고 해요. 하지만 전 그 일에 영향을 받지 않으려고 노력하고 있어요.

사회복지사의 옳지 않은 반응의 예는 다음과 같다.

> W'er: 그래? 부모님의 이혼에 대해 너는 어떻게 생각하고 있니?

사회복지사의 옳은 반응의 예는 다음과 같다.

> W'er: 너는 부모님의 이혼에 영향 받지 않으려고 애쓰는구나. 그런데 네가 최근에 몇몇 학생의 미술작품을 파손시킨 것은 과거에 없던 행동이라 그 문제에 대해 영향을 받지 않으려고 노력하는 것이 더 걱정되는구나.

〈표 5−8〉 직면하기를 위한 형식

- 당신은 _____라고 이야기하지만(느끼지만, 생각하지만, 행동하지만) 그 반면에 또 다른 한편으로 당신은 _____라고 말합니다(느낍니다, 생각합니다, 행동합니다).
- 나는 당신이 (바라는 결과 설명) 때문에 걱정됩니다.
- 당신의 (모순되는 행동이나 행동의 부재)는(은) (가능한 부정적 결과)를(을) 만들어 낼 수 있기 때문입니다.

실천연습

① 사례 1

동건이는 중학교 2학년으로 외동아들이다. 부모님의 사랑을 많이 받고 여전히 엄마는 친구가 되어 준다. 최근 학교에서 친구들과 다툼이 있었다. 지난번 학교사회복지사와 상담하는 과정에서 친구들이 없어도 엄마가 친구가 되어 주니까 관심 없고 상관없다고 이야기해 왔다. 세 번째 상담을 진행하는 중이다.

> 동건: 집에 가서 있으면 학교 아이들 생각이 나요. 그러면 그 아이들을 생각하는 것만으로도 짜증나고 화가 치밀어요. 그래도 엄마가 있어서 괜찮아요.

• 당신이 사회복지사라면 클라이언트의 말에 어떻게 반응하면 좋을지 적어 보시오.

W'er: _____

_____

_____

_____

_____

✎ TIP 클라이언트가 괜찮다고 하지만 친구들 생각이 계속 나는 것에 대해 자신의 감정을 들여다볼 수 있도록 안내함

② 사례 2

동영이는 가출하여 문제 청소년들과 어울려 절도와 상해죄로 여러 번의 보호관찰 처분을 받은 적이 있고, 현재는 소년원에 갔다 와서 보호관찰 기간 중에 있다. 다시는 소년원에 가고 싶지 않다고 하여 상담을 진행 중이다. 그런데 최근 예전에 만났던 문제 청소년들과 다시 어울리기 시작했고, 상담시간에도 늦게 오고, 상담시간 동안 눈치를 살피고 있다.

동영: 제가 좀 늦었네요. 친구들과 바빴어요.

W'er: 그래. 어떤 친구들을 만났는데 바빴니?

동영: 예전에 소년원에 있던 친구들이 나와서 잠깐 만났어요. 얼굴 보자고 해서.

• 당신이 사회복지사라면 클라이언트의 말에 어떻게 반응하면 좋을지 적어 보시오.

W'er: ---

✐ TIP 부드럽고 걱정되는 목소리로 소년원에 가고 싶지 않다고 하면서 문제 청소년과 어울리는 행동이 동영이가 원하는 것을 지지해 줄 수 있는지에 대해 상기시킴

(2) 빈의자 기법

빈의자(empty chair) 기법은 대인관계 안에서 억압된 생각과 감정을 빈의자에 대상이 있다고 생각하면서 자신의 감정이나 생각을 표출할 수 있도록 돕는 것이다. 클라이언트가 다른 각도에서 갈등을 보도록 하며, 자신이 특정한 방식으로 행동하고 느끼는 이유를 통찰하도록 돕는다. 행동시연과 역할전환 기법을 효과적으로 조합하여 사용할 수 있다.

빈의자 기법을 활용하는 방법은, 첫째, 빈의자를 클라이언트 반대쪽에 놓는다. 의자는 클라이언트가 갈등상태에 있는 사람 또는 상황이 되어 그 의자를 상대로 클라이언트가 하고 싶은 말을 충분히 하도록 한다. 둘째, 의자에 앉아서 사람이나 상황의 역할이 되어(역할교대), 방금 언급된 말에 반응하도록 요청받는다. 셋째, 클라이언트는 이러한 대화를 여러 차례 반복할 수 있다. 넷째, 클라이언트가 상대방의 입장이나 반대의 상황에 대해 인식하도록 지도한다.

┃보기┃

45세 여성인 지우는 아들 둘(초등학교 5학년, 중학교 1학년)이 있다. 가사일 특히 청소하는 일에 하루 시간의 대부분을 사용한다. 지우는 어렸을 때부터 친정엄마가 청소를 깨끗이 하는 것은 매우 중요하고, 그렇게 해야 엄마 역할을 다 하는 것이라고 했다. 지우의 어머니는 가사일과 청소일의 중요성을 지나치게 강요하면서 신앙심만큼 중요하다고 이야기했다고 한다. 또한 좋은 아내의 조건도 가사와 청소를 잘하는 것이 제일이고, 지우에게도 이것이 가장 중요하다고 강요해 왔다. 지우는 어머니가 그렇게 산 것처럼 좋은 아내, 좋은 어머니가 되어야 한다고 생각하지만 아들 2명과 살면서 일상이 힘들고 버겁게 느껴져 어떻게 하는 것이 좋을지 참 힘들다고 호소한다.
빈의자 기법을 활용하여 지우 씨의 엄마에 대한 생각과 청소에 대한 자신의 생각을 들여다볼 수 있는 기회를 제공할 수 있다.

1. 지우에게 빈의자에 앉도록 한다.
2. 어머니의 역할을 가정하여 가사일과 청소의 중요성에 대해 이야기하도록 한다.
3. 어머니의 역할에서 지우는 청결함이 신앙심에 버금가는 것이며 큰아이는 어린아이를 돌봐 주어야 하고, 좋은 아내는 가사일에 헌신적이라고 설명한다.
4. 사회복지사는 지우에게 의자에서 내려와 마주보며 지우 자신이 되게 하여 그녀의 어머니가 말한 것에 반응하게 한다.
5. 처음에는 그래도 어머니의 말에 수긍하는 말을 하도록 하면서 자신의 감정을 생각하게 한다.
6. 다음에는 어머니의 말에 반대로 자신의 감정과 생각을 표현하도록 한다. "엄마, 나는 그렇게 하기 싫어요. 매일 매일 하는 것이 피곤해요."
7. 어머니의 말에 순종하는 어린아이가 아니라 자신이 성인이며, 자신의 행동에 결정권을 가지고 있음을 인지할 수 있도록 지지한다.
8. 상황의 변화는 자신에게 있으며 통제권한도 자신에게 있음을 설명할 수 있다.

실천연습

① 사례 1

50세 덕진은 둘째 아들로 최근 어머님이 치매로 진단받으면서 마음이 괴롭다. 어머니는 큰 형님 내외가 모시고 있다. 한 달 전 어머니가 욕실에서 넘어져 고관절 골절로 응급처치 후 요양병원에 입원하게 되었다. 덕진은 오늘 병원에 와서 어머니를 보니 부양해 왔던 형님 특히 형수님에 대해서 화가 치밀어 오른다. 덕진은 지난 면회에서 사회복지사와 알게 되었고, 전화로 상태를 묻기도 하였다. 덕진은 어머니의 면회 후에 사회복지사를 찾아와 형수에 대한 원망과 비난을 하였다. 사회복지사는 덕진의 이야기가 끝난 후에 덕진의 마음속에 있는 분노와 큰 형수에 대한 내면 속의 생각을 표출하는 것이 필요하다고 생각하게 되었다. 덕진에게 빈의자 기법을 이용해서 큰 형수에 대한 생각을 어떻게 표출하고 입장 바꾸기와 같은 역할 전환을 어떻게 할지 보기와 같은 순번대로 정리해 보고 빈의자 기법 후 역할극을 직접 실행해 보시오.

1. _____
2. _____
3. _____
4. _____
5. _____
6. _____
7. _____
8. _____

● 정리 후 역할극을 직접 실행해 보시오.

② 사례 2

24세 남성인 재석은 지난 2월 대학을 졸업했고, 현재 무직상태다. 부모님과 함께 거주하면서 자신이 하고 싶은 것만 하겠다고 우겨 어머니와 갈등이 심해지고 있다. 어머니는 이제 성인이니 성인으로서 역할을 해야 한다고 한다. 재석은 최근 얼굴 성형수술을 한다면서 어머니에게 막무가내로 50만 원을 달라고 요구한다. 어머니는 이제 줄 수 없으니 혼자서 해결하라고 한다. 친척들이 대부분 서울대 출신인 집안 환경에서 재석 역시 어려서부터 매우 총명하고 공부뿐만 아니라 예·체능, 글쓰기까지 다양한 영역에서 우수한 성과를 거두었다. 재석의 부모는 재석에게 공부를 열심히 해서 서울대에 가야 한다고 늘 말해 왔고, 이를 위해 재석에게 필요한 것은 무엇이든 다 들어주고, 해결해 주고, 공부만 하도록 분위기와 환경을 만들어 왔다. 재석은 자신이 하고 싶지 않아도 부모들이 기뻐하고 좋아하는 모습을 생각하면서 부모들이 하라는 대로 해 왔다. 그런데 서울대를 가지 못하고 수도권 대학을 가면서 부모의 기대에서 벗어난 재석은 부모님을 보기 힘들고, 죄송하기도 하면서 자신이 이렇게 된 것은 부모님이 시킨 대로 한 결과라고 생각한다. 하지만 재석은 부모님에게 이러한 마음을 제대로 보여 줘 본 적이 없고, 표현하는 것이 힘들다고 한다. 재석에게 빈의자 기법을 이용해서 부모님에 대한 자신의 진짜 마음은 어떠한 것이며, 이러한 마음을 어떻게 표출하고 입장 바꾸기와 같은 역할 전환을 어떻게 할지 보기와 같은 순번대로 정리해 보자. 빈의자 기법 후 역할극을 직접 실행해 보시오.

1. _____
2. _____
3. _____

(계속)

4. _____
   _____
5. _____
   _____
6. _____
   _____
7. _____
   _____
8. _____
   _____

● 정리 후 역할극을 직접 실행해 보시오.

(3) 조언하기

조언하기는 클라이언트에게 도움이 되는 말이나 클라이언트가 해야 할 것을 추천하거나 제안하는 것을 의미한다. 조언하기에서 유의할 사항은 조언하기 전에 조언을 받았을 때 감정을 고려해야 한다. 조언을 하는 것은 어떤 문제에 대해 의뢰하거나 중개, 옹호하는 것을 목적으로 할 때 사용하는 것이 적절하다. 사회복지사는 자신의 전문적 영역 이외의 주제에 대해서 조언하지 않아야 한다. 또한 클라이언트가 조언을 원하는지 탐색해야 한다. 클라이언트에게 중요한 결정에 대해 사회복지사 의견을 제시하는 것은 적절하지 않다. 조언 후 부정적인 결과에 대해서 사회복지사에게 책임을 전가하는 경우가 있으므로 사회복지사에게 책임을 지우려는 경향이 있는 클라이언트에게는 사용하지 않는 것이 좋다.

┃보기┃

19세 여성인 수현 씨는 동성애자다. 지속적인 상담을 통해 자신이 동성애자임을 확실히 알게 되었다고 하면서 "우리 부모님은 매우 보수적인데 부모님에게 알려야 할까요?"라고 사회복지사에게 질문한다.

수현 씨의 질문에 사회복지사의 옳지 않은 예는 다음과 같다.

　　W'er: 가족관계를 위해서 당연히 알려야지요.

옳은 예는 다음과 같다.

　　W'er: 부모님께 알리는 것도 생각해 볼 문제이지요. 그러나 나는 수현 씨가 고려했으면 하는 것이 있습니다. 나는 수현 씨가 부모님에게 알리고 난 후 상황들을 고려볼 것을 제안합니다. 부모님께 알리고 난 후 부모님의 반응에 대해서 수현 씨가 미리 생각해 봤으면 좋겠다고 생각됩니다.

〈표 5-9〉 조언하기의 형식

당신이 고려해 봤으면 사항이 있습니다.
_____을 해 보는 것을 제안합니다.

실천연습

① 사례 1

15세인 중학교 3학년인 준하는 요즘 고민이 많다. 준하는 빵을 좋아하고, 빵 만들 때 행복하다. 지금까지 준하의 꿈은 빵을 만들어 사람들을 행복하게 해 주는 것이었다. 준하는 제빵을 전문으로 배울 수 있는 전문학교로 진학하고, 검정고시를 치를 생각을 하고 있다. 중학교 3학년이 된 후로 학교에서 진학에 관한 상담을 진행하였는데 부모님의 의견은 빵을 만드는 것은 좋으나 일반 고등학교를 가서 다른 학생들처럼 평범하게 고교생활을 지냈으면 한다. 만약 그 이후에도 빵을 만드는 것이 좋으면 그때 해도 늦지 않을 것이라고 한다. 하지만 준하는 일반 고등학교에 가는 것은 시간 낭비인 것처럼 느껴지나 한편으로는 부모님의 말씀도 맞는 것 같다. 이러한 문제로 고민을 하고 있는 과정에서 사회복지사에게 어떻게 하면 좋을지 묻고 있다.

> 준하: 부모님의 의견도 맞다는 생각이 들어요. 근데 저는 빵을 만드는 일을 하고 싶은데 대학을 가야 하는지 고민이 되요. 어떻게 하면 좋을까요?

• 당신이 사회복지사라면 클라이언트의 말에 어떻게 반응하면 좋을지 적어 보시오.

W'er: ---

> **TIP** 진로선택의 어려움에 대해 인정하면서 자신의 의견과 부모님의 의견 어느 쪽을 선택했을 때 나타날 수 있는 긍정적인 점과 부정적인 것에 대해 탐색해 볼 수 있도록 제안함

② 사례 2

16세 여자인 태희는 청소년 쉼터에서 생활하고 있다. 사회복지사는 입소 후 매주 태희와 상담을 진행 중이다. 태희는 요즘 새로운 남자친구와 사귀는 중이다. 남자친구는 자기를 정말 사랑하고 다정다감하며 멋지다고 이야기한다. 가끔 임신이 될까 걱정은 되지만 남자친구가 콘돔 사용하는 것을 싫어해서 더 이상 말하지 못하고 있다.

> 태희: 지금까지 괜찮았으니 별일 없을 거예요. 하지만 불안한 마음은 조금 있는데 남자친구가 기분 나쁘지 않게 말하려면 어떻게 하면 될까요?

• 당신이 사회복지사라면 클라이언트의 말에 어떻게 반응하면 좋을지 적어 보시오.

W'er: ---

 **TIP** 태희가 느낄 수 있는 불안감과 걱정에 대해 공감하면서 임신에 대한 걱정을 솔직하게 말해 보도록 조언함

(4) 격려하기

격려는 사회복지사가 클라이언트에게 할 수 있는 것에 대한 믿음을 심어 주는 것이다. 개인들이 삶에 대처하는 긍정적인 태도를 증진시켜 행동과 도전을 할 수 있도록 돕는 행위다. 여러 가지 문제 상황에 대처하는 긍정적인 태도를 높여 문제를 해결하고 건강한 생활을 이루도록 돕는 요소라고 할 수 있다. 클라이언트의 긍정적인 점을 인정하고 지지하는 기술이다. 이 기술을 사용할 때 사회복지사는 클라이언트에 대해 진실해야 하고, 클라이언트가 잘할 수 있을 것이라고 생각하는 것에 대한 이유를 구체적으로 말해야 하며, 목표를 명확히 할 수 있도록 격려하는 것이 필요하다.

> ‖보기‖
>
> 인성은 고등학교 2학년이다. 인터넷 게임을 좋아해 밤새 게임하다 아침에 잠들어 학교에 자주 지각, 결석을 하고 있어 어머니와 갈등이 많은 상황이다. 학교에 가서도 주로 잠을 자느라 친구들과의 교제도 거의 없다. 이러한 문제로 어머니가 의뢰하여 상담이 시작되었다. 인성은 상담이 진행되면서 인터넷 게임이 자신에게 어떠한 영향을 미치는지 인식하고, 게임시간을 줄이고, 학교생활과 친구관계 향상을 위해 동아리활동을 하고 있다. 인성은 게임시간을 줄이고 자신이 해야 할 일들을 성실히 수행하기 위해 노력하고 있는데 오늘 상담과정에서 게임을 하지 않는 시간에 동아리활동 하는 게 어색하고, 다른 친구들과 어울리기도 어렵고, 나는 의지가 없는 것 같다고 호소한다.
>
> 인성에 대한 사회복지사의 옳지 않은 반응의 예는 다음과 같다.
>
> W'er: 아니야, 넌 할 수 있어. 하면 돼!
>
> 인성에 대한 사회복지사의 옳은 반응의 예는 다음과 같다.

(계속)

W'er: 그렇구나. 게임을 하지 않는 시간에 동아리활동을 하는 게 힘들구나. 게임하는 것 이외에 다른 일을 해 본 적이 없는데 게임시간을 줄이고 정해진 시간에만 하려고 하는 것은 무척 어려운 일이었을 거야. 그럼에도 불구하고 넌 충분히 잘해 왔고 또 잘하려는 의지가 있으니 이렇게 도움을 요청하는 거겠지?

〈표 5-10〉 격려하기의 형식

당신의 _____ 점을 고려해 볼 때,
당신은 충분히 _____을 할 수 있을 거라 생각합니다.

실천연습

① 사례 1

14세 동근이는 ADHD가 의심되어 가족상담센터에서 지속적인 상담과 치료를 7회째 진행하고 있다. 동근이 어머니는 센터와 집이 멀지만 아이의 치료에 매우 긍정적으로 임해 왔고, "선생님! 오늘 동근이가 책상에 10분 앉아서 내 말을 잘 듣고 따라 해 줬어요. 이전에는 5분도 앉아 있지 못했는데…… 고맙습니다" 등 치료경과에 대해서도 변화가 있을 때마다 사회복지사와 소통하면서 함께하려고 노력하고 있다. 최근 동근이 어머니는 아버지와의 관계가 좋지 않고, 동근이 아버지는 동근이의 치료와 상담에 도움이 되지 않는 사람이라고 말한다. 그래서 매번 혼자서 동근이를 데리고 치료하러 다니고 있는데 이제 너무 힘들고 지친 상태라고 호소하고 있다.

동근이 어머니: 동근이 치료가 언제쯤 끝날까요? 혼자서 하려니 너무 힘들고 지치네요.

• 당신이 사회복지사라면 클라이언트의 말에 어떻게 반응하면 좋을까요?

W'er: --

TIP 혼자서 아이의 치료를 위해 먼 길을 오고가는 것과 남편이 협력하지 않는 것으로 지치고 힘들지만, 동근이의 변화를 위해 지금까지 함께 해 왔던 어머님의 활동 등에 대해서 지지 · 격려하고, 어머니의 치료동반에 대한 다른 대안을 모색함

② 사례 2

16세 여자 청소년인 태희는 청소년 쉼터에서 생활하고 있다. 태희는 알코올중독 아버지로부터 엄마가 계속 가정폭력을 당하면서도 참는 것이 보기 싫어서 가출하였다. 가출 후 다른 가출청소년들과 어울려 노숙생활도 했지만 청소년 쉼터를 알고 난 후 쉼터에 입소하여 새롭게 자신의 인생을 살아 보겠다는 의지를 강하게 표현하였다. 사회복지사와 지속적인 상담과 대학생 멘토 프로그램에 참여하면서 노숙 친구들이 찾아와도 친구들에게 쉼터로 오라고 하는 등 적극적으로 참여하여 변화하고 있다. 현재 고입검정고시를 준비하고 있고, 직업훈련으로 미용학원도 다니고 있다. 최근 가족과 연락이 되면서 심리적으로 불안해지고 고시 준비반과 미용학원도 결석하는 일이 잦아졌다. 태희가 가출한 후에도 아버지의 어머니에 대한 폭력이 계속되고 있었고, 아버지는 태희의 가출에 대해서도 무관심한 상태다. 어머니는 태희를 걱정하고 있으나 무기력한 상황이다.

태희: 내가 뭘 할 수 있겠어요. 가족들도 나를 신경쓰지 않는데 그냥 여기서 이렇게 사는 게 나아요.

• 당신이 사회복지사라면 클라이언트의 말에 어떻게 반응하면 좋을지 적어 보시오.

W'er: ---

> **TIP** 가족의 지지가 없는 상황에서 지금까지 힘들 때마다 좌절하지 않고 끊임없이 도전해 왔던 모습에 대해 격려함

(5) 재명명하기

재명명하기는 클라이언트가 어떤 사건이나 행동 혹은 자신의 경험에 대해 부여하는 의미를 수정하도록 돕는 것이다. 즉, 특정사건에 대해 한쪽으로 치우친 해석만 하는 것에 대해 또 다른 측면의 의미부여와 해석을 하도록 돕는 것을 말한다. 클라이언트와 사회복지사들은 대부분 어떤 상황에 대해 부정적으로 보는 경향이 있다. 특히 클라이언트의 행동을 치료하는 과정에서 새로운 문제에 직면하게 되는데, 이를 문제로만 보는 것보다 도전하고 성장하기 위한 기회로 삼을 수 있도록 돕는 것이 필요하다. 클라이언트가 자신의 문제를 볼 때 긍정적인 요소를 찾도록 지원하는 것이다.

┃보기┃

65세인 덕팔 어르신은 기초생활보장수급권자로 아내와 같이 살고 있다. 최근 소화도 안되고 힘도 없으며 속도 아프곤 한다. 노인복지관 사례관리자가 의료서비스 연계를 통해 진찰을 받자고 하지만 거부하고 있다. 자신이 죽으면 혼자 남아서 살아야 할 아내가 많이 걱정되지만 돈도 많이 들고 병원 가 봐야 달라질 게 없다거나, 그냥 살다 가겠다고 하면서 치료를 거부하고 있다.

재명명하기의 옳지 않은 예는 다음과 같다.

　W'er: 어르신! 아직 젊으신데 걱정하지 마셔요.

옳은 예는 다음과 같다.

　W'er: 걱정이 많이 되시지요? 그런데 병원에 가시는 것을 아내의 걱정을 덜어 주고, 건강한 나를 다시 찾고, 지키기 위한 것이라고 생각하시면 어떨까요? 의료비는 도움받을 수 있는 방법을 함께 찾아보시지요.

☞ 덕팔 어르신은 '병원에 가는 것은 돈도 들고, 달라질 것이 없다'는 생각이다. 어르신이 생각하시는 병원에 가는 것을 아내의 입장에서 병원에 가는 것으로 '아내의 걱정을 덜고 건강한 나를 찾는 것'이라고 재명명해 주는 것이 필요하다.

① 사례 1

65세 이경숙 씨는 45세 딸 미연 씨와 함께 살고 있다. 경숙 씨는 6년 전에 교직에서 퇴직을 했고, 3년 전 남편과는 사별한 상태다. 노인복지관에서 제공되는 노인교육프로 그램에 적극적으로 참여하고, 노인복지관 친구들과 자원봉사활동도 하면서 자신의 삶 에 대해 만족스럽다고 평가하고 있다. 미연 씨는 전문직 여성으로 미혼이며, 독립해서 살다가 아버지가 사망한 후 어머니와 살게 되었다. 최근 경숙 씨와 미연 씨는 어머니 경숙 씨가 차를 운전하는 것 때문에 갈등이 심해지고 있는데 이는 1년 전 차 사고 이후 차를 운전하는 것에 대한 불안감이 높아졌기 때문이다. 딸 미연 씨는 어머니가 나이가 드셨고, 복지관도 그리 멀지 않으니 버스를 타고 다녔으면 좋겠다고 생각한다. 또한 노 인이 되면 운전하는 것은 엄마나 다른 사람에게 위험요소가 될 수 있다고 믿는다. 1년 전처럼 사고가 나면 어머니가 많이 다칠까 봐 걱정되고 불안하다. 그러나 어머니는 자 신이 노인이라는 것을 받아들이지 않고 있다. 그러면서 "내가 운전하는 것은 나만의 자 유를 느끼는 시간이고, 자신의 건강상태를 봐서도 충분히 운전을 할 수 있다"고 생각한 다. 딸의 걱정이 너무 지나쳐 간섭으로 느끼면서 마음이 좋지 않다.

> 경숙: 우리 딸은 내가 운전하는 것에 대해 너무 걱정이 많아. 너무 지나치게 간
> 섭하고, 못하게 한다니까.

• 당신이 사회복지사라면 클라이언트의 말에 어떻게 반응하면 좋을지 적어 보시오.

W'er: --

📝 TIP   딸의 지나친 걱정과 간섭이라는 것으로부터 차 사고가 날 것에 대한 불안과 근심이라는 마음
으로 재명명함

② 사례 2

  35세인 석희 씨는 5년 전 교통사고로 지체장애인이 되어 휠체어를 타고 생활하고 있다. 교통사고 전에는 건설현장에서 일하면서 성과가 좋아 회사의 인정도 받았었다. 그러나 갑작스러운 사고로 지체장애인이 되면서 활발하게 활동했던 모든 일을 접게 되자 심리적 충격이 컸고, 한동안 우울하게 지냈지만 가족의 지지로 매번 다시 도전하는 과정을 경험하였다. 현재 장애인 지원고용을 통해 A회사에서 1년째 근무 중인데 업무수행능력이 뛰어나 최근 다음 단계의 새로운 업무로 배치되었다. 새로운 업무에 적응하느라 스트레스가 높다. 사례관리자가 지도 방문하였을 때 요새 매우 힘들다면서 왜 자기한테 새로운 일을 시켜서 힘들게 하는지 정말 화가 난다고 한다.

  석희: 가면 갈수록 태산이에요. 직업재활을 위해 노력했지만 회사에서 새로운
  곳에 배치해서 적응하기 힘들어요. 회사에서는 왜 이렇게 하는지 모르겠어요.
  내가 장애인이어서 일부러 힘든 일에 배정해 놓은 것이 아닌가 하는 생각도 들
  어요.

• 당신이 사회복지사라면 클라이언트의 말에 어떻게 반응하면 좋을지 적어 보시오.

  W'er: ---

  ✎ TIP 장애인이기 때문에 힘들게 새로운 업무에 배치하는 것이 아니라 어려운 새 업무에 배치될 만
  큼 클라이언트의 능력이 향상되었음을 인정하는 것으로 재명명함

(6) 인지재구조화

  클라이언트의 비합리적 사고와 신념은 어떤 상황에 대한 왜곡된 해석을 하게 하고 동시에 부적절한 정서를 수반하게 된다. 따라서 클라이언트 스스로의 비합리적 사고를 점검함으로써 특정상황에 대한 합리적 사고를 가질 수 있는 인지재구조화 방법을 사용

하게 된다. 합리적 사고의 경험은 클라이언트의 상황 대처에서 적절한 정서와 행동적 결과를 이끌어 낸다. 인지재구조화기법은 정서적 어려움으로 인해 나타나는 잘못된 인지를 인식하고 대처하는 것으로, 자기표현을 분석하여 비합리적 사고에서 합리적 사고로 변화해 가도록 돕는 것이다. 클라이언트의 역기능적 사고와 신념을 인식하고 이를 현실적인 사고와 신념으로 대치하고 순기능적일 수 있도록 돕는 것이다.

클라이언트의 비합리적 사고를 점검하는 방법으로 역기능적 사고기록지 활용하기, 자기대화기법 활용하기, 대처카드 만들기 등이 있다. 역기능적 사고 기록은 특정상황에 대한 자동적 사고와 그에 따른 정서와 감정, 결과 등을 점검함으로써 자신의 비합리적 사고를 인식하도록 돕는 것이다. 상황에 대한 극단적 용어 사용과 해석으로 인한 역기능적 자기대화를 유연하고 현실적인 용어로 대치할 수 있도록 지원하여 융통성 있는 사고를 할 수 있도록 한다. 대안카드 만들기는 비합리적 사고나 신념의 어떤 상황과 만났을 때 비합리적 신념에 도전할 수 있도록 대안적 상황, 예외적 상황에 대해 정리한 것이다. 대안적 상황을 수시로 확인하여 인지할 수 있도록 소지하여 다양한 상황에서 적용한다.

∥보기∥

상철이는 17세 고등학생으로 부모님과 거주하고 있다. 상철이는 집에 들어가면 어머니가 쳐다보지도 않고 늘 전화통화만 하고 있어서 자신을 싫어한다고 생각하고 있다. 친구 어머니들은 반겨 주고 여러 가지로 신경 쓰는데, 자신의 어머니는 반겨 주지도 않고 전화통화만 하는 모습을 보면 슬프고 화가 난다. 이렇게 반복된 상황에서 상철이는 어머니가 자신을 싫어한다고 굳게 믿고 있다.

① 역기능적 사고기록지 활용하기

역기능적 사고기록지

이름: 상담자:

날짜/시간	8월 8일 수요일 오후 5시
상황 • 기분 나쁜 감정을 일으키게 한 일이나 생각 또는 상황은 무엇입니까? • (혹시 있다면) 어떤 기분 나쁜 신체적 감각을 느꼈습니까?	집으로 들어갔는데 어머니가 쳐다보지도 않고 전화통화만 하고 계심
감정 • 그 상황에서 발생한 자신의 감정(슬픔, 분노, 불안 등)은 무엇입니까? • 그 감정의 정도는 얼마나 심합니까?	슬프다: 60% 화가 난다: 85%
자동적 사고(들) • 어떤 생각이나 장면이 마음속을 스쳐 갔습니까? • 그것들을 각각 얼마나 믿습니까?	엄마는 틀림없이 나를 좋아하지 않아. 나에게 관심이 없어: 85%
적응적 반응(자기반응) • (선택적) 어떤 사고의 왜곡을 하였습니까? • 이 표의 아래쪽에 있는 자동적 사고에 반응할 수 있도록 고안된 질문들을 사용하십시오. • 각각의 반응들을 얼마나 믿습니까?	• 맞는 증거: 전에도 엄마가 나를 반겨 주지 않았어. 엄마는 나를 싫어해. • 반대 증거: 엄마가 나에게 싫다는 말을 직접 하신 것도 아니잖아. 요즘 엄마가 동창회 임원이 되셔서 많이 바쁘셨어. 최악의 일은 엄마가 나에 대해 무관심해지는 거야. 그러나 현실적으로 엄마는 임원 기간인 당분간만 바쁘실 거야. 다시 나와 자주 대화를 하실 거야. 계속해서 우울해 하지 말고 엄마가 바쁘지 않은 시간에 이야기를 해야지. 엄마도 일이 많아 피곤하실 거야. 어쨌든 이 일은 순간적인 나의 섭섭함일 뿐이야.

(계속)

결과	
• 이제 각각의 자동적인 사고들을 얼마나 믿고 있습니까?(1~100% 내의 점수로 평가)	• 자동적 사고: 30%
• 지금 어떤 감정(슬픔, 분노, 불안 등)을 느끼며 그 감정의 정도는 얼마나 심합니까?	• 슬프다: 15%, 화가 난다: 20%
• 이제 무엇을 하려 합니까?	• 엄마가 한가할 때 이야기를 해야겠다.

② 자기대화기법 활용하기

상철: 우리 엄마는 틀림없이 나를 좋아하지 않아요. 집에 들어가도 나를 쳐다본 적은 단 한 번도 없어요. 내가 이야기를 하려고 하면 항상 바쁘고 나에게는 전혀 관심이 없어요.

W'er: 그래. 그래서 서운하게 생각되는구나. 그런데 상철이가 하는 말을 보면, "틀림없이, 단 한 번도, 항상, 전혀"라는 단어를 사용하는데 엄마가 언제나 상철이를 좋아하지 않으실까? 단 한 번이라도 너를 반기거나 이야기를 나눈 적이 없었니? 한 번은 있었겠지?

상철: 그야 한 번은 있었겠죠.

W'er: 그렇다면 '항상, 늘, 언제나'라는 말은 아니지 않을까? 그럼 상철이가 집에 들어가서 엄마가 쳐다보지 못할 때 드는 생각을 좀 더 긍정적으로 바꿔 보면 어떨까?

상철: 그럴게요.

비합리적 자기대화	대안적 자기대화
상철: 우리 엄마는 틀림없이 나를 좋아하지 않아요. 집에 들어가도 나를 쳐다본 적은 단 한 번도 없어요. 내가 이야기를 하려고 하면 항상 바쁘고 나에게는 전혀 관심이 없어요.	상철: 우리 엄마는 내가 싫을 수도 있지만 나의 착각일 수도 있어. 집에 들어갔을 때 가끔 쳐다보지 못할 수도 있지. 내가 엄마가 바쁜데 이야기하려고 했을 거야. 바쁜 게 끝나면 나에게 관심을 주실 거야.

③ 대처카드 만들기

대처카드는 비합리적 사고로 인해 갖게 된 자동적 사고에 대해 대처하기 위해 대안적 · 적응적 반응에 대해 인지하기 위해 대처카드를 만들어서 소지하면서 상황에 적용하는 것을 연습해 보는 것이다. 앞의 사례에서 상철이 갖는 엄마에 대한 자동적 사고는 '엄마는 나를 싫어해'이며, 이에 대한 대처의 적응적 반응을 정리해 놓는다. 엄마와의 관계에서 자동적으로 비합리적 사고가 되면 카드를 활용하여 적응적 반응을 인지함으로써 상황에 적극적으로 대처할 수 있을 것이다.

• 자동적 사고(앞면) 　엄마는 나를 싫어해.	• 대처의 적응적 반응(뒷면) 그래, 엄마가 나를 싫어할 수도 있어. 그러나 사실이 아니야. 엄마가 나에게 싫다는 말을 직접 하신 것도 아니잖아. 요즘 엄마가 동창회 임원이 되서서 많이 바쁘셨어. 최악의 일은 엄마가 나에 대해 무관심해지는 거야. 그러나 현실적으로 엄마는 임원 기간인 당분간만 바쁘실 거야. 다시 나와 자주 대화를 하실 거야. 계속해서 우울해하지 말고 엄마가 바쁘지 않은 시간에 이야기를 해야지. 엄마도 일이 많아 피곤하실 거야. 어쨌든 이 일은 순간적인 나의 섭섭함일 뿐이야.

실천연습

① 사례 1

43세 현준 씨는 지금 자동차 외형을 복원하는 일을 하고 있다. 대학을 졸업하고 전기회사에서 일을 하다가 그만두고, 자동차 외형을 복원하는 일을 직업훈련으로 배우고 사업을 했는데 경기도 안 좋고, 사업도 잘 되지 않아 고민이 많다. 부인과의 문제로 상담을 시작하였는데 상담과정에서 자신은 열심히 했는데 모든 일들이 자신이 어떻게 할 수 없을 만큼 어렵고 힘들다고 한다. 지난 주말에 아들과 딸이 놀아 달라고 해서 함께 시간을 보내는데 "아빠랑 하면 재미없어"라고 하면서 방으로 들어가 버렸다. 아내도 평소에 놀아 주지 않는데 아이들이 좋아하겠냐며 당신은 뭘 해도 도움이 안 된다고 핀잔을 주었다. 이런 일들이 계속 반복되다보니 현준 씨는 자신이 바보처럼 느껴져서 우울하다. 그래서 자신은 가족 내에서도 자녀를 돌보거나 아내를 돕는 일들은 할 수 없다고 하고, 자신은 도움이 절대 안 될거라고 생각한다. 사업체를 운영하는 것도 경기가 나빠서 자신은 최선을 다하고 있지만 결코 망하게 될 것이라고 말한다. 그러면서 지금의 상황을 "나는 결코 이 상황을 통제할 수 없어요"라고 말하고 있다.

사회복지사로서 클라이언트가 자신의 생활 속에서 어떤 상황에서 어떤 감정이 일어나며, 어떻게 행동하게 되는지를 들여다볼 수 있도록 역기능적 사고기록지를 사용하여 점검하도록 지도해 보자.

• 역기능적 사고기록지 활용하기

역기능적 사고기록지

이름: 상담자:

날짜/시간	
상황 • 기분 나쁜 감정을 일으키게 한 일이나 생각 또는 상황은 무엇입니까? • (혹시 있다면) 어떤 기분 나쁜 신체적 감각을 느꼈습니까?	아이들과 잘 놀아 주고 싶은데 재미없어하고, 아내는 도움이 안 된다고 핀잔을 줌
감정 • 그 상황에서 발생한 자신의 감정(슬픔, 분노, 불안 등)은 무엇입니까? • 그 감정의 정도는 얼마나 심합니까?	
자동적 사고(들) • 어떤 생각이나 장면이 마음속을 스쳐 갔습니까? • 그것들을 각각 얼마나 믿습니까?	
적응적 반응(자기반응) • (선택적) 어떤 사고의 왜곡을 하였습니까? • 이 표의 아래쪽에 있는 자동적 사고에 반응할 수 있도록 고안된 질문들을 사용하십시오. • 각각의 반응들을 얼마나 믿습니까?	

(계속)

결과	
• 이제 각각의 자동적인 사고들을 얼마나 믿고 있습니까?(1~100% 내의 점수로 평가) • 지금 어떤 감정(슬픔, 분노, 불안 등)을 느끼며 그 감정의 정도는 얼마나 심합니까? • 이제 무엇을 하려 합니까?	

• 자기대화기법 활용하기

> 현준: 우리 가족에게 나는 절대 도움이 안 돼요. 지금 하는 사업도 경기가 나빠서 나는 최선을 다하고 있지만 결국 망하게 될 거예요. 나는 결코 이 상황을 통제할 수 없어요.
> W'er: 가족에게 도움이 되지 않는다는 마음과 사업이 망할까 봐 불안하시군요.
> 현준: 네, 자꾸 생각하면 할수록 어렵고 포기하고 싶어져요.

• 앞의 사례에서 현준 씨의 자기대화를 긍정적인 자기대화로 바꾸는 연습을 해 보시오.

비합리적 자기대화	대안적 자기대화
현준: 나는 틀림없이 망할 거예요. 아이들에게도 좋은 아빠, 아내에게도 좋은 남편은 절대 될 수 없을 거예요. 결국 사업도 다 망하게 될 거예요.	현준:

TIP '절대로, 결코, 결국' 등의 단언적 표현에서 대안적 가능성을 제시하면서 작성해 보도록 함

• 대처카드 만들기

• 자동적 사고(앞면) 나는 무얼 해도 절대 안 될 거야.	• 대처의 적응적 반응(뒷면)

② 사례 2

　23세인 민정 씨는 보육교사 일을 하고 있다. 현재 45kg, 165cm 키에 사람들에게 호감을 주는 외모로 또래 여성처럼 화장품과 몸매에 관심이 많다. 민정 씨는 최근 다이어트를 심하게 하여 출근길에 쓰러진 적이 있다. 자신은 뚱뚱하다면서 예쁜 옷을 입기 위해 다이어트를 계속해야 한다고 이야기한다. 쓰러지거나 다른 동료 보육교사들이 얼굴이 핼쑥하다고 하면 기분이 좋아지지만 금새 다이어트 해야 하는데 잘 안 된다며 우울해 하기도 한다. 건강 상태가 나빠지고 있어 어머니에 의해 정신보건사회복지사에게 의뢰된 상태다. 오늘 아침에도 출근하는데 원장님이 "얼굴 좋아 보인다"라는 말에 자기 자신에게 화가 나고, 뚱뚱한 자기가 혐오스러워서 점심 먹은 것도 토해 냈다. 사회복지사로서 클라이언트가 자신의 생활 속에서 어떤 상황에서 어떤 감정이 일어나며 어떻게 행동하게 되는지를 들여다볼 수 있도록 역기능적 사고기록지를 사용하여 점검하도록 지도해 보자. 다음의 양식에 당신이 민정 씨라고 가정했을 때 경험할 수 있는 상황을 설정하고 역기능적 사고기록지와 자기대화기법, 대처카드를 작성해 보자.

• 역기능적 사고기록지 활용하기

역기능적 사고기록지

이름: 상담자:

날짜/시간	
상황 • 기분 나쁜 감정을 일으키게 한 일이나 생각 또는 상황은 무엇입니까? • (혹시 있다면) 어떤 기분 나쁜 신체적 감각을 느꼈습니까?	
감정 • 그 상황에서 발생한 자신의 감정(슬픔, 분노, 불안 등)은 무엇입니까? • 그 감정의 정도는 얼마나 심합니까?	
자동적 사고(들) • 어떤 생각이나 장면이 마음속을 스쳐 갔습니까? • 그것들을 각각 얼마나 믿습니까?	
적응적 반응(자기반응) • (선택적) 어떤 사고의 왜곡을 하였습니까? • 이 표의 아래쪽에 있는 자동적 사고에 반응할 수 있도록 고안된 질문들을 사용하십시오. • 각각의 반응들을 얼마나 믿습니까?	
결과 • 이제 각각의 자동적인 사고들을 얼마나 믿고 있습니까?(1~100% 내의 점수로 평가) • 지금 어떤 감정(슬픔, 분노, 불안 등)을 느끼며 그 감정의 정도는 얼마나 심합니까? • 이제 무엇을 하려 합니까?	

• 자기대화기법 활용하기

　　민정: 모든 사람들이 뚱뚱한 나를 혐오스럽게 보고, 살을 못 빼면 나를 싫어할
　　거예요.

W'er: --

　🖉 TIP　모든 사람들이 민정 씨를 혐오스럽게 보고, 싫어할 거라는 생각에 대해 예외 상황은 없었는지
　　　　확인해 봄

　　민정: 네, 우리 엄마나 원장님은 그렇지는 않아요.

• 앞의 사례에서 민정의 자기대화를 긍정적인 자기대화로 바꾸는 연습을 해 보시오.

비합리적 자기대화	대안적 자기대화
민정:	민정:

　🖉 TIP　자신이 어떤 상황에서 마음에 드는 생각들의 부정적인 것들과 예외 상황 등을 고려하여 작성
　　　　하도록 제안함

• 대처카드 만들기

• 자동적 사고(앞면)
  나는 사람들에게 절대 사랑받을
  수 없을 거야.
	• 대처의 적응적 반응(뒷면)

(7) 행동시연하기

행동시연(behavioral rehearsal)은 행동주의 치료기법으로 클라이언트가 특정한 사람과의 관계에서 느끼는 어려움을 처리할 수 있는 방법을 가르쳐 주는 것이다. 이 기법을 수행함으로써 특정 대상과 의사소통하면서 갖는 불안을 감소시키고 클라이언트가 그 상황을 통제할 수 있다는 자신감을 갖도록 한다.

행동시연의 순서는, 첫째, 클라이언트가 갖는 특정 문제를 명확하게 하고 특정 문제상황에서 흔히 하는 행동을 설명한다. 둘째, 사회복지사는 클라이언트가 갖는 문제상황에 대처하는 데 효과적인 방법을 제시한다. 셋째, 클라이언트는 자신의 문제나 상황에 대해 자세하게 설명하면서 사회복지사가 대안을 제시할 수 있도록 한다. 넷째, 사회복지사는 자신이 클라이언트가 되어 문제되는 클라이언트의 상황에 대해 역할시연을 함으로써 문제상황에 적절하게 대처하는 방법을 보여 준다. 다섯째, 역할시연 이후 클라이언트에게 제시된 방법으로 문제상황에 대처했을 때 긍정적인 면과 어려운 점을 함께 논의하고, 어떻게 하면 더 잘 해결할 수 있을 것인지 토의한다. 클라이언트에게 적합한 대처방법을 습득할 수 있도록 역할연습을 반복할 수 있다. 여섯째, 역할연습을 통해 습득된 적절한 대처방법을 보다 잘 적용할 수 있도록 과제를 제시할 수 있다.

▌보기▐

동건이는 19세 학교 밖 청소년이다. 쉼터에서 생활하면서 직업훈련기관에서 요리사 자격증을 취득하고 3일 후 면접을 보러 간다고 한다. 처음 하는 면접이고 자신이 쉼터에서 왔다고 면접에서 좋지 않은 결과가 나올까 봐 걱정이지만 더 큰 것은 취업면접을 한 번도 보지 않아서 두렵다. 면접관을 쳐다보지 않고 바닥만 보며, 어깨는 구부정한 상태로 목소리도 힘이 없다. 걸음걸이, 손의 위치 등에 대해서도 전혀 연습을 해 본 적이 없다.

동건에 대한 옳지 않은 행동시연의 예는 다음과 같다.

    W'er: 누구나 다 처음엔 두려워해.

옳은 행동시연의 예는 다음과 같다.

    W'er: 그렇지, 불안하고 떨리지. 그럼 우리 같이 연습 한번 해 볼까? 내가 고용주의 역할을 할 테니 순서대로 면접장면을 함께 연습해 보자.

면접장면을 연습해 보면서 현재 동건의 면접 상황 대처양상을 파악한다. 첫째, 면접관에 대한 시선처리가 부적절하고, 자신 없는 태도, 걸음걸이 목소리 등을 탐색하여 제시한다. 둘째, 면접 시 올바른 태도와 면접에서 올바른 대처방법들에 대해서도 설명한다. 면접관의 입술 정도 수준에 시선을 두고 자신 있는 표정으로 어깨를 펴고, 크고 정확한 목소리로 인사하기 등을 설명하거나 시연한다. 셋째, 역할극을 실행해 보면서 실제 면접상황에 대해서 역할을 바꿔 가면서 연습해 본다. 넷째, 동건의 수정되어야 할 부분들을 구체적으로 지적하면서 교정하는 연습을 한다. 수정한 부분에 대해 객관적으로 볼 수 있도록 비디오를 활용할 수 있다. 다섯째, 모범답안을 사회복지사의 지시에 따라 그대로 실행해 보면서 연습한다. 동건은 면접의 정석에 대해 사회복지사의 지시에 따라 연습해 본다.

① 사례 1

35세 여성 미화 씨는 조현병으로 사회적 관계에서 자기주장을 하는 데 어려움을 겪고 있다. 최근 옷을 구입했는 데 마음에 들지 않아 교환하고 싶은데 혼자 가기 어렵다고 한다.

> 미화: 선생님! 옷을 교환하고 싶은데 어떻게 해야 할지 모르겠어요. 비싸게 주고 산 건데 나랑 안 어울리는 것 같고, 구멍도 나 있어요.
> W'er: 속상하겠어요. 우리 같이 가게 아주머니에게 교환해 달라는 연습을 같이 해 볼까요?

• 역할극 연습하기

- 가게 주인: 사회복지사, 손님: 클라이언트
- 옷을 교환하는 상황을 재연해 보기
- 상황을 대처하는 방법의 문제점 분석하기
- 적절한 상황에 대처하는 방법 찾아보기
- 다시 연습하기

(8) 강화와 처벌을 통한 행동 변화하기

클라이언트가 하는 어떤 행동에 대해 교정하거나 새로운 방법을 학습하도록 하는 것이다. 행동주의 기법으로 아동의 문제행동을 다루는 데 효과적이다. 강화는 표적행동을 증가시키는 사건이나 행동을 말한다. 강화에는 정적강화, 부적강화 등이 있다. 정적·부적이라는 용어는 좋거나 나쁘다는 가치판단과는 상관 없이 행동의 제시나 철회를 의미한다. 정적강화는 행동의 제시가 기대 결과의 재발 확률을 증가시키는 자극을 말한다. 부적강화는 어떤 것의 철회가 기대 결과의 재발 확률을 증가시키는 자극이다. 부적강화는 불쾌한 어떤 것을 제거함으로써 기대행동이 강화되는 것이다. 처벌은 바람직하지 못한 행동에 벌을 주는 것을 말한다. 정적 처벌은 행동빈도를 감소시키기 위해 강화물을 제공하는 것이다. 부적처벌은 행동빈도를 감소시키기 위해 강화물을 없애는 것이다.

❙보기❙

8세 우진이는 초등학교 1학년이다. 요즘 우진이는 2살 아래 동생을 괴롭히고 때리는 행동이 심해지고 있다. 우진이는 자전거 타는 것을 좋아한다. 엄마가 동생을 돌보라거나 심부름을 하는 것을 싫어한다. 우진이의 동생 때리는 행동을 교정하기 위해 강화와 처벌을 활용하고자 한다. 강화방법과 강화스케줄표를 작성하여 연습해 보자.

강화방법 선택하기	강화스케줄 선택하기
• 정적강화방법: 때리는 행동을 하지 않고 잘 돌봐 줄 때 칭찬해 주기 • 부적강화방법: 싫어하는 엄마 심부름을 면제시키기 • 정적처벌방법: 동생을 괴롭힐 때 손들고 서 있기 • 부적처벌방법: 좋아하는 자전거를 못타게 하기	• 고정간격강화스케줄: 동생을 때리지 않을 때마다 강화물을 제공하는 것 • 고정비율강화스케줄: 동생을 세 번 잘 봐 주면 1회 자전거 타는 강화물을 제공하는 것 • 가변간격강화스케줄: 오늘 하루 동생을 세 번 때리지 않으면 1회 자전거 타는 강화물을 제공하는 것 • 가변비율강화스케줄: 자전거 타는 강화물을 언제 제공할지 알려 주지 않고, 강화가 필요할 때 1회 제공하는 것

실천연습

① 사례 1

10세 상호는 지적장애를 가지고 있다. 콩과 짜장면을 좋아하지만 편식이 심하다. 상호는 야채와 과일을 싫어하고, 밥을 먹을 때 시간도 길고, 엄마가 옆에서 먹여 줘야 한다. 상호의 편식하는 행동을 교정하기 위해 강화와 처벌을 활용하고자 한다. 어떤 방법이 있는지 찾아보고 강화스케줄을 작성해 보자.

강화방법 선택하기	강화스케줄 선택하기
• 정적강화방법:	• 고정간격강화스케줄:
• 부적강화방법:	• 고정비율강화스케줄:
• 정적처벌방법:	• 가변간격강화스케줄:
• 부적처벌방법:	• 가변비율강화스케줄:

② 사례 2

40세 영철 씨는 조현병을 앓고 있다. 병원에 입원한 후 직업재활을 꾸준히 하여 보호
작업장에서 일을 하고 있다. 10여 년 동안 형님이 아는 절에서 농사짓는 것을 도왔고,
일반 기업체나 다른 곳에서 일한 경험이 없다. 절에서도 스님들이나 절에 불공을 드리
러 오는 신도들과 잠시 만나 인사를 나눌 뿐 외부와는 교류가 전혀 없었다. 아침에 특
히 잠이 많아 작업장에 지각, 결석이 잦다. 영철 씨는 병원 내 매점에서 우유를 직접 사
먹는 것을 좋아한다. 다른 사람들과 이야기하고 우유 사 먹는 것을 낙으로 여긴다. 작
업장에 지각하지 않고 열심히 참여하기 위하여 강화와 처벌을 활용하고자 한다. 어떤
방법이 있는지 찾아보고 강화스케줄을 작성해 보자.

강화방법 선택하기	강화스케줄 선택하기
• 정적강화 방법:	• 고정간격강화스케줄:
• 부적강화 방법:	• 고정비율강화스케줄:
• 정적처벌 방법:	• 가변간격강화스케줄:
• 부적처벌 방법:	• 가변비율강화스케줄:

(9) 자기표현하기

자기표현하기는 상대방이 불쾌하지 않는 범위 내에서 자신의 의견, 생각, 느낌 등을 솔직하게 표현하는 것을 말한다. 보통 I-Message 전달법을 사용하여 자기 의견이나 느낌을 표현을 하도록 지원한다. I-Message 전달법은 수용하기 어려운 상대방의 어떤 행동이나 말로 인해서 내가 어떤 감정을 느꼈는지에 대해 말하고, 내가 바라는 행동이나 말을 구체적으로 제시하는 것이다. 나-전달법의 구성요소에는 다음의 세 가지가 포함되어야 한다. 첫째, 상대방의 수용할 수 없는 행동에 대한 비난 아닌 비평 없는 서술이 포함되어야 한다. 둘째, 상대방의 행동이나 구체적인 영향에 대한 나의 감정이나 느낌이 있어야 한다. 셋째, 내가 바라는 것이 무엇인지 포함되어야 한다.

┃보기┃

18세 동건이는 고등학교 2학년이다. 약물남용 청소년들과 어울리면서 또래들과 상습적으로 약물을 복용하게 되었다. 최근 사회복지사 선생님을 만나면서 자신은 약물을 하고 싶지 않지만 친구들에게 어떻게 거절해야 할지 잘 모르겠다고 힘들어 한다.

동건: 얘들이 자꾸 약물 같이 하자고 와요. 저는 하기 싫어요. 약물에 또 빠질까 봐 불안하고 힘들어요. 해서 좋을 게 없잖아요.
W'er: 너는 약을 하기 싫은데 친구들이 같이 하자고 해서 많이 힘들고 부담이 되는구나. 네가 원하지 않는다는 것을 정확하게 이야기하면 좋을 것 같은데 어떠니?
동건: 근데 어떻게 해야 할지 잘 모르겠어요. 안 한다고 하면 친구들이 날 안 볼 것 같아서요.
W'er: 그래. 그럴 수 있겠다. 그러면 네 생각을 나-전달법으로 한번 말해 보자.

어떤 상황	나는 네가 약을 하자고 하면······.
내가 느끼는 감정	나는 마음이 불안하고 힘들어.
바라는 것	나는 네가 약을 하자는 말을 안했으면 좋겠어.

실천연습

① 사례 1

36세 덕선 씨는 결혼 10년 차 주부다. 2명의 자녀가 있고, 40세 남편은 직장생활을 성실히 하고 있다. 남편은 꼼꼼하고, 성실한 성격으로 덕선 씨가 하는 살림에도 관여가 많고, 매번 혼내는 방식으로 교정하려고 한다. 갈등상황을 보이는 것은 늘 남편이 교정되기 바라는 덕선 씨의 살림하는 방법이다. 덕선 씨는 다른 주부들과 비교하면 주변에서는 살림을 잘한다고 이야기를 듣지만 10년 동안 지속되어 온 이러한 갈등은 덕선 씨를 매우 의기소침하게 하고, 기분도 나빠지게 한다. 이로 인해 자녀들이나 다른 사람들에게 자신의 의견을 제시하는 것을 주저하게 만들었다. 특히 남편에게는 어떤 주장도 하기 어려운 상태가 되어 스트레스가 많아 가족상담센터 상담을 신청하여 진행 중이다. I-Message 전달법을 활용하여 자기표현하기 연습을 해 보자.

어떤 상황	나는 _____
내가 느끼는 감정	나는 _____
바라는 것	나는 _____

② 사례 2

덕희 씨는 조현병으로 정신장애 진단을 받고 A회사에서 직업재활 훈련 중이다. 작업장에서 지도감독하에 지시대로 일을 수행하고 있는데 관리자가 자꾸 못한다고 소리를 지르곤 해서 마음도 급해지고 기분이 나빠진다고 호소하고 있다. 조금 더 천천히 설명해 주고, 조용하게 말해 주면 훨씬 더 일을 잘할 수 있을 것 같은데 이걸 어떻게 말해야 할지 잘 모르겠다고 호소하고 있다. 당신은 직업재활 담당 사례관리자로서 상담 중이다. I-Message 전달법을 활용하여 자기표현하기 연습을 해 보자.

어떤 상황	나는 _____
내가 느끼는 감정	나는 _____
바라는 것	나는 _____

(10) 의사결정 돕기(의사결정표 활용하기)

클라이언트가 직면한 문제에 대해 어떤 결정을 내려야 할지 혼란스럽거나 어려울 때 사용하는 기법이다. 어떤 방향으로 가야할지 결정을 내리기 전에 고려해야 할 요소들을 점검하고 방향을 결정하기 위해 활용되는 기법이다. 클라이언트의 의사결정을 돕는 것은 사회복지사의 역할에서 매우 중요하다. 심각하고 중요한 문제에 대해 의사결정을 하기 위한 과정으로 의사결정 연습 기록지를 활용하는 방법이 있다.

┃보기┃

18세 혜리는 미혼모가 되어 고등학교를 중퇴하였다. 혼자서라도 아이를 키우고 싶은 혜리는 아이를 입양하기를 원하는 부모님과 갈등을 겪고 있다. 무엇을 어떻게 해야 할지 모르겠고 혼란스러운 상황에서 사회복지사와 상담을 하고 있다.

혜리: 결정하는데 너무 힘들어요. 부모님은 입양 보내라고 하고, 저는 머리가 복잡해서 너무 혼란스러워요.

W'er: 그래. 부모님 생각과 너의 생각이 달라서 더 힘들고 복잡하겠구나. 네가 결정하기 위해 너의 생각을 좀 더 정리해 보고 구체화시켜 보는 것은 어떨까?

혜리: 어떻게요?

W'er: 너의 생각을 좀 더 구체적으로 질문하고 답해 보는 거야. 어떤 대안이 있고, 이것을 선택했을 때 얻게 될 이익과 지불해야 할 비용에 대해 함께 고민해 보자.

대안	비용	이익
입양을 보낸다.	• 죄책감에 시달릴 것이다. • 아이와 함께 살지 못할 것이다. • 아이가 보고 싶을 것이다.	• 학교를 다시 갈 수 있을 것이다. • 부모님의 뜻을 따라 줄 수 있을 것이다.
내가 키운다.	• 학교 다니기 어렵다. • 혼자 키우기 위해 경제력을 갖추어야 한다. • 직업생활이 어려워진다. • 부모님과 관계가 더 악화될 수 있다.	• 죄책감에서 벗어날 수 있을 것이다. • 아이와 함께 살 수 있을 것이다.

실천연습

① 사례 1

가정폭력으로 신체적 폭력을 당한 아내와 면담 중이다. 아내는 쉼터에 두 번째 온 것으로 지난번에 남편의 폭력을 이기지 못해 쉼터에 왔다가 다시 집으로 돌아갔었다. 또다시 폭력을 당하자 자신의 결정에 대해 고민이 된다고 한다. 남편에게 돌아갈 것인지 아니면 결혼생활을 정리할 것인지 결정하는 데 주저하고 있다. 사회복지사 입장에서 클라이언트의 의사결정을 지원하기 위해 의사결정 연습 기록지를 활용해 보자.

대안	비용	이익
집으로 돌아간다.		
이혼한다.		

② 사례 2

　77세 덕팔 어르신은 치매 증상으로 장기요양등급 3등급을 받았다. 주변에서 조금만 도움을 받으면 자신의 집에서 거주할 수 있다고 생각한다. 그러나 어르신은 가족이 없고, 수입도 없어서 기초생활수급자로 혼자 거주하고 있다. 사회복지사는 지역 내에 요양기관에 입소할 것을 권유해 본다. 덕팔 어르신은 집에서 거주하고도 싶고, 혼자 있다 치매 증상이 심해져서 혹여 불행한 일이 있을까 봐 걱정되기도 한다. 혼자 결정하기 쉽지 않다며 사회복지사와 면담 중이다. 사회복지사 입장에서 클라이언트의 의사결정을 지원하기 위해 의사결정 연습 기록지를 활용해 보자.

대안	비용	이익
집에 거주한다.		
시설에 간다.		

(11) 옹호하기

옹호하기는 사회복지사가 클라이언트가 스스로를 옹호할 수 있는 능력을 향상시키거나 클라이언트를 대신하여 다른 체계와 상호작용하는 것이다. 옹호활동을 위해서 사회복지사가 주의해야 할 사항은 클라이언트가 옹호하기에 동의하는 것이 필요하고, 옹호하는 것이 다른 체계와의 상호작용에서 부정적인 결과를 가져올 수 있음을 인지하여야 한다.

┃보기┃

당신은 장애인종합복지관 지역사회조직팀에 근무 중이다. 휠체어 장애인들의 자조모임을 지원하는 업무를 진행 중이다. 최근 자조모임 시간에 지역 내에서 휠체어 장애인이 이동하는 데 불편함이 많은 점들을 이야기하고 있었는데 어제 터미널 부근에서 인도의 폭이 좁아 차와 부딪힐 뻔한 사건이 있었다. 자조모임 회원들은 편의시설을 설치하고 지역사회 환경을 변화시키는 것은 매우 어려운 일인 것 같은데 좋은 방법이 없는지 사회복지사에게 요청하였다. 사회복지사는 자조모임 회원들 스스로가 자신들의 이동권 확보를 위한 방안을 찾아보는 방법으로 휠체어 장애인이 혼자서 터미널을 이용할 때 어려운 점들을 스마트폰으로 동영상을 촬영하여 ○○시에 편의시설 개선사항에 대한 민원을 제기해 보는 것을 제안하였다. 자조모임 회원들은 제안을 수용하여 직접 자신들이 휠체어를 타고 터미널과 시내 지역에서 이동할 때 어려운 점들을 실제 촬영하여 문제점(휠체어 리프트 상태 불량, 인도의 폭이 좁은 문제, 점자블럭 등)과 개선사항에 대한 제안서를 작성하여 시청 장애인복지과와 시설관리 담당부서에 제출하였다. 이후 민원사항이 처리되어 터미널 내부와 버스나 택시를 타는 곳 등에 인도 확보와 점자블럭 등 편의시설 설치를 완료하여 지역사회 환경을 변화시키는 과정이 있었다.

☞ 사회복지사는 클라이언트를 옹호하는 과정에서 클라이언트 스스로 자신을 보호하고 옹호할 수 있도록 정보와 기술을 제공하여 클라이언트 자신의 역량을 강화할 수 있다.

① 사례 1

당신은 가정폭력 피해자 보호 쉼터에 근무하는 사회복지사다. 지원 씨는 남편의 폭력으로 쉼터에 5회째 입소 중이다. 남편은 기분이 좋지 않거나 밖에서 기분 나쁜 일이 있었을 때마다 폭력을 행사하여 견디다 못한 지원 씨가 가출하여 쉼터에 입소하였다. 남편의 폭력에 대해 한 번도 이의를 제기하지 못했고, 맞는 순간에는 무섭고 아파서 그냥 참고 있는 실정이다. 그리고 그때마다 다시는 그러지 않겠다는 말을 믿고, 가정으로 돌아가는 상황이다. 이에 사회복지사는 지원 씨가 부당한 폭력을 당했을 때 "싫다, 하지 말라"는 말을 해 보는 것이 어떤지 제안하였고, 지원 씨는 그렇게 해 보고 싶다고 하였다. 사회복지사는 지원 씨가 자신의 의견을 명확하게 이야기할 수 있도록 역할연습을 통해 옹호하고자 한다.

> 지원: 우리 남편은 무섭고, 남자라 힘이 세서 제가 어떻게 할 수가 없어요.
> W'er: 그렇죠, 폭력을 당하는 순간은 당황해서 무슨 일이 일어나는지 어떻게 해야 할지 혼란스러울 수 있지요.
> 지원: 근데 집에 가서 또 이렇게 되니까 어떻게 할지 모르겠어요.
> W'er: 남편분이 폭력을 행사할 때 지원 씨는 어떻게 말하고 행동하셨나요?
> 지원: 소리도 못 내고, 하지 말라고 이야기는 하는데 목소리도 잘 안 나와요.

- 사회복지사는 지원의 어려움에 어떻게 반응하면 좋을지 적어 보시오.

W'er: _____

_____

_____

_____

_____

🖉 TIP 클라이언트의 소극적 대처방식이 가져오는 문제에 대해 설명하면서, 폭력에 대해 명확하고 단호하게 "싫다, 하지 말라"고 큰소리로 해 보는 방법을 습득하도록 함으로써 클라이언트가 스스로 자신을 지킬 수 있도록 제안함

② 사례 2

70세 숙자 씨는 혼자 거주하고 있다. 가끔 잊어버리는 증상이 있으며, 관절염이 있어 걷기에 다소 불편하다. 혼자 거주한 지 20년이 넘었고, 딸이 2명 있었으나 남편이 사망한 후 자녀들과도 소원해졌고, 현재 자녀들도 전혀 연락이 안 된다. 다른 가족 지원체계가 전혀 없다. 현재 제공받고 있는 복지서비스는 복지관 셔틀을 이용해 복지관에 와서 앉아 있거나 행사 등에 참여하며, 무료급식을 이용하는 것이 전부다. 자신의 생활에 대해 이야기를 안 하는 성격이나 늘 밝게 인사하고 다른 어르신들과는 원만하게 지내는 것으로 파악되었다. 최근 일주일 넘게 복지관에 오지 않아 사회복지사가 가정방문을 하였다. 가정방문을 통해 사정한 결과, 심각한 상태는 아니나 신체적·정신적 문제에 대한 의료서비스가 필요하였고, 식사가 제대로 이루어지지 않아 영양상태의 위험이 시작되고 있음을 파악하였다. 남편이 남겨 놓은 재산으로 겨우겨우 생활해 왔고, 간간히 식당 일을 도와 생계를 유지하고 있다. 사회보장 및 노인복지제도에 대한 정보를 들어 보긴 했으나 신청해 본 적 없고, 행정절차 등에 대해서도 알지 못하는 상황이다. 다른 사람의 도움을 받는 것을 쑥스럽고 미안하다는 생각을 한다. 사회복지사가 숙자 어르신을 위해 할 수 있는 옹호의 방법은 어떤 것들이 있는지 생각해 보자.

숙자 어르신: 지금까지 잘 지냈는데 이제 늙어서 어렵네.

• 사회복지사는 숙자 어르신의 어려움에 어떻게 반응하면 좋을지 적어 보시오.

W'er: --

TIP 클라이언트의 독립적 생활의지에 대해 긍정적으로 피드백 하면서 지금의 어려움이 지속된다면 언제든지 요청하면 함께할 것이고, 동주민센터나 다른 노인복지 및 기초생활보장제도 등의 절차들이 있음을 정보제공함

2) 집단대상 실천: 개입하기

(1) 집단프로그램 사전 계획하기(집단계획을 위해 고려해야 할 사항 점검하기)

집단을 활용하여 사회복지실천을 하기 위해서는 집단프로그램에 대해 계획하는 것이 필요하다. 계획은 서비스를 제공하는 기관 및 사회적 상황 속에서 집단 구성에 대해 사회복지사가 사전에 고려해야 하는 것을 점검하도록 돕는다. 클라이언트가 가진 욕구(집단에 참여하는 성원들이 가지고 있는 문제나 어려움 등)가 무엇이며, 집단의 목적(이 집단을 통해 궁극적으로 해결하려고 하는 목적과 목표는 무엇인지, 집단 구성원들이 이 집단을 통해 변화하거나 얻고자 하는 목표는 무엇인지, 집단 전체와 집단 구성원들이 갖는 목표와 목적과의 관계는 어떠한지, 치료적인지, 교육을 목적으로 하는지, 성장을 도모할 것인지), 집단의 구성(집단 구성원은 몇 명으로 할 것인지, 모든 구성원들이 같은 문제나 어려움을 가지고 있어야 하는지, 집단을 이끌어 갈 사회복지사와 전문가들은 누구이며, 몇 명이 집단을 활용하여 실천에 참여하는지), 집단의 구조(집단 운영에 대해 필요한 것들은 무엇인지, 시간과 장소, 필요한 자원 등은 무엇인지), 집단의 내용(집단의 목적을 달성하기 위해 활용될 도구나 자원 등은 무엇인지), 사전에 집단구성원들과 만나는 것은 어떻게 할 것인지 등 다양한 측면을 고려하면서 집단계획이 이루어져야 한다. 다음은 사회복지사가 집단을 계획하기 위해 가장 먼저 고려해야 할 내용에 대해 표로 정리한 것이다.

〈표 5-11〉 집단을 계획할 때 사회복지사가 고려해야 할 사항

구분	사회복지사가 해야 할 일
① 클라이언트의 욕구는 무엇인가?	• 사회복지실천 이론과 전문적 개입에 대한 지식에 비추어 볼 때 클라이언트의 욕구, 문제, 관심사는 무엇인지 파악하기 • 생태체계적 관점에서 클라이언트 문제 파악하기 • 인간발달에 대한 지식을 적용하여 문제 파악하기 • 생애주기과정에서 클라이언트 욕구, 문제 파악하기 • 개인의 심리, 정서, 건강, 교육, 경제적 문제, 사회적 관계의 문제 등에 대해 파악하기
② 클라이언트를 둘러싼 사회적 상황은 어떠한가?	• 잠재적 클라이언트가 살고 있는 지역사회는 어떤 곳인지 파악하기 • 지역사회에 산재해 있는 사회적 자원체계들은 어떤 것들이 있는지 파악하기

(계속)

	• 지역자원들이 클라이언트에게 효과적으로 개입하고 있는지 파악하기 • 내가 계획하고자 하는 집단프로그램이 현재 제공되거나 존재하는 서비스, 사업들과 어떤 차이와 관계가 있는지 파악하기 • 잠재적 클라이언트의 사회복지서비스에 대한 태도는 어떠한지 파악하기 • 집단을 구성한다면 참여가 가능할 것인지 파악하기
③ 기관의 상황은 어떠한가?	• 기관에서 집단프로그램을 실행하기 위한 절차 파악하기 • 계획하려는 집단프로그램이 기관의 목적과 목표를 지향하는지 파악하기 • 구성하려는 집단에 대해 관심을 가지고 승인하는 사람 파악하기 • 기관 내에서 집단프로그램에 대한 태도와 기존에 실시 여부와 결과 파악하기 • 기관이 집단을 지원할 수 있는 여건인지 파악하기(장소, 인적 · 물적 자원 등) • 기관 내에서 프로그램에 대한 협력, 협의가 필요한 부분 파악하기
④ 집단의 목적은 무엇인가?	• 사회복지사가 생각하는 집단의 목적은 무엇인지 파악하기 • 심리사회적 기능이나 대인관계 능력 등을 변화시키는 치료적 목적을 갖는지 파악하기 • 집단구성원에게 정보를 제공하거나 구체적인 기술을 가르치는 교육적 목적을 갖는지 파악하기 • 집단구성원들이 사회심리적 건강을 향상시키고, 자신의 성장기회로 집단을 활용하게 하려는 목적을 갖는지 파악하기 • 사회복지사가 임시로 정한 집단의 목적과 집단구성원의 목적은 일치하는지 파악하기 • 기관에서 이 집단에 기대하는 목적은 무엇인지 파악하기 • 기관, 클라이언트, 사회복지사의 목적에 차이점과 유사점 파악하기
⑤ 집단의 구성은 어떻게 할 것인가?	• 집단구성원은 몇 명으로 구성할 것인지 파악하기 • 집단구성원의 선정기준은 무엇인지 결정하기(성, 연령, 인종, 종교, 사회경제적 위치, 지적 능력, 건강, 학력, 직업, 진단명, 이전 집단경험 등) • 집단구성원의 특성에서 이질성과 동질성을 고려하기 • 집단구성원의 능력 및 문제, 문제 대처방식을 고려하기 • 집단구성원 모집방법 고려하기 • 사회복지사의 특성과 집단구성원의 특성을 고려하여 전문인력 배치하기

(계속)

	• 전담사회복지사가 이 집단을 구성하고, 실행하고 평가할 수 있는 능력이 있는지 파악하기 • 이 집단을 전담할 사회복지사는 몇 명으로 구성할 것인지 파악하기 • 리더를 공동으로 할 것인지, 단독으로 할 것인지 고려하기 • 사회복지사의 성별, 전문영역, 팀워크능력, 태도 등을 고려하기 • 실습생이나 전문, 일반 자원봉사자를 활용할 것인지 파악하기 • 실습생, 전문, 일반 자원봉사자들의 역할은 무엇인지 설정하기 • 공동지도자 체제로 집단진행 시 이 집단을 운영해 가는 팀을 지원하는 체계가 필요한지 고려하기
⑥ 집단의 구조는 어떻게 할 것인가?	• 집단 프로그램은 언제, 어디서 진행할 것인지 파악하기 • 집단이 진행되는 기간 설정하기(1회성 집단, 단기집단, 장기집단) • 얼마나 자주 모일 것인가 고려하기(모임의 빈도 고려하기) • 1회 모임에 소요되는 시간 고려하기 • 모임의 시간은 하루 중 언제가 좋을지 고려하기 • 모임장소의 접근성과 편리성 고려하기 • 모임장소의 환경, 즉 공간배치, 분위기, 조명, 의자와 탁자의 배열이나 상태 파악하기
⑦ 집단의 활동내용은 무엇인가?	• 집단이 모여서 하는 활동내용이 무엇인지 파악하기 • 교육, 토의, 토론, 친교활동 등을 고려하여 구성하기 • 집단내용을 누가, 어떻게 계획할 것인지 파악하기 • 집단의 목적과 구성원의 목표를 달성하기 위해 필요한 내용은 무엇인지 파악하기 • 집단활동이나 교육, 토론 등에 활용할 인적 자원이나 필요한 물적 자원은 무엇인지 파악하기 • 집단의 발달단계(초기단계-관계형성 및 친밀단계-문제해결단계-종결)별로 집단내용 구성을 고려하기

(2) 집단프로그램 사전 계획하기 활동 예

당신은 종합사회복지관의 지역사회조직팀의 팀장이다. 당신은 최근 정신보건사회복지사로서 정신건강증진센터에서 5년 근무하다가 복지관으로 이직하였다. ○○종합사회복지관은 영구임대아파트단지 내에 위치하고, 아파트 거주자 대부분이 기초생활수급자, 장애인, 노인, 다문화가정, 한부모가정 등이다. 복지관에서 근무하면서 느끼는 것이 지역주민들의 알코올문제가 심각하지만 심각성을 인지하지 못하고 있는 것처럼 보이고, 술에 만취해 복지관 앞을 오고 가는 사람들에게 위협을 가하거나 복지관 사무실에 들어와 직원들에게 폭언을 하기도 한다. 이런 문제에 대해 부장에게 보고하자 부장은 "만성적인 문제예요. 어떻게 해결하기 어렵죠. 선생님이 정신보건사회복지사이니 어떻게 하면 좋을지 계획해 보는 것은 어떤가요? 정신건강증진센터나 중독관리센터와 연계도 하고 그랬는데 어렵더라고요. 전문가도 없었고, 자원도 부족하고, 참여율도 좋지 않아서 고생 좀 했지요. 세월이 지나니 자녀들이 술을 마시는 것에 대해 자연스러워지는 것 같아요. 팀장님이 오셨으니 팀원들과 논의하여 지역사회에 알코올문제 해결을 위한 프로그램을 계획하여 외부 공동모금회에 제안을 해 보는 것도 좋을 것 같습니다. 혹 안되더라도 장기적으로 필요하다고 보입니다"라고 한다. 이러한 상황에서 당신이 집단을 활용하여 사회복지실천을 하고자 한다. 고려해야 할 사항을 점검해 보자.

구분	사회복지사가 점검해야 할 일
① 클라이언트의 욕구는 무엇인가?	• 알코올중독에 대한 문헌자료 찾아서 일반적 알코올중독 클라이언트가 가지고 있는 문제를 정리한다. • 알코올 문제를 가진 주민들의 심리적·정서적 기능과 문제해결 능력 등 개인적 차원에서의 어려움도 있지만 어떻게 해결하는지 알지 못하고, 누구에게 도움을 요청할지도 모르는 상태로 보인다. 이는 다시 일반 주민들로 하여금 문제를 가진 클라이언트에게 비난과 부정적인 시각을 갖게 하는 요인이 되는 것으로 파악할 수 있다. • 알코올로 인한 문제에 대해 주민들의 인식은 매우 부정적이며, 비난의 행동들을 하고 있다. • 기존 복지관에서 개입했던 자료들을 점검하니 클라이언트들의 참여가 저조하고, 대부분 40~50대의 자활대상자나 기초수급자들로 직업활동이 일정하지 않아 정해진 기간 내에 집단활동에 참여하기 어려운 특성을 보이고 있다. • 지역욕구조사를 실시할 수 있다. 　- 조사를 통해 알코올에 대한 생각, 알코올 문제와 중독에 대한 생각, 어려움, 지역주민들의 이러한 문제에 대한 인지 정도, 해결방안 등에 대해 욕구를 측정할 수 있다.
② 클라이언트를 둘러싼 사회적 상황은 어떠한가?	• 현재 영구임대아파트를 둘러싼 지역사회에는 정신건강 자원으로 정신건강증진센터와 중독관리센터 등이 있고, 복지자원으로서는 종합사회복지관이 유일하며, 통합사례관리를 통해 연계와 협력체계를 가지고 있다.

(계속)

	• 영구임대아파트로 구성원이나 관내 환경으로 보아 영구임대아파트 단지 외부체계와 소통이 원만하지 못한 것으로 보인다. • 알코올 문제를 만성적인 문제로 인식할 뿐 이에 대해 지속적으로 관심을 갖지 못하고 있다. • 알코올 문제행동을 많이 보이는 클라이언트들은 복지관의 서비스에 대해 부정적이며, 사회복지사들을 무시하는 경우도 있다. • 집단을 구성하여 알코올문제를 해결해 보려 한다면, 잠재적 클라이언트의 서비스에 대한 부정적인 태도와 저조한 참여를 고려해야 하고, 관내 지역사회 네트워크와 협력은 가능할 것으로 보인다.
③ 기관의 상황은 어떠한가?	• 기관 내에서 지역주민의 알코올문제에 대해 해결해야 할 문제로 보고 있다. • 영구임대아파트 주민들의 삶의 질 향상을 목적으로 설립된 기관으로 알코올문제 집단프로그램을 계획하고 실행하는 것은 기관의 목적과 목표에 부합되는 것으로 판단된다. • 기관의 중간관리자가 알코올문제에 대해 해결하기 위한 노력을 했던 것으로 보이며, 문제해결에 적극적으로 지원하려는 의지를 가지고 있다. • 기존에 복지관에서 이 문제에 대해 개입하였으나 효과적이지 못하였고, 자원도 불충분했던 것으로 보인다. • 현재 복지관에서는 이 문제에 대해 해결하려면 장소나 인적 · 물적 자원이 부족한 실정이므로 외부체계에서 자원을 연계하는 것이 필요할 것으로 보인다. • 이 문제에 대해 복지관 내부 부서별 협력과 협의의 가능성은 긍정적으로 보인다.
④ 집단의 목적은 무엇인가?	• 현재 복지관에서 알코올 문제해결을 위해 집단을 활용한다면 첫째, 알코올로 인해 문제행동을 계속하는 대상자들의 문제행동 변화를 위한 치료목적의 집단을 구성할 수 있을 것으로 보인다. 둘째, 지역 내 주민들을 대상으로 하는 예방적 차원의 교육집단을 구성하여 알코올중독에 대한 정보제공과 대처방법들을 교육하는 것을 목적으로 할 수 있다. 셋째, 영구임대아파트 내 청소년을 대상으로 자신을 돌아보고, 건강한 성인으로 성장하는 것을 목적으로 하는 집단을 구성할 수 있다.
⑤ 집단의 구성은 어떻게 할 것인가?	• 주 대상자는 알코올로 인해 문제행동을 하는 남성을 대상으로 폐쇄형집단으로 구성하고, 치료적인 목적으로 집단을 구성하는 것이 필요하다. • 문제중심으로 자발적으로 참여하는 자를 우선으로 하되, 성실하게 참여 가능한 사람을 우선 선발하도록 하며, 문제행동이 너무 심한 구성원은 참여 여부를 사회복지사가 판단하도록 한다.

(계속)

	• 기존에 참여해 본 적이 있는 구성원과 처음 참여하는 사람들 수를 비슷하게 배치할 수 있다. • 치료집단으로 한다면 최대 10명 내로 구성할 수 있다. • 집단구성원 모집방법: 홍보지 작성 후 복지관 및 단지 내 게시판 공지하기
	• 2명의 사회복지사가 집단을 총괄한다(정신보건사회복지사 1명, 사회복지사 1명). • 사회복지전공 실습생 1명과 학부 전공 자원봉사자 2명으로 팀을 구성한다. 이들은 관찰자의 역할로 집단시행 기간 동안 성실하게 참여하고, 사전, 사후 미팅에 모두 참여가 가능해야 한다. • 전문인력 및 자원봉사자 인력은 모두 폐쇄집단으로 이루어진다. • 슈퍼비전 체계를 구성(관장, 부장, 외부 정신보건전문가, 교수 등)하여 팀을 지원하도록 한다.
⑥ 집단의 구조는 어떻게 할 것인가?	• 집단 진행은 복지관 강당을 이용한다. • 2017년 2월 22일~4월 25일(10회) • 매주 월요일 오후 6~8시(주 1회 2시간) • 강당의 의자와 탁자 배치는 매주 실시 전 점검한다.

⑦ 집단의 활동내용은 무엇인가?	• 치료집단이라고 가정할 때 집단발달단계에 따른 활동내용을 계획한다.
	• 초기 준비단계
	  – 집단 프로그램에 참여할 수 있도록 홍보하기(홈페이지, 안내문 등)
	  – 집단에 참여하면 좋은 점 등을 지속적으로 안내하기
	  – 문제에 대해 해결할 수 있을 것이라는 지지와 격려, 희망을 제시하기
	  – 소속감을 갖도록 구성원들끼리 친해지는 활동하기
	• 관계형성 및 친밀단계
	  – 하위집단이 만들어지는 것에 대해 지지하고, 탐색하기
	  – 알코올중독에 대한 정보제공(예, 알코올 중독이란 무엇인가, 알코올이 우리 삶에 미치는 긍정적 · 부정적 영향 찾아보기)
	• 문제해결단계
	  – 알코올로 인한 나의 문제행동에 직면하기, 나의 대처방법 찾아보기
	• 종결단계
	  – 자신의 변화된 모습 찾아보기, 집단구성원의 변화된 모습 칭찬하기
	• 평가 및 사후관리단계
	  – AA모임이란 무엇인가, 나의 결의문 작성하기, 집단종결파티 등

① 사례 1

당신은 정신보건사회복지사로서 ○○병원 재활병동에 근무하고 있다. 이 병원은 정신과적 증상이 약물로 조정된 후 사회복귀를 하기 전에 거주하는 병동으로 100병상이다. 재활병동에는 의사, 간호사, 사회복지사, 임상심리사, 직업재활 관리자가 치료진으로 구성되어 있다. 재활병동의 프로그램은 3개월 내지 6개월 단위로 운영되며 집단정신치료, 사회기술훈련프로그램, 약물교육, 증상교육, 퇴원준비프로그램 등이 진행되고 있다. 대부분의 프로그램은 폐쇄집단으로 치료적 목적으로 실시되고 있으나 약물교육이나 증상교육은 입원 초기에 집중적으로 입원환자 모두에게 제공되고 있다. 기관에서는 집단프로그램 운영 시 전문영역과 상관없이 정신보건전문인력들이 서로 협력하여 다양한 관점에서 서비스가 제공된다. 집단 프로그램 실시 장소는 20여 명이 활동할 수 있는 집단활동실이 2개 있고, 전체 환자가 모여서 토론할 수 있는 강당이 1개 있다. 당신은 사회복지사로서 사회복귀를 앞둔 클라이언트의 사회적응능력을 증진하기 위해 사회기술훈련프로그램을 담당하게 되었다. 대상 클라이언트들은 장기간 입원하여 사회적으로 위축된 경향이 있으며, 다양한 재활훈련을 통해 사회복귀를 준비하고 있다. 특별히 감정표현이나 자기주장하기, 지역사회 자원 등을 활용하는 데 어려움이 있다. 집단프로그램을 사전에 계획할 때 고려해야 할 사항들을 점검해 보자.

구분	사회복지사가 점검해야 할 일
① 클라이언트의 욕구는 무엇인가?	
② 클라이언트를 둘러싼 사회적 상황은 어떠한가?	

(계속)

③ 기관의 상황은 어떠한가?	
④ 집단의 목적은 무엇인가?	
⑤ 집단의 구성은 어떻게 할 것인가?	집단구성원
	집단진행자
⑥ 집단의 구조는 어떻게 할 것인가?	
⑦ 집단의 활동내용은 무엇인가?	

② 사례 2

당신은 ○○종합사회복지관의 가족서비스지원팀의 팀원으로 4년차 사회복지사다. 복지관은 영구임대아파트에 위치해 있고, 복지관에서 아파트 단지 내 청소년을 위한 열린공부방을 운영하고 있다. 공부방에 참여하는 학생들은 선착순으로 30여 명 정도

다. 공부방에 참여하는 학생들은 초등학교 5학년부터 중학교 3학년 학생이 15명으로 가장 많고, 초등학교 저학년, 고등학생 몇 명이 참여하고 있다. 공부방에서 진행하는 교육활동프로그램에 참여하는 데 소극적이며, 자신이 앞으로 무엇을 할 것인지, 어떤 것에 흥미가 있는지 등 자신의 미래에 대해 "별로 꿈도 없고, 아무 생각 없어요."라고 대답하는 학생들이 많다. 당신은 담당 사회복지사로서 아동 및 청소년기를 살아가는 학생들에게 진로탐색의 기회를 제공하고, 미래의 자신의 모습과 목표들을 설정하도록 도와 현재 생활의 적응력도 높이고자 한다. 이러한 상황에서 당신이 집단을 활용하여 사회복지실천을 하고자 한다. 고려해야 할 사항을 점검해 보자.

구분	사회복지사가 점검해야 할 일
① 클라이언트의 욕구는 무엇인가?	
② 클라이언트를 둘러싼 사회적 상황은 어떠한가?	
③ 기관의 상황은 어떠한가?	
④ 집단의 목적은 무엇인가?	
⑤ 집단의 구성은 어떻게 할 것인가?	집단구성원
	집단진행자

(계속)

⑥ 집단의 구조는 어떻게 할 것인가?	
⑦ 집단의 활동내용은 무 엇인가?	

③ 사례 3

당신은 아동보호전문기관에 근무하는 사회복지사 7년차다. 최근 아동학대 문제가 사회문제로 언론에서 심각하게 다루어지면서 아동학대에 대한 교육의 중요성이 대두되고 있다. ○○복지관에서 영유아기부터 아동기 자녀를 기르는 부모를 대상으로 아동학대교육을 요청하였다. ○○복지관은 최근에 개발된 지역에 위치해 있으며, 사회경제적으로는 중산층의 밀집지역이라고 볼 수 있다. 복지관을 둘러싸고 2km 이내에 지역아동센터와 같은 아동시설은 없고, 개발된 지 3년 정도 되어 새롭게 이주해 온 사람들이 적응하는 과정에 있다고 볼 수 있다. 영유아기부터 아동, 청소년기에 이르는 대상자들이 타 지역에 비해 많은 편이다. 최근 이 지역 내 조손가족 중에서 아동학대 사건이 발생하여 지역주민들의 관심이 높은 상황이다. 복지관의 담당 사회복지사는 아동학대가 무엇인지 좀 더 현실적이고 구체적인 교육이 이루어졌으면 하고, 학대발견 시 지역주민들이 취해야 하는 행동이나 대처방법 등에 대해 자세하게 교육해 주길 원하고 있다. 복지관의 여건상 최대 3회까지 교육이 이루어졌으면 한다는 요청이 있었다. 복지관 강당은 50명 정도 수용이 가능하고, 수요일 저녁이나 목요일 저녁에 활용 가능하다. 이러한 상황에서 당신이 집단을 활용하여 사회복지실천을 하고자 한다. 고려해야 할 사항을 점검해 보자.

구분	사회복지사가 점검해야 할 일
① 클라이언트의 욕구는 무엇인가?	
② 클라이언트를 둘러싼 사회적 상황은 어떠한가?	
③ 기관의 상황은 어떠한가?	
④ 집단의 목적은 무엇인가?	
⑤ 집단의 구성은 어떻게 할 것인가?	집단구성원
	집단진행자
⑥ 집단의 구조는 어떻게 할 것인가?	
⑦ 집단의 활동내용은 무엇인가?	

(3) 집단프로그램 계획서 작성하기

집단을 활용한 개입은 매우 다양한 현장과 대상에게 실행되고 있다. 사회복지사는 집단을 활용하여 집단구성원이 가지고 있는 문제를 해결하는 데 치료자, 교육자 등의 역할을 수행한다. 그러나 앞서 집단프로그램을 계획하기 이전에 점검해야 할 사항들을 고려하여 집단프로그램 계획서를 작성하는 행정가의 역할도 기본적이다. 집단을 시행하는 사회복지분야, 기관의 유형, 기관이 위치하는 지역사회의 특성에 따라 집단의 대상과 목적이 구성되며, 구성원의 문제유형별 집단의 크기, 시간, 회합기간, 가입 및 탈퇴의 자유 등이 상이하게 계획되어야 한다. 여기서는 앞서 집단 사전계획하기의 사례를 중심으로 집단프로그램 계획서를 작성해 보고자 한다.

① 집단계획서 작성하기

집단은 집단구성원들이 가진 심리사회적 기능을 향상시키거나 클라이언트가 가진 어려움을 해결하거나 문제해결능력을 증진시키기 위한 목적으로 운영되며 대부분 폐쇄집단 특성을 가지는 경우가 많다. 앞서 제시했던 사전계획 점검사례를 토대로 사전계획서를 작성해 보자.

• 활동사례

당신은 ○○종합사회복지관의 지역사회조직팀의 팀장이다. 당신은 최근 정신보건사회복지사로서 정신건강증진센터에서 5년 근무하다가 복지관으로 이직하였다. ○○종합사회복지관은 영구임대아파트단지 내에 위치하고, 아파트 거주자 대부분이 기초생활수급자, 장애인, 노인, 다문화가정, 한부모가정 등이다. 복지관에서 근무하면서 느끼는 것이 지역주민들의 알코올문제가 심각하지만 심각성을 인지하지 못하고 있는 것처럼 보이고, 술에 만취해 복지관 앞을 오고 가는 사람들에게 위협을 가하거나 복지관 사무실에 들어와 직원들에게 폭언을 하기도 한다. 이런 문제에 대해 부장에게 보고하자 부장은 "만성적인 문제예요. 어떻게 해결하기 어렵죠. 선생님이 정신보건사회복지사이니 어떻게 하면 좋을지 계획해 보는 것은 어떤가요? 정신건강증진센터나 중독관리센터와 연계도 하고 그랬는데 어렵더라고요. 전문가도 없었고, 자원도 부족하고, 참여율도 좋지 않아서 고생 좀 했지요. 세월이 지나니 자녀들이 술을 마시는 것에 대해 자연스러워지는 것 같아요. 팀장님이 오셨으니 팀원들과 논의하여 지역사회에 알코올문제 해결을 위한 프로그램을 계획하여 외부 공동모금회에 제안을 해 보는 것도 좋을 것 같습니다. 혹 안 되더라도 장기적으로 필요하다고 보입니다"라고 한다.

당신은 기관과 지역사회의 상황을 점검하고, 알코올중독자 중심으로 치료집단프로그램을 실행하기에 앞서 사전 집단계획서 작성하기에서 사전점검사항들을 고려하였다. 이를 토대로 집단계획서를 작성해 보자.

〈표 5-12〉 집단 프로그램 계획서의 예

① 목적	알코올중독 및 알코올 문제를 가진 대상자들의 문제행동 감소와 지역주민의 알코올중독에 대한 이해증진을 통해 건강한 지역사회를 만드는 것을 목적으로 한다.		
② 프로그램의 필요성	• 알코올중독 문제를 가진 클라이언트들의 지역사회 내 문제행동의 심화 • 지역사회 내 주민들 간의 갈등 상황의 증가 • 지역 내 알코올 문제 세대 간 대물림 현상의 심화 • 지역사회 주민들의 질병으로서 알코올중독 문제에 대한 이해증진 필요		
③ 대상	• 알코올 문제로 인해 어려움을 겪고 있는 지역주민 • 전체 지역주민		

④ 클라이언트의 특성 사정	1	손○○	• 집단활동을 위한 기능평가
			  - 알코올 문제를 인식하고 있으며 변화하고자 하는 의지가 강하고 본인 스스로 알코올 단주모임에 전화를 하는 등 변화에 대한 실천적 행동이 강함
			  - 집단참여 시 다른 사람들과 갈등 상황에 놓일 가능성 있음

			• 현재 욕구
			  - "술만 들어가면 뭐든 자신이 생겨요. 내가 이상해지는 건 맞는 것 같아요."
			  - "마누라하고 잘 지내고 싶어요."

			• 목표
			  - 술이 인체에 미치는 영향력을 인지하여 술로 인한 문제예방법을 익힘
			  - 술로 인한 가족체계의 영향력을 알고, 가족관계를 회복함

			• 집단활동에 필요한 인적·사회적 상태 - 인지기능 및 대인관계 기술이 뛰어나고, 술에 대한 문제발생 가능성을 인지하고 있어 집단 내에서 긍정적인 영향을 미칠 것으로 사료됨

(계속)

2	김○○	• 집단활동을 위한 기능평가 – 알코올 문제를 인식하고 있으나 변화하고자 하는 의지가 부족하고 단주하고 싶다고 말만 할 뿐 실제적 변화행동은 없음 – 집단참여 시 혼자 소외될 가능성 있음 • 현재 욕구 – "내가 술을 조금 먹긴 하지만 여태 특별한 일 없이 잘 지냈어요." – "특별한 것 없어요. 마누라가 참석하라고 해서 왔어요." • 목표 - 술을 조금만 마시고, 아내와 싸우지 않는 방법을 습득하고자 함 • 집단활동에 필요한 인적 · 사회적 상태 – 대인관계는 원만하나 참여동기가 부족함. 다른 사람들과 친밀감 형성에 시간이 필요함
3	박○○	• 집단활동을 위한 기능평가 – 알코올 문제를 인식하고 있으며 변화하고자 하는 의지가 있고 정신보건 사회복지사에게 단주 문의를 하였음 • 현재 욕구 – "술 먹으면 무슨 일이 일어났는지 몰라요. 다른 사람들을 괴롭히는 것 같아요. 좀 좋아지고 싶어요." • 목표 - 주변 사람들과 잘 지내고 싶어요. - 술을 조금 줄이고 싶어요. • 집단활동에 필요한 인적 · 사회적 상태 – 집단의 목적달성을 위해 적극적으로 참여할 수 있음. 다른 성원들의 참여도 증진에 긍정적 영향을 미칠 수 있음
4	정○○	……
5	박○○	……

⑤ 집단세부활동 내용

• 프로그램명: 가족 속으로 나 돌아갈래!

회기	목표	내용	집단지도자의 역할
준비 모임	집단 준비	집단소개, 사전면접, 사전검사, 자아정체감 검사, 알코올 관련 검사	공감, 지지, 강점사정
1회	집단 목적과 권리의 이해	이완을 위한 게임, 지도자와 구성원의 소개, 집단목표와 규칙의 설정, 지도자와 구성원의 역할, 우리의 권리 정리	협력관계 정립, 자신에게 초점 두기, 권리 강조
2회	알코올중독에 대한 이해	알코올중독의 개념, 알코올중독으로 인한 문제행동 이해 교육	전문가 섭외, 집단구성원 반응 및 참여도 체크
3회	알코올 문제로 인한 가족관계의 어려움 이해하기	알코올이 가족관계에 미치는 영향 교육 드라마 심리극을 통한 가족회복 이야기	전문가 섭외, 교육활동에 보조자로 참여하기, 집단구성원에 대한 변화 체크하기
4회	알코올중독에서 벗어나는 방법 습득하기	AA모임, 의료적인 치료, 정신사회재활치료에 대한 이해 증진	

(계속)

⑥ 평가계획	• 일시: 2017년 3월 20일~5월 20일(3개월간) • 장소: 복지관 내 강당, 집단상담실 • 사전사후검사: 알코올중독검사, 가족건강성척도, 지역사회에 대한 신뢰, 공동체의식 관련 설문 • 교육만족도(CSQ활용)

① 사례 1

　당신은 ○○종합사회복지관의 가족서비스지원팀의 팀원으로 4년차 사회복지사다. 복지관은 영구임대아파트에 위치해 있고, 복지관에서 아파트 단지 내 청소년을 위한 열린공부방을 운영하고 있다. 공부방에 참여하는 학생들은 선착순으로 30여 명 정도다. 공부방에 참여하는 학생들은 초등학교 5학년부터 중학교 3학년 학생이 15명으로 가장 많고, 초등학교 저학년, 고등학생 몇 명이 참여하고 있다. 공부방에서 진행하는 교육활동프로그램에 참여하는 데 소극적이며, 공부는 왜 해야 하는지 등 학습에 대한 동기가 부족한 학생들이 많다. 당신은 담당 사회복지사로서 아동 및 청소년기를 살아가는 학생들에게 진로탐색의 기회를 제공하고, 미래의 자신의 모습과 목표들을 설정하도록 도와 현재 생활의 적응력도 높이고자 한다. 이러한 상황에서 당신은 집단을 활용하여 사회복지 실천을 하고자 한다. 고려해야 할 사항을 점검하여 집단프로그램 계획서를 작성해 보자.

• 집단프로그램 계획서를 별도로 작성해 보시오.

- 집단프로그램 계획서

① 목적	
② 프로그램의 필요성	
③ 대상	
④ 클라이언트의 특성 사정	
⑤ 집단세부활동내용	
⑥ 평가계획	

② 사례 2

당신은 아동보호전문기관에 근무하는 사회복지사 7년차다. 최근 아동학대 문제가 사회문제로 언론에서 심각하게 다루어지면서 아동학대에 대한 교육의 중요성이 대두되고 있다. ○○복지관에서 영유아기부터 아동기 자녀를 기르는 부모를 대상으로 아동학대교육을 요청하였다. ○○복지관은 최근에 개발된 지역에 위치해 있으며, 사회경제적으로는 중산층의 밀집지역이라고 볼 수 있다. 복지관을 둘러싸고 2km 이내에 지역아동센터와 같은 아동시설은 없고, 개발된 지 3년 정도 되어 새롭게 이주해 온 사람들이 적응하는 과정에 있다고 볼 수 있다. 영유아기부터 아동, 청소년기에 이르는 대상자들이 타 지역에 비해 많은 편이다. 최근 이 지역 내 조손가족 중에서 아동학대 사건이 발생하여 지역주민들의 관심이 높은 상황이다. 복지관의 담당 사회복지사는 아동학대가 무엇인지 좀 더 현실적이고 구체적인 교육이 이루어졌으면 하고, 학대발견 시 지역주민들이 취해야 하는 행동이나 대처방법 등에 대해 자세하게 교육해 주길 원하고 있다. 복지관의 여건상 최대 3회까지 교육이 이루어졌으면 한다는 요청이 있었다. 복지관 강당은 50명 정도 수용이 가능하고, 수요일 저녁이나 목요일 저녁에 활용 가능하다. 이러한 상황에서 당신이 집단을 활용하여 사회복지실천을 하고자 한다. 고려해야 할 사항을 점검한 후 집단프로그램 계획서를 작성해 보자.

• 집단프로그램 계획서를 별도로 작성해 보시오.

– 집단프로그램 계획서

① 목적	
② 프로그램의 필요성	
③ 대상	
④ 클라이언트의 특성 사정	
⑤ 집단세부활동내용	

(계속)

⑥ 평가계획

② 집단프로그램 1회기 세부계획서 작성하기

전체 집단계획서를 작성하였다면, 집단 각 회기별로 어떻게 운영할지 세부계획서를 작성하는 것이 필요하다. 집단활동 시간 내에 이루어지는 사회복지사의 활동과 역할을 구체적으로 계획함으로써 집단실천의 효과성을 증진할 수 있다. 각 세부 회기 프로그램 진행계획서를 통해 집단을 활용한 사회복지사의 역할을 살펴보자.

• 활동사례

당신은 ○○종합사회복지관의 지역사회조직팀의 팀장이다. 당신은 최근 정신보건사회복지사로서 정신건강증진센터에서 5년 근무하다가 복지관으로 이직하였다. ○○종합사회복지관은 영구임대아파트단지 내에 위치하고, 아파트 거주자 대부분이 기초생활보장 수급자, 장애인, 노인, 다문화가정, 한부모가정 등이다. 복지관에서 근무하면서 느끼는 것이 지역 주민들의 알코올 문제가 심각하지만, 심각성을 인지하지 못하고 있는 것처럼 보이고, 술에 만취해 복지관 앞을 오고 가는 사람들에게 위협을 가하거나 복지관 사무실에 들어와 직원들에게 폭언하기도 한다. 이런 문제에 대해 부장에게 보고하자 부장은 "만성적인 문제예요. 어떻게 해결하기 어렵죠. 선생님이 정신보건사회복지사이니 어떻게 하면 좋을지 계획해 보는 것은 어떤가요? 정신건강증진센터나 중독관리센터와 연계도 하고 그랬는데 어렵더라고요. 전문가도 없었고, 자원도 부족하고, 참여율도 좋지 않아서 고생 좀 했지요. 세월이 지나니 자녀들이 술을 마시는 것에 대해 자연스러워지는 것 같아요. 팀장님이 오셨으니 팀원들과 논의하여 지역사회의 알코올 문제해결을 위한 프로그램을 계획하여 외부 공동모금회에 제안을 해 보는 것도 좋을 것 같습니다. 혹 안 되더라도 장기적으로 필요하다고 보입니다"라고 한다. 당신은 기관과 지역사회의 상황을 점검하고, 알코올중독자 중심으로 치료집단프로그램을 실행하기로 하였다. 전체 프로그램 중 3회기 프로그램(알코올 문제로 인한 가족관계의 어려움 이해하기)을 시행하기 위한 세부계획서 작성의 예다.

〈표 5-13〉 세부계획서 작성의 예

3회기			
프로 그램명	알코올 문제로 인한 가족관계 어려움 이해하기	진행자	손○○ 박○○
일시	2017. ○○. ○○.	장 소	복지관 내 교육실
치료 매체		참석대상 및 인원	5명
회기 목표	• 알코올 문제로 인한 가족관계 변화를 확인함 • 가족관계 회복을 위한 대안 찾기		
개입 과정	도입 (20분)	• 가계도 그리기 - 현재-지금의 가족 간 정서적 관계선 그리기 • 토론 - 가계도를 그린 후 부부체계, 부모-자녀체계, 형제체계 등의 관계에 대해 발표하기 - 가계도를 작성하면서 드는 생각은 어떤 것들이 있었는지 공유하기		
	본론 (30분)	• 최근 가족과 생각과 감정을 소통하는 데 어려움이 있었던 상황에 대해 논의하기 • 집단 구성원 간 논의된 상황 중 가장 공통점이 많은 상황을 선택하기 • 선택된 상황을 직접 역할극으로 실행하기 • 역할극 후 가족관계 회복을 위해 가장 어려운 점을 발견하고 논의하기 - 가족들의 감정에 공감할 방법 - 가족들에게 감정을 표현하는 방법 - 자신의 생각을 가족들과 적절하게 소통하는 방법 • 논의된 점을 적용하여 역할극을 재현하기		
평가	정리 (10분)	• 오늘 프로그램 돌아보기 • 프로그램 참여 소감 나누기 • 앞으로 자신의 계획을 공유하기		
준비물		• 가계도를 그릴 수 있는 종이 • 필기도구 • 알코올 문제로 어려움을 겪는 가족 사례		

① 사례 1

당신은 노인복지관에 근무하는 사회복지사다. 최근 고령화사회 도래로 베이비부머가 증가하여 건강하고 활동적인 노년에 대한 관심이 증가하고 있다. 노년기에 적응을 원만하게 하고, 연장자이면서 인생의 선배로서 다른 세대들과의 관계 속에서도 건강한 대인관계를 유지하기 위해 선배시민프로그램을 진행 중이다. 이번 회기에는 자신의 성격유형을 살펴보고, 다른 사람과의 차이점을 파악하고자 한다. 노인복지관 강당(50명 수용 가능)에서 진행하며, 강사는 외부강사로 애니어그램 전문가를 초청하여 진행한다. 진행시간은 총 1시간 30분이다. 다음 계획서 양식을 활용하여 세부 집단활동계획서를 작성해 보자.

회기				
프로그램명		진행자		
일시		장 소		
치료매체		참석대상및 인원		
회기목표				
개입과정	도입			

(계속)

과정 평가	본론	
	정리	
준비물		

② 사례 2

당신은 장애인주간보호센터에서 근무하고 있는 사회복지사다. 주간보호센터 대상자는 발달장애와 지적장애를 가진 대상자들이 대부분이다. 장애인의 인지훈련 프로그램을 진행 중이며, 오늘 집단프로그램은 비슷한 특성을 가진 물건을 분류하는 작업을 수행하고자 한다. 프로그램은 1시간 동안 진행하며, 보조진행자는 자원봉사자를 활용하고자 한다. 다음의 계획서 양식을 참고하여 계획서를 작성해 보자.

회기				
프로 그램명		진행자		
일시		장 소		
치료 매체		참석대상 및 인원		
회기 목표				

(계속)

개입 과정	도입	
과정 평가	본론	
	정리	
준비물		

③ 사례 3

본인이 원하는 기관에서 근무하고 있다고 설정하고, 그 기관의 대상자들을 위해 집단활동 프로그램을 작성해 보자.

사회복지분야	
대상의 특성	

회기				
프로 그램명		진행자		
일시		장　소		
치료 매체		참석대상 및 인원		

(계속)

회기 목표		
개입 과정	도입	
과정 평가	본론	
	정리	
준비물		

(4) 집단상담 진행하기: 집단활동 환경 조성하기

1회기 집단이 계획되었다면, 실시 직전에 사회복지사가 체크해야 할 사항이 있다. 집단구성원들이 집단활동에 동의하고 계약했다고 하지만 집단활동이 시작되었을 때는 참여자들이 참여를 회피하거나 시작시간을 어긴다거나 하는 다양한 상황이 발생할 수 있다. 또한 활동장소의 상황이나 기관의 상황이 변경될 수도 있으므로 이에 대한 대비를 해야 한다. 당일 기관 상황에서 내가 계획한 집단이 순조롭게 실행할 수 있도록 장소와 자리 배치 구조 등을 점검해야 한다. 활동장소의 접근성, 활동장소의 쾌적성, 준비정도를 체크하여야 한다. 만약 강사를 활용한 집단활동이라면 강사 섭외 상태 점검이 필요하다. 참여자들의 참여를 독려하기 위해 전화나 문자 등을 활용하는 등 사전점검이 요구된다. 집단활동 1회기를 진행하기 위해서 체크해야 할 사항이 많아 체크리스트를 작성하여 활용하기도 한다. 다음은 집단상담을 수행하기 위해 사회복지사가 체크해야 할 사항을 나열한 것이다.

〈표 5-14〉 집단상담을 수행하기 위해 사회복지사가 체크해야 할 사항

① 장소 확인	• 장소에 대한 사용 승인이 완료되었는가?(필요하다면 관련 공문 확인) • 모임의 목적에 맞는 적정한 크기인가? • 모임장소의 청결상태는 어떠한가? • 쾌적한 공간인가? • 집단구성원들이 참여하기에 접근성이 좋은가? • 외부인들로부터 방해를 받지 않고 집중할 수 있는가?
② 자리 구조	• 집단구성원들 간에 의사소통하기 적정한 거리인가? • 모임의 목적에 따라 자리 구조(예: 둥근 원형, 네모 모형 등)가 적절한가?
③ 준비물 점검	• 모임에 필요한 준비물(예: 출석부, 활동에 필요한 소품 등)이 다 준비되었는가? • 강사가 교육한다면 강사 섭외에 대한 확인이 되었는가? • 강사가 필요한 준비물이나 매체들은 준비되었는가?
④ 참여 여부	• 집단구성원의 참여 여부를 확인하였는가? • 모임에 대한 안내를 다양하게 하였는가?
⑤ 사회복지사 자기 준비상태 점검	• 세부 집단계획서에 의거하여 집단과정을 구조화하였는가? • 심리정서적으로 집단에 몰입할 수 있는가? • 집단진행을 위해 함께 일하는 사람들과 오늘 집단활동에 대해 정보를 공유하였는가?

집단활동 환경 조성하기 사례를 살펴보자.

• 집단활동 환경조성하기 예

당신은 종합사회복지관에 근무하는 사회복지사다. 당신은 사회복지공동모금회에서 지원하는 '빈곤가족아동의 자기주장훈련 프로그램'을 담당하고 있고, 오늘은 미술심리치료사 선생님이 아동이 불합리하다고 생각되는 상황에서 자신의 의견을 적절하게 주장할 수 있는 교육프로그램을 하는 날이다. 전체 참여자는 12명으로 복지관 2층 A 교육장(20인 수용 가능)에서 실시할 예정이다. 계획서에 따르면 자기주장을 위한 역할연기와 미술활동을 통해 자기주장이 어려웠던 상황들을 표현하도록 할 것이다. 오늘 오후 2시부터 3시 30분까지 집단활동을 실시할 예정이다. 함께 참여하는 치료자는 주 치료자, 보조치료자 2명, 자원봉사자 2명이다. 아동을 위한 자기주장프로그램을 원활하게 진행하기 위해 사회복지사는 어떤 일들을 해야 할지 앞의 체크포인트를 참고하여 준비해 보자.

① 장소 확인	• 복지관 교육장 시설 사용허가 확인 • 교육장 상태 확인(청결, 채광 등) • 교육장까지 이동하는 데 복지관 내 다른 사업이나 적치물 등은 없는지 확인
② 자리 구조	• 미술활동을 하기 위해 4개의 분단으로 자리 배치 • 역할연기를 위한 공간 확보
③ 준비물 점검	• 미술활동을 위한 크레파스, 사인펜, 도화지, 스카치테이프 등 • 강사 출석 여부 확인 • 역할연기 상황사례 준비
④ 참여 여부	• 12명의 참석 여부와 상황 파악 • 회합 전날 단체 문자 송부 • 치료자 및 자원봉사자 참석 확인
⑤ 사회복지사 자기 준비상태 점검	• 1시간 30분의 집단진행과정에 대해 사전계획서 작성 확인 • 기관 내 혹은 개인적인 문제에 대해 정리하기 • 사전 미팅(10분): 오늘 진행 시간, 내용, 각자의 역할에 대해 공지, 문제 발생 시 대처방안 등의 정보를 공유하고, 활동의 긍정적 생각을 갖도록 의지 고취하기

실천연습

① 사례 1

당신은 노인요양시설에 근무하고 있는 사회복지사다. 요양시설에 입원한 노인들은 치매와 뇌졸중 등 노인성 질환을 가지고 있다. 사회복지사는 노인의 인지기능 향상과 여가활동 증진을 위해 회상치료프로그램을 진행하고 있다. 오늘 주제는 꼬마 볼링하기다. 이를 통해 요양원 내 어르신들과 친밀감 형성과 어르신의 신체기능에 활력을 증진하고, 잔존기능을 유지하고자 한다. 팀을 나누어 사회복지사 2명이 각자 팀장이 되어 어르신들과 대결하고자 한다. 장소는 집단 프로그램실이며, 프로그램 시간은 1시간 10분 진행하고자 한다. 자원봉사자는 각 팀당 2명을 배치하여 볼링대회 장소 정리와 어르신 활동을 지원하고자 한다. 프로그램을 원활하게 진행하기 위해 사회복지사는 어떤 일들을 해야 할지 앞의 체크포인트를 참고하여 준비해 보자.

① 장소 확인	
② 자리 구조	
③ 준비물 점검	
④ 참여 여부	
⑤ 사회복지사 자기 준비상태 점검	
⑥ 기타	

② 사례 2

'집단프로그램 계획서 작성하기 사례 3(p. 233 참조)'에서 당신이 원하는 기관에서 당신이 하고 싶은 프로그램을 계획하기를 완료하였다. 1회기 프로그램의 구체적인 내용을 참고하여, 프로그램을 원활하게 진행하기 위해 사회복지사는 어떤 일들을 해야 할지 앞의 체크포인트를 참고하여 준비해 보자.

① 장소 확인	
② 자리 구조	

(계속)

③ 준비물 점검	
④ 참여 여부	
⑤ 사회복지사 자기 준비상태 점검	
⑥ 기타	

3) 집단발달단계에서 사회복지사의 개입방법

(1) 초기단계

① 집단목적 명확화와 관계형성하기

집단 초기단계에서 가장 큰 핵심은 집단구성원-사회복지사, 집단구성원-집단구성원 들의 관계형성이다. 성원들의 관계형성을 위해 다양한 신체적 활동이나 놀이활동을 활용하여 친밀감을 형성할 수 있다. 사회복지사는 친밀감 형성을 통해 새롭게 형성된 집단구성원의 긴장감과 어색함을 해소하기 위해 노력을 해야 한다. 집단초기에는 참여자 간, 참여자들과 사회복지사 간에 신뢰가 형성되지 못한 상태이며, 집단에 대한 기대, 목적 등에서도 상이할 수 있다. 참여자 간의 신뢰와 집단의 목적 등을 명확히 하는 과정이 필요한데 상호작용의 촉진을 통해 집단구성원으로서 적응할 수 있도록 돕는 것이 필요하다. 집단초기에 성원들과 상호작용을 촉진하기 위해 단순하지만 관계형성에 필요한 다양한 활동을 계획하여 시행한다.

▮ 활동의 예 1 ▮

당신은 학교사회복지사로서 ○○초등학교에 근무하고 있다. 교감선생님의 요청에 따라 초등학교 6학년 학생들 10명을 대상으로 진로적성 탐색프로그램을 계획하였다. 자신의 직업흥미는 어떤 분야이며, 자신이 가진 흥미와 연계되는 직업의 세계에 대해서 탐색하는 데 집단의 목적이 있다. 오늘 첫 모임에 오게 된 학생은 8명으로 집단활동프로그램에 대해서 기대에 찬 얼굴이다. 그러나 성원들 간에는 어색함이 감도는 상황이며, 선생님의 눈치를 보면서 탐색 중이다. 오늘은 첫 모임으로 참여자들이 집단의 목적에 대해 인지하고, 참여 성원이 누군지 서로 알게 하여 어색함을 없애는 것이 목표다.

사회복지사: 안녕하세요. 여러분, 나는 학교사회복지실에 근무하는 사회복지사예요. 만나서 반가워요.
참여자들: 네, 안녕하세요.
사회복지사: 우리는 오늘부터 8회 활동을 같이 할 거예요. 우리가 이렇게 모인 목적은 각자 자신의 흥미는 어떤 분야에 있는지 이런 흥미를 가진 사람들은 어떤 직업에 많이 속해 있는지 탐색하는 것입니다. 8회 동안 성실하게 참여하여 자신의 직업이나 진로에 대해 한 발짝 앞서 나가길 바랍니다.
참여자들: 네.

사회복지사: 오늘 처음 만난 친구들이지요? 그래서 서로 친해지기 위한 게임을 할 거예요.

— 자신의 양쪽 성원들과 1:1 짝을 지어 서로에 대해 소개하는 시간(각각 10분)을 갖는다. 책상이나 활동장소 어디를 돌아다녀도 상관없다. 종이 한 장을 나눠 주고 그림이나 단어, 문장 등 표현하는 방법은 어떤 것도 가능하다.
  (게임방법과 규칙 설명)
— 각자 양쪽 2명의 성원에 대해 전체 구성원에게 소개하는 시간을 갖는다(글이나 그림, 한줄 평으로 정리해서 발표할 수 있다).

(활동 중 가만히 있는 2명의 학생이 있다면)
사회복지사: 우리 친구는 어떤 친구일까 궁금하지 않아요?
참여자 A: 네, 저는 얘 몰라요. 어떻게 하는지도 잘 모르겠고요.
사회복지사: 아, 그랬구나. (참여자 B를 바라보면서) 너는 어떠니?
참여자 B: 저도 잘 모르겠어요.
사회복지사: 맞아요. 잘 모르죠. 그래서 이 게임을 하는 거예요. 같이 해 볼까요? (게임방법을 직접 보여 주면서 두 학생의 가운데서 자신들을 표현하도록 지지해 줄 수도 있고, 보조선생님을 투입해서 두 어린이들 사이에서 자기소개 게임을 하도록 지지할 수 있다.)

다른 활동의 예를 살펴보자.

∥활동의 예 2∥

당신은 ○○군 다문화가족지원센터에 근무하는 사회복지사다. 당신이 맡게 된 집단은 20대 캄보디아 여성들로 대부분 결혼이민자들이다. 이들은 한국생활 적응지원 프로그램에 참여하고 있다. 이 집단의 목적은 지역 내 캄보디아 결혼이민자들이 한국생활에 보다 잘 적응할 수 있도록 지원(언어, 생활, 문화 등)하는 데 있다. 집단구성원들은 지역 내 부녀회장이나 군청 등으로부터 정보를 얻어 참석하게 되었다. 당신은 대학 때와 이후 1년 동안 코이카 단원으로 캄보디아에서 생활한 덕분에 캄보디아 언어를 사용하여 의사소통을 할 수 있어 이 집단을 담당하게 되었다. 지난 주 첫 모임에서 매우 긴장되고 어색한 상황이었다. 사회복지사는 이 모임에 적극적으로 참여해 준 점에 대해서 감사하다고 말했고, 이 모임의 목적과 이후의 일정에 대해 설명하였다. 간단한 차와 간식을 준비하여 어색한 분위기를 해소하기 위한 노력을 했다. 사회복지사는 2회 모임이 진행되면서 이들이 서로에 대해서 매우 어색해 하고 있으며, 몇 명은 어떻게 한국에 오게 되었는지에 대해서도 말하고 싶지 않다고 활동에 참여하는 데 주저함을 보였다. 이에 사회복지사는 이 집단의 목적에 대해 다시 한 번 상기시키고, 구성원 간에 친밀감을 형성하도록 프로그램을 진행하고자 한다. 오늘 프로그램은 캄보디아 경험을 토대로 자신이 느꼈던 캄보디아 문화나 활동했던 사진들을 활용하여 이들에게 캄보디아에 대해 이야기할 수 있는 기회를 제공하였다.

> 사회복지사: (봉사활동 사진을 통해 캄보디아 지역의 생활상이나 봉사활동을 통해 제공한 서비스 등을 사진이나 동영상으로 보여 주면서) 제가 1년 동안 살면서 느꼈던 캄보디아는 이런 곳이었어요.
> 참여자 A: 우리 집에 멀지 않은 곳에서 살았군요?
> 참여자 B: 아! 맞다. 우리 집에도 저런 게 있었어요. 저렇게 지냈지…….

참여자들이 각자 고향에 대한 이야기들을 꺼내면서 지역적으로 가까웠던 사람들도 있고, 비슷한 경험들을 하게 된 것에 대해 서로 소통하면서 즐거워한다. 또한 캄보디아에서 가져온 물건들에 대해서 이야기하는 과정이 있었다.

> 사회복지사: 고향 이야기에 모두 하나가 되는 듯합니다. 제가 모르는 것들도 많고요. 이 모임의 목적이 여기에 있습니다. 이렇듯 여러분들이 모여서 함께 정보도 교류하고, 서로 이해하면서 한국생활에 적응할 수 있도록 지원하는 모임입니다. 이 모임이 더 발전하여 먼저 오신 여러분들이 선배가 되어서 새롭게 결혼하여 이민 온 캄보디아 후배들을 이끌어 주시는 모임이 되길 기대합니다.

☞ 집단초기에는 관계형성과 함께 집단의 목적에 대해서도 지속적으로 상기시키는 것이 필요하다. 단순히 관계형성을 위한 활동도 중요하지만 친밀감이 형성되어 갈 때 이 집단의 목적이 무엇인지 명확하게 인지하도록 제시하는 것이 필요하다. 앞의 활동은 사회복지사가 관계형성을 위해 어색함도 해소하고 참여자들의 동질 성을 찾은 후 집단 목적을 제시하여 집단구성원들이 자신이 왜 이 집단에 참여하는지에 대해 각자의 목표를 인지하도록 지원하였다.

실천연습

① 사례 1

당신은 청소년 진로탐색프로그램을 진행하는 사회복지사다. 참여하게 되는 청소년 들은 자신의 적성과 진로에 대해 고민하면서 자신의 적성에 맞는 직업과 직업을 갖기 위해 필요한 것들이 무엇인지 탐색해 보고자 한다. 중학생 10명을 대상으로 실시할 예 정이다. 오늘은 2회기 관계형성을 촉진하기 위한 활동을 실시하고자 한다. 10명의 학 생들로 집단을 구성하고, 친밀감 형성을 위한 활동을 직접 계획, 실행해 보자. 사회복 지사 역할 1명과 보조치료자 1명을 선정하고, 8명은 학생 역할을 수행한다. 친밀감 형 성을 위한 활동 시작 전에 이 집단의 목적을 설명하는 과정을 포함하여 활동을 진행하 고자 한다.

> 사회복지사: 안녕하세요. 사회복지사 ○○○입니다. 진로탐색프로그램에 오신
> 걸 환영합니다.
> 참여자들: 안녕하세요.

• 사회복지사로서 집단프로그램의 목적을 설명해 보시오.

W'er: --

`✐ TIP` 오늘 2번째 만남임을 주지시키고 집단에 대한 기대와 우리가 만나서 하고자 하는 목적을 설명함

• 집단프로그램의 목적을 설명한 후 구성원들 각자가 가지는 목적과 기대에 대해 얘기해 볼 수 있다. 이후 친밀감 형성 프로그램의 세부 진행계획을 세워 보고, 이를 직접 실행해 보시오.

----

② 사례 2

당신은 대학교 학생생활상담소에서 근무하는 사회복지사다. 학생생활상담소에서는 1학년 대학생을 대상으로 대학생활 적응을 지원하기 위해 자아 찾기 프로그램을 진행 중이다. 에니어그램과 직업흥미도검사 등을 통해 자신을 객관적으로 들여다보고 자신이 전공하고 있는 학과와 적성이 맞는지 탐색하여 대학생활 동안 준비하여야 할 부분들을 구체적으로 찾아보는 것을 목적으로 한다. 지난 첫 회기 모임을 통해 간단한 집단의 목적과 과정을 공유하였다. 2회기 활동내용은 다양한 학과 학생으로 구성되어 있는 집단 구성원들의 친밀감 향상을 위한 단체활동을 하려고 한다. 친밀감 형성을 위한 활동 시작 전에 이 집단의 목적을 설명하는 과정을 포함하여 활동을 진행하고자 한다.

사회복지사: 안녕하세요. 사회복지사 ○○○입니다. 자아 찾기 프로그램에 오신 걸 환영합니다.

참여자들: 안녕하세요.

• 사회복지사로서 집단프로그램의 목적을 설명해 보시오.

W'er: --

🖉 TIP   오늘 2번째 만남임을 주지시키고, 우리가 만나서 하고자 하는 목적을 설명함

• 집단의 목적을 상기시킨 후 친밀감 형성 프로그램의 세부 진행계획을 세워 보고, 이를 직접 실행해 보시오.

----

② 집단의 규칙 만들기

집단 초기단계에서 집단의 규칙을 함께 만들고 공유하는 것은 매우 중요하다. 사회복지사는 초기 회기 중 집단구성원들의 의사소통을 향상시키고 집단 내에서 허용되는 규범을 명확하게 해야 한다. 성원들이 집단 내에서 허용되거나 하지 말아야 할 것들을 공유함으로써 집단 내 상호작용을 촉진할 수 있도록 돕는 역할을 해야 한다. 집단 규칙이나 규범에 대해서는 사회복지사가 직접 말할 수도 있고, 성원이 노출한 문제점에 대해 적절하게 지지하거나 교육을 통해서도 가능할 수 있다. 집단 규칙을 함께 만들고 공유하여 집단구성원이 집단에 관심을 가지고 참여하도록 독려하는 것이다. 집단규칙을 만들어 보자.

‖ 활동의 예 ‖

- 집단 내에서 함께 지켜졌으면 하는 내용을 각자 포스트잇을 활용하여 다섯 가지를 적는다.
- 집단지도자는 각자 적은 규칙을 같은 내용끼리 분류하면서 칠판에 붙인다.
- 분류된 내용을 점검하면서 공통으로 지켜야 하는 규칙으로 축소시켜 나간다.
- '집단규칙 5계명'과 같은 제목을 만들고, 집단 규칙을 적어서 활동장소에 게시한다.

‖ 집단 규칙의 예(우리가 지켜야 할 5계명) ‖

- 시간을 지킨다.
- 집단 내에서 나눈 이야기는 외부에 발설하지 않는다.
- 집단구성원을 서로 존중한다.
- 만나면 인사를 한다.
- 과제를 잘한다.

실천연습

① 사례 1

당신은 종합사회복지관에서 빈곤지역 청소년을 위한 집단멘토링 프로그램을 진행하고자 한다. 첫 모임에 집단프로그램을 실시하는 목적과 사회복지사 소개, 집단이 어떻게 운영될 것인지를 소개한 후 각자 집단 내에서 함께 지켜 주었으면 하는 것들을 함께 찾고자 한다. 집단구성원들과 함께 집단 규칙 만들기 활동을 실시하여 규칙을 정해 보시오.

----

(2) 탐색단계(집단 목적을 의심하는 경우)

탐색단계는 집단구성원들이 서로 알아가는 과정으로, 성원들 스스로 동질성과 이질성에 대한 서로의 인식이 상이하면서 혼돈과 긴장이 있을 수 있다. 성원들은 사회복지사—성원, 성원—성원들 간에 서로 활발한 상호작용을 하면서 집단경험이 자신에게 주는 의미를 파악하고, 집단 내에서 자신의 역할이나 지위들을 결정해 간다. 이러한 과정에서 서로의 상호작용 증진을 통해 집단의 목적이 명확해지거나 집단이 성원들에게 중요한 체계가 되기도 한다. 사회복지사는 집단구성원들이 집단에 대한 불확실한 느낌이나 긴장을 해결하도록 돕는 것이 중요하다. 탐색단계 활동의 예를 살펴보자.

┃활동의 예 1┃

당신은 청소년 대상으로 학교적응 프로그램을 실시하고 있다. 이 프로그램은 교감선생님이 요청한 것으로, 결석이 잦거나 학교생활에 즐거움을 찾지 못해 적응의 어려움을 보이는 학생들이 학교생활을 활기차고 즐겁게 할 수 있도록 요청한 것이다. 학교 내에서 학생들의 잦은 결석과 학생들 간의 다툼, 교사의 지시나 교육에 반하는 행동들을 많이 해서 학급 분위기를 망치는 경우가 많아서 학교 내에서 문제가 되었다. 아주 심각한 문제가 되기 전에 예방차원에서 집단활동프로그램을 의뢰하게 된 것이다. 부모의 동의도 받고, 8회기로 실시하는 것이었다. 3회를 실시했고, 오늘 4회기 시작 중에 한 참여자가 집단에 오기는 했는데 왜 내가 여기 있는지 잘 모르겠다고 한다.

　사회복지사: (다른 구성원들의 마음속에도 이런 마음이 있을 것을 예측하여) 그래요? 그렇다면 다른 친구들도 궁금할 것 같은데 어떤가요?

참여자들은 여기저기서 그냥 왔다는 친구, 나도 왜 왔는지 모르겠다는 친구들도 있었다.

　사회복지사: 학교 교감선생님이 학교생활을 즐겁게 참여하도록 프로그램을 해 달라고 요청한 것이고, 부모님들도 동의한 프로그램이지 않았나요?
　참여자 A: 학교에서 문제학생들만 모아 놓은 거 아니에요?
　참여자 B: 그래, 교감선생님이 우릴 좋아할 리가 없지.

참여자들은 여기저기서 학교, 선생님이나 교감선생님에 대한 불평들이 있다.

(계속)

사회복지사: (불만을 다 표현하도록 기다린 후) 그렇게 생각하는구나. 학교에서 문제학생이라고 A가 말했는데 나는 그렇게 생각하지 않아요. 학교생활을 하는 모든 학생이 제각기 다른 이유에서 친구들이 말한 그런 불만과 어려움은 있을 것 같아요(집단의 목적과 활동의 의미를 제시하면서). 그런데 어떤 학생은 그런 어려움을 참지만, 어떤 학생은 어려움을 결석이나 친구 또는 선생님들과의 갈등으로 표현하기도 해요. 그래서 이 집단에서 그러한 문제나 상황들을 논의하고 학교에서 잘 지내는 방법을 같이 고민하려고 만나는 시간을 가지려고 해요.

참여자 A: 불만이나 어려움을 집단에서 다 이야기해도 되나요?

사회복지사: (학생들의 염려나 불안감에 집중하면서) 그럼. 학생들이 가지고 있는 생각들을 집단활동하면서 여기서 마음껏 이야기해 보고, 고민해 보고 해결점을 같이 찾아보는 것인데 여러분들이 가장 잘할 수 있을 것이라고 생각해요.

다른 탐색단계 활동 예를 살펴보자.

┃활동의 예 2┃

지역사회정신건강센터에 근무하는 당신은 최근 가족교육에 참여했던 몇몇 아버지를 대상으로 가족모임을 만들고, 5회 정도 만났다. 이 모임은 기존에 가족모임들이 정신장애인을 돌보는 어머니를 위주로 형성되어 있어 아버지들의 참여가 저조한 점과 교육이나 모임의 시간도 대부분 일을 하는 아버지의 입장에서 고려되지 않아 아버지들의 참여가 가능한 저녁시간에 모임을 진행하고 있다. 소규모 모임이지만 전반부에는 가족교육에서 다루는 정신병리에 대한 교육, 약물교육, 증상대처법에 공유하고 식사나 차를 가끔 하는 모임이 되었다. 6회가 진행되고 있다. 모여서 간단한 인사와 어떻게 지내는지 물어보는 과정이다.

참여자 A: 직원들이 아버지가 문제가 있어서 가족모임에 오라고 한 건지, 아니면 환자를 잘 돌보라고 모임에 오라고 한 건지 모르겠어요.

참여자 B: 우리가 문제가 있다고 생각해서 그럴 수도 있는 것 같아요. 지난번에 교육받을 때도 마음에 찔리더라고요.

참여자 C: 나는 아니라고 생각하는데요.

참여자 D: 두 가지 다 맞다고 생각하는데요

사회복지사: 두 가지라면 어떤 이유를 말씀하시는 건지요?

참여자 D: 아버지들이 문제가 있으니까 같이 모여서 서로 도와주고, 교육도 받다 보면 병든 자녀들을 잘 돌보는 데 도움을 얻지 않겠어요?

참여자 E: 내가 생각하기엔 사회복지사님이 제일 잘 알 것 같은데요.

(계속)

사회복지사: 그래요. 우리가 모이는 이유에 대해서 처음 시작할 때 목적이 무엇이었는지 검토해 봐야 할 것 같지만, 우선 여러분들은 이 모임에 대해 어떻게 생각하시는지 알고 싶네요. 어떠세요?

모임에 오니까 참여자들이 정신질환에 대해 알게 되어서 좋았다, 자녀를 보는 눈이 달라졌다. 나만 마음속에 담아 놓고 사는 줄 알았더니 다른 아버지들도 나랑 비슷하더라, 자녀들의 병에 대해 알게 되었다, 자녀의 아픔이 뭔지 알게 되었다, 우리 아내의 마음이 이해가 되더라, 아픈 자녀들과 소통하는 것이 중요하다고 생각되더라는 등 다양한 의견들이 오고 갔다.

사회복지사: (성원들이 말한 내용을 정리해서) 그렇지요. 여러 가지 경험하신 것들을 말씀을 잘 해 주셔서 감사합니다. 오셔서 병, 약물, 증상 등 다양한 정보도 교환하고 아픈 자녀에 대해 마음속에 묻어 두었던 마음들도 표현하시고, 다른 사람들도 나와 같이 고통스럽구나 하는 동질감도 생기고, 보호하는 가족들이나 특히 어머니 입장에서 생각도 하게 되는 것 같습니다. 우리 모임의 목적이 바로 여러분이 말한 것과 같습니다. 자녀들이 가진 병에 대해 좀 더 잘 알고, 동일한 입장에서 다른 아버지들과 서로 마음을 털어놓는 시간을 가짐으로써 자녀와의 관계도 회복하고, 가족관계도 회복해서 나와 우리 자녀가 좀 더 건강하게 살 수 있도록 지원하는 것이 우리 모임의 목적입니다. 지금까지 다섯 번 만났는데 각자 모임에 참여하는 이유들을 명확하게 해 가는 과정인 것 같습니다. 이 모임이 서로 편하고 성장하는 모임이 되었으면 합니다.

참여자들은 사회복지사의 말을 인정하면서 새롭게 해 보자는 의지와 동기들을 다짐하게 되었다.

> **TIP** 집단구성원들의 변화에 대한 동기는 성원들이 서로의 욕구에 대해 얼마나 관심을 가지고 인식하고 있느냐와 관련이 있다. 자신의 목표가 집단에서 해결될 수 있다는 생각이 들고, 다른 사람들도 나와 같은 목적을 가지고 있다고 생각이 되면 집단에 더 적극적으로 참여하게 되고, 목적달성을 위해 노력하게 된다. 이러한 과정은 초기에 많이 나타나지만 그렇지 않을 수도 있다. 그러므로 사회복지사는 단계별로 집단 내 역동을 살피면서 집단이 목적을 향해 나아가도록 동기를 사정하고 지도해야 한다.

① 사례 1

사회복지사는 성원들의 참여를 촉진하고, 욕구나 문제해결에 대해 깊이 있는 사정과 개입을 위해 다음의 문장완성카드를 활용하기도 한다. 다음은 폭력문제로 쉼터에 입소해 있는 비행청소년들을 대상으로 집단을 진행하는 과정에 있다. 집단구성원들이 자신들의 폭력문제에 대한 심각성을 인식하지 않으려 하고 집단의 참여도 저조해지는 상황이다. 문장완성카드를 활용하여 집단이 가진 목표를 달성하기 위한 노력을 해 보자.

• 문장완성카드 활용하기

　　－ 문장완성카드를 집단의 목적(폭력문제 해결)을 달성하기 위한 주제나 내용으로 작성한다.

　　카드 A(문장을 완성하시오): 폭력문제가 발생하기 전에 나는 ＿＿＿＿＿＿＿라 느낀다.

　　카드 B(문장을 완성하시오): 폭력문제 후에 내가 가장 절실하게 느낀 것은 ＿＿＿＿＿＿＿이다.

　　카드 C(문장을 완성하시오): 폭력문제를 줄이기 위해 할 수 있는 한 가지 일은 ＿＿＿＿＿＿＿이다.

　　－ 각 구성원들은 이 카드를 무작위로 받아 작성한다.

　　－ 작성된 카드를 다 모은 후 섞는다.

　　－ 모아진 카드를 A, B, C로 분류한다.

　　－ A카드, B카드, C카드 순서대로 나눠 준다.

　　－ 2~4명의 소집단을 구성하여 A, B, C 카드에서 완성된 문장의 내용을 분석, 토론한다.

　　－ 종합·정리된 내용을 발표한다.

② 사례 2

당신은 학교사회복지사로 왕따 학생들의 집단프로그램을 진행 중이다. 서로 왕따 경험에 대한 심리, 정서상태, 구체적인 대처방법에 대해서 서로 터놓고 이야기할 수 있도록 문장완성카드를 통해 서로 공유하고자 한다. 자신들의 왕따경험을 집단 내에서 개방하고 도움을 받을 수 있을지, 본 집단프로그램의 목적이 무엇인지 고민이 되어서 상호작용이 활발하지 않을 경향이 있다. 이에 집단 구성원들이 같은 문제를 가지고 함께 모였음을 인지하도록 문장완성카드를 통해 토론해 보자.

주제: 왕따 경험을 당할 때 나의 심리상태와 대처방법 점검하기

• 문장완성카드를 작성해 보시오.

 – 문장완성카드를 집단의 목적(왕따경험 시 대처방법)을 달성하기 위한 주제나 내용으로 작성한다.

 카드 A(문장을 완성하시오): 나는 _____ 왕따경험을 했다.

 카드 B(문장을 완성하시오): 왕따를 당할 때 나는 _____ 마음이 든다.

 카드 C(문장을 완성하시오): 왕따에 대한 대처방법은 _____이다.

 – 각 구성원들은 이 카드를 무작위로 받아 작성한다.

 – 작성된 카드를 다 모은 후 섞는다.

 – 모아진 카드를 A, B, C로 분류한다.

 – A카드, B카드, C카드 순서대로 나눠 준다.

 – 2~4명의 소집단을 구성하여 A, B, C 카드에서 완성된 문장의 내용을 분석, 토론한다.

 – 종합 · 정리된 내용을 발표한다.

TIP 집단이 발달해 가면서 집단구성원들은 집단의 목적보다는 개인적인 관계나 하위집단에 관심을 가지기도 한다. 집단의 목적에 대해 의심하거나 관심이 저조해 갈 때 집단의 목적에 대해 모든 집단구성원들이 관심을 갖고 다시 집중할 수 있도록 지원하는 것이 필요하다. 문장완성하기는 집단의 목적을 재점검하고 구성원들이 가진 문제에 대해 함께 고민해 보는 데 도움을 줄 수 있다. 자신의 문제가 다른 구성원들에게도 있으며, 함께 해결해 갈 수 있도록 구성원의 관심을 전체 구성원의 관심으로 돌릴 수 있는 것이다.

(3) 상호관계와 목표성취단계

① 혼자서 이야기를 독점하는 경우

집단 진행과정에서 특정 구성원이 주제에 대한 주도권을 가지고 혼자 이야기하는 경우가 있다. 집단 내에서 각자의 위치를 확고하게 하기 위한 방법으로 집단지도자는 집단구성원들이 주제에 함께 참여할 수 있도록 지도해야 하며, 주도적으로 참여하는 구성원에 대해서 비난하거나 부정적인 피드백 없이 자연스럽게 진행되도록 해야 한다. 이야기 막대(talking stick)를 활용할 수 있는데, 이야기 막대란 집단 내에서 막대를 잡은 사람만 이야기할 수 있는 기회를 제공하는 것으로, 집단 전체가 상호작용에 참여할 수 있도록 구성원 전체를 대상으로 돌아가면서 얘기할 수 있도록 한다. 막대를 잡은 사람은 자신의 얘기를 하고 나머지 집단구성원들은 그 사람의 얘기를 잘 들어주어 소심하거나 말수가 적은 집단구성원들이 집단에 참여하도록 하는 것이다. 이야기 막대를 활용한 사례를 살펴보자.

‖ 활동의 예 ‖

사회복지사는 비행청소년을 대상으로 성장집단 프로그램을 진행하고 있다. 집단구성원들이 동시에 말을 하고 서로 자신만 이야기하려고 하며, 다른 사람의 말을 듣지 않고 있다. 이럴 때 사회복지사가 활용할 수 있는 적절한 방법으로 이야기 막대를 이용하여 연습해 보자.

---

② 집단 내 갈등이 있을 경우

집단이 발달하면서 집단의 응집력이 생성되고, 집단의 목적에 대한 목표달성을 위해 노력하는 과정에서 집단 내 갈등이 발생할 수 있다. 사회복지사는 집단구성원 간에 갈등이 생겼을 때 개방적 태도를 가지고 중간자적 입장에서 집단 목표 성취를 위한 노력을 해야 한다. 상호존중하고 경청하며 상대방을 이해하려고 노력하게 지도하여야 한다. 집단 내에서 구성원들과 갈등해결을 위한 노력도 필요하지만 경우에 따라서는 구성원을 별도로 개인면담을 통해 갈등을 중재할 수 있다. 활동의 예를 살펴보자.

‖ 활동의 예 1 ‖

당신은 정신병원 재활센터에서 근무하는 사회복지사다. 지역사회로 퇴원하기 위해 재활훈련을 받고 있는 여성(7명)을 대상으로 지역사회적응프로그램을 진행 중이다. 5회까지 이루어졌고, 5회 마지막 부분에서 모임 시작시간을 변경하는 것에 대해서 논의가 있었다. 6시 30분에 시작하는데 7시면 좋겠다는 의견이었다. 2~3명은 반대의사를 명확하게 이야기하지 않고 상관없다는 표정이었고, 1명만 반대의사를 표현하였다. 사회복지사는 여러 사람이 괜찮다고 하니 서로 양보하여 6시 45분에 하자고 했었다. 그리고 지난 모임이 끝난 후 7명 중 친한 3명의 하위집단 성원들이 이 결정에 대해 불만이 있다는 것을 말하였다. 이에 사회복지사는 오늘 6회 모임이 시작되었을 때 이렇게 말하였다.

　사회복지사: 제가 지난주에 실수를 했네요.

참여자들은 "무슨 실수지? 왜? 무슨 말이지?" 라는 반응이다.

　사회복지사: 지난주에 모임시간을 정할 때 여러분들이 결정하도록 지원하지 못했네요.

참여자들 중 몇 명은 괜찮다고 했고, 그냥 그렇게 되어 버렸다며 비웃는 표정도 있다. 신경 쓰지 않는다는 표정이지만 얼굴 표정은 못마땅한 것이 역력하다. 7시로 하자고 했던 구성원만 15분만 빨라져서 자기는 괜찮았다고 한다. 다른 성원들 일부는 다 그럴 수도 있다면서 웃기도 한다. 또 7시에 하자는 사람의 의견을 더 들어주고 시간 조정을 해 주는 것은 다른 많은 사람들에게는 어려운 일이라며, 자신들도 일정이 있는데 자기 마음대로 규칙을 바꾸는 것에 대해 불편함을 이야기하는 사람들도 있다.

　사회복지사: (최대한 불편사항을 들어주면서) 여러분이 결정해야 할 권리가 있는 것인데 이것을 논의하는 것이 필요할 것으로 보입니다.

　☞ 사회복지사는 집단 내에서 일어날 수 있는 이러한 갈등들에 대해서 집단 내에서 충분히 다룰 수 있는 것이라는 것과 서로 개방되어 있어서 자유롭게 생각이나 감정을 표현할 수 있는 곳이라는 점을 인지시키면서 사회복지사도 한 성원으로서 다양한 관점을 고려하여 결정하여야 함을 볼 수 있다.

다른 활동의 예를 살펴보자.

∥ 활동의 예 2 ∥

당신은 학교 사회복지사로서 중학생을 대상으로 학교 적응지원 프로그램을 실시하고 있다. 오늘 집단활동 중에 지성이가 복지관 ○○선생님에 대해 불평을 쏟아내기 시작하였다.

　　지성: ○○선생님은 나를 싫어하고, 내가 잘못을 안 해도 내 잘못이라고 해요. 정말 짜증나요.
　　참여자 A: 네가 매번 잘못을 하니까 그렇지.
　　참여자 B: 너는 다른 얘들에 대해 매번 나쁜 이야기만 하잖아.
　　참여자 C: 맞아. 선생님이 그러는 게 당연하지.
　　사회복지사: 여러분, 괜찮아요. 우리가 집단활동 시작할 때 누구든 하고 싶은 말을 숨기지 말고 다하도록 규칙을 만들었지요? 그러니까 지성이는 당연히 그 규칙대로 하고 싶은 말을 하는 거겠죠? 그럼 왜 지성이가 짜증이 났는지 좀 더 자세히 들어봅시다.

참여자들 모두 알겠다고 한다.

　　지성: (얼굴빛이 변하면서 화가 난 듯) 야!

지성이는 화가 난 듯 벽 쪽으로 돌려 앉았다가 집단상담실 문을 박차고 나가 버린다. 다른 성원들은 자기가 오히려 화를 낸다며 모두 화가 나서 불쾌하다고 이야기한다.

　　사회복지사: 여러분! 아까도 말했지만 우리는 집단 내에서 충분히 자신의 의견을 말할 수 있어요. 지성이도 마찬가지고, 다른 친구들도 이런 일이 있으면 와서 이야기할 수 있었으면 합니다.

다른 참여자들도 지금 지성이의 행동은 잘못된 것이고, 집단의 분위기를 망쳤다고 비난한다. 지성이를 빼야 한다는 이야기도 있었으나 참여자들이 지성이도 기분 나빴을 거라고 여태까지 같이 해 왔는데 혼란스럽다는 이야기를 한다. 사회복지사는 보조치료자에게 참여자들과 함께 오늘 하려던 활동을 하도록 제안한 후 지성이를 찾아 다녔고, 복지관 놀이터에 있는 지성이를 만나 집단에서 다른 사람들의 의견이나 마음 등을 전하며, 집단활동에 참여하도록 간단한 면담을 실시하였다. 이후 지성이는 집단에 복귀하여 활동을 마무리했고, 집단 내에서 했던 잘못된 행동에 대해서 성원들에게 사과하였고, 집단구성원들도 지성이 입장에서 생각하지 못한 부분에 대해 사과하였다. 그럼과 동시에 집단 내에서 만든 집단규칙(집단을 이탈하지 않고, 끝까지 참여하기)을 상기시켜 집단구성원이 모두 공동체임을 인지하도록 하였다.

(계속)

☞ 사회복지사는 집단 운영 시 구성원들 간의 지나친 갈등이 발생하였을 때 집단 내에서 갈등이나 어려움을 해결하기 위해 집단 성원 전체가 참여하고 해결하도록 안내할 수도 있고, 집단이 함께 공유하려는 준비가 되지 않았다면 집단 외부에서 개별면접을 통해 집단에 참여하고, 구성원들 간의 중재자의 역할을 하기도 한다. 더불어 집단 성원이 돌발행동을 하여 집단의 규칙을 위반했을 때 전체 성원들에게 집단규칙에 대해 다시 한 번 상기시키는 것도 중요하다.

실천연습

① 사례 1

치매전문병원에서 근무하는 사회복지사 A는 다양한 인구사회학적 특성을 가진 남녀 어르신 10명을 대상으로 회상치료프로그램을 진행하고 있다. 평소 덕선 할머니와 혜영 할머니는 집단 내에서 서로 사이가 좋지 않다. 혜영 할머니는 서울대를 나왔고, 덕선 할머니는 초등학교만 졸업하였다. 프로그램 진행 중에 일어난 일이다. 이후에 사회복지사가 적절하게 개입하는 방법을 생각해 보고 집단을 가상으로 진행하여 갈등을 해결해 보자.

혜영 할머니: 저저저. 학교를 못 다녔으니 알 리가 있나? 모르면 가만있지.
덕선 할머니: 나도 학교 다녔어. 왜 이랴.

• 당신이 사회복지사라면 어떻게 반응하면 좋을까요?

W'er: _____

_____

_____

_____

_____

📝 TIP 집단활동 시 '서로에 대한 비난이나 감정이 상할 수 있는 이야기를 하지 않기'라는 집단규칙을 상기하고 중재적 입장에서 개입

③ 새로운 행동을 학습하고 일반화시킬 경우

집단 각 회기에서는 집단의 목적에 맞는 과제가 부여되기도 한다. 클라이언트가 상담회기들 사이에서 수행할 구체적인 과제와 활동을 부여함으로써 새로운 행동을 학습하도록 도울 수 있다. 과제를 제시할 때는 '하루에 만나는 사람마다 "안녕하세요" 인사하기'와 같이 활동내용을 명확하게 제시하여야 하고, 가능하면 기록할 수 있도록 기록양식을 제공하는 것이 과제를 수행하는 데 용이하다. 활동의 예를 들어 보자.

▮활동의 예▮

당신은 장애인복지관에서 장애청소년의 자기주장훈련프로그램을 진행하고 있다. 지적장애 청소년을 위한 프로그램으로 타인과의 상호작용에서 자신의 이야기를 정확하게 요구할 수 있도록 자기주장프로그램을 진행하고 있다. 오늘은 자신이 원하는 상황에서 "~을 해 주세요"라고 주장하는 연습을 수행하였다. 3일 후에 다시 모임을 가질 예정이다. 일상생활 속에서 적용하기 위한 연습을 지원하기 위해 과제를 주고 행동의 일반화를 촉진하고자 한다. 앞의 과제상 지시사항을 참고하여 과제를 제시하여 보자.

• 과제: 일상생활을 하면서 다른 사람에게 "~을 해 주세요"라고 요청한 상황을 다섯 번 기록해 오세요.

횟수	나는	언제	누구에게	어떤 상황에서	무엇을	어떻게
예시	김미희는	4월 30일에	엄마에게	저녁식사를 하라고 불렀을 때	지금 컴퓨터를 하고 있으니	"엄마! 5분만 시간을 주세요"라고 했다.
1						
2						
3						
4						
5						

① 사례 1

당신은 노인복지관에 근무하는 사회복지사다. A 어르신은 부인이 치매를 앓고 있어 케어하는 데 어려움이 많다. 지속적으로 개인면담을 진행하고 있는데 최근에는 부인이 "자기 돈을 훔쳐갔다" "밥을 안 준다" 등 계속 사실이 아닌 이상한 이야기를 한다고 한다. 사회복지사는 치매증상 중 피해망상이나 도둑망상 등이 있을 수 있다는 정보를 제공하고, 이럴 때는 ① 부인의 말을 그대로 인정하고, ② 마음이 힘들겠다 등 감정을 읽어 주고, ③ 관심을 돌려 다른 활동에 집중할 수 있는 방법을 활용하면 좋다고 제안하였다. 다음 주 면담 올 때까지 부인의 말이나 행동에 대해서 앞의 대처방법을 실천하는 것을 과제로 제시하고자 한다.

----

② 사례 2

종합사회복지관에서 근무하는 사회복지사 B는 청소년 자녀를 둔 아버지를 대상으로 가족관계 증진프로그램을 진행하고 있다. 청소년 자녀를 둔 아버지들이 어려운 점은 청소년들과 의사소통이 어렵고, 갈등상황에 놓이는 경우가 많다는 것이다. 오늘 효과적인 의사소통방법으로 청소년들의 행동이나 말을 비난하지 않고, 자신의 의견을 표현하는 나-전달법을 학습하였다. 아버지들에게 일주일 동안 아들의 행동이 마음에 들지 않았을 때 나-전달법을 활용하여 의사소통해 보기를 연습하는 과제를 제시하여 보자.

• 어떤 상황

• 나의 감정, 느낌

• 내가 바라는 것

----

(4) 종결단계

종결단계에서 사회복지사의 중요 과업은 종결을 준비하도록 지원하고, 집단과 개별 성원의 목적이 잘 달성되었는지 일상생활에서 잘 적용하고 유지하도록 지원하는 것이 필요하다. 집단의 종결은 문제가 해결되어서 집단을 종결하는 경우도 있지만, 집단구성원들이 예고 없이 나오지 않는 경우도 있고, 집단구성원의 문제로 인해 집단 참여를 하지 못하는 경우(이사, 졸업, 개인사정 등)도 있다. 사회복지사의 사정(기관 이직, 업무 변경, 실습 종결 등)으로 종결하기도 한다. 집단을 종결하는 과정에서는 집단 내에서 정리되지 못한 감정, 변화된 행동 등을 정리하는 것이 필요하고, 사후관리를 어떻게 할 것인지에 대해서도 다룰 수 있다. 종결단계 활동의 예는 다음과 같다.

‖활동의 예 1‖

사회복지사는 비행청소년을 대상으로 성장집단 프로그램을 진행하고 있다. 총 8회기 집단프로그램에서 7회를 진행하였고, 마지막으로 종결회기만 남아 있다. 7회 마지막 시간에 다음 주에 집단이 종결된다는 것과 다음 시간에 종결에 대해 더 이야기할 것임을 공지하였다.

> 사회복지사: 이제 방학이고 집단활동 프로그램이 다 끝나가는 것에 대해 이야기해 보려고 해요.
> 지성: (화난 목소리로) 선생님! 아, 안돼요?
> 미란: 우리가 다시 비행청소년이 되면 안 끝나겠지?
> 사회복지사: 안 끝내겠다고? 미란이는 많이 아쉽지요? 지성이와 미란이가 집단활동하면서 처음보다 얼마나 좋아졌는지 알면서. 이제 학교생활 잘하고 스스로 알아서 하잖아요?
> 성모: 내가 끝낼 때까지 끝나면 안 되는 거지. 안 그러냐?
> 사회복지사: 계속 했으면 좋겠어?
> 지성, 미란, 성모: 네.
> 사회복지사: 선생님도 아쉽기는 한데, 다른 친구들은 우리가 끝난다고 생각하니까 어떤가요?

지성, 미란, 성모 등 다들 아쉬움을 표현한다.

> 사회복지사: 다들 헤어지기 아쉬운 마음이군요. 그동안 우리가 우리 생활을 좀 더 나아지게 하기 위한 다양한 활동들을 해 왔는데, 여러분들의 변화된 모습들이 어떤 것이 있는지 한번 정리해 보아요. 다음 시간에 지금까지의 활동과 향후 어떻게 할지 논의할 예정이니 정리해서 와요.
> 집단구성원들: 네, 그렇게 할게요.
> 사회복지사: 선생님도 함께 정리하고, 고민해 보도록 할게요.

종결단계 활동의 다른 예를 보면 다음과 같다.

┃활동의 예 2┃

정민은 영구임대아파트에 거주하고 있으며, 남편이 갑자기 사망하면서 걸린 우울증으로 단지 내 복지관에서 여성 한부모 지원 프로그램에 6개월 동안 참여해 왔다. 집단이 종결되려면 5회기가 남아 있다. 참여하면서 우울증에서 벗어나 원래의 활달하고 긍정적인 성격으로 다른 성원들과 친밀하고 즐겁게 지냈다. 최근 친정어머니가 아프시면서 친정집으로 가서 어머니를 모시고, 친정 근처에 여동생들도 살고 해서 자녀들 양육도 지원받기로 결정하였다.

> 정민: 오늘이 마지막이 될 것 같아요. 친정으로 가기로 해서 이번 주말에 이사 가요. 우리 집 근처에 오면 연락해요.
> 참여자 A: 어머, 어떡하니? 정민이 너 없으면 어떡하라고. 여기 오는 재미가 없잖아.
> 참여자 B: (팔짱을 끼고, 고개를 숙이고 앉아서) 보고 싶으면 어쩌나.
> 사회복지사: 그러게요. 저도 보고 싶을 것 같아요. 어려움이 있었지만 밝고 긍정적이어서 늘 우리가 고마웠는데요.
> 참여자 C: (눈에 눈물을 가득 채우고 울먹이며 아무 말도 하지 못한다.)
> 사회복지사: C씨 많이 서운한가 봐요. 정민 씨와 정말 가까이 지내셨지요? 마음이 어떠세요?
> 참여자 C: 네, 정말 많이 서운하네요. 이건 배신이지요.
> 참여자 D: 여기서도 정말 좋은 친구였고, 같이 잘 지냈으니 가서도 엄마랑 계시니까 더 잘 지낼 거라 믿어요.
> 사회복지사: 그렇지요. 많이 서운하기도 하지만 지금까지 참여하면서 더 밝아진 것 같은데, 정민 씨는 집단에 참여하면서 어떠셨어요? 처음보다 많이 변화되었나요?
> 정민: 집단에 참여하면서 우울했던 감정도 많이 사라지고, 많이 웃게 되었어요. 옆에 아무도 없다고 생각했는데 가족같이 늘 응원해 줘서 힘도 나고, 내가 기운이 생기니 아이들에게도 훨씬 사랑을 많이 주는 엄마가 될 수 있었던 것 같아요. 내 인생에서 가장 어려운 시기를 여기 있는 성원들이 있어서 견딜 수 있었어요. 나중에 오게 되면 꼭 연락할 거예요.
> 사회복지사: 우리 집단에 참여하게 된 때는 매우 힘드셨던 걸로 기억합니다. 우울감에서 벗어나고 자녀들과 잘 지내고 싶다는 것이 목표였는데 참여하면서 긍정적으로 삶이 변화되고, 자녀들과도 관계가 회복되어서 많이 기쁩니다. 이사 가셔도 잘 지내시는지 소식 전해 주시면 저희들도 함께 기뻐하도록 할게요. 복지관에서 이사 가신 후 한 달에 1회 점검하는 것은 어떠세요.
> 정민: 네, 좋아요. 선생님과 통화하면서 여기 소식도 듣고 좋겠네요.
> 사회복지사: 그럼 저희가 잘 지내시는지 전화하도록 하겠습니다.

(계속)

☞ 집단을 종결하는 다양한 이유가 있다. 어떤 종결이든 집단이 처음 설정했던 목적이 달성되었는지를 파악하는 것이 매우 중요하다. 또한 종결 이후에 사후관리에 대한 계획도 포함되는 것이 필요하다. 사후관리에 대해서는 클라이언트와 논의가 필요하며, 집단의 특성이나 대상자의 특성에 따라 사후관리에 대한 계획은 상이할 수 있다.

실천연습

① 사례 1

당신은 영구임대아파트 내에 있는 종합사회복지관에서 근무하는 팀장이다. 여성 한부모 지원프로그램을 맡고 있는데 최근 남편이 지방으로 발령을 받아서 함께 떠나야만 하는 상황이다. 복지관에 사직서를 어제 제출했고, 한 달 후에 퇴사 예정이다. 현재 책임을 맡고 있는 집단프로그램에 종결을 예고해야 한다. 집단 본 활동프로그램을 진행한 후 활동 마지막에 개인적인 이유로 종결한다는 것을 알리려고 한다. 사회복지사는 어떻게 종결단계를 알려야 할지 적어 보자.

W'er: _____

_____

_____

_____

_____

② 사례 2

당신은 건강가정지원센터에서 부부집단프로그램을 진행하고 있다. 동일 씨 부부는 지난 5주 동안의 집단활동을 통해 부부문제(갈등상황 대처방법)에 해답을 얻었다며 2번만 더 참석하고 종결을 하겠다고 한다. 당신과 성원들은 정말 좋은 일이고, 아쉽지만 잘되었다고 반응하였다. 일주일 후 부부집단 프로그램에 나타난 동일 씨 부부는 처음 상태가 되어서 매우 심각하게 심리적으로 불안한 상태로 집단에 왔다.

동일: 우리는 너무 힘들어요. 다시 처음 상태가 되었어요.

참여자 A: 지난주까지는 좋더니만, 갑자기 왜 그런거야?

참여자 B: 우리랑 같이 있고 싶어서 그런 거 아냐? 독립할 준비가 안 된 거구만?

W'er: (집단을 떠나는 것이 갖는 의미나 떠날 때 양가감정으로 인해 퇴행된 모습을 보인다는 것을 인지하여)

W'er: (지난 시간에 종결하는 감정을 충분히 다뤄 주지 못했다는 것을 인지하면서)

☞ 사회복지사는 종결에 대한 성원들의 심리정서적 상태를 감안하여 종결준비에 시간을 할애할 필요가 있다. 또한 그러한 감정을 집단 내에서 표현할 수 있도록 지원해야 한다. 종결에 대한 양가감정을 헤아려 성원들 스스로가 종결에 대해 준비하도록 지원하는 것이 필요하다.

4) 집단활동일지 작성하기

(1) 집단활동 기록하기

〈표 5-15〉 집단활동 일지 양식의 예

프로그램명	전체 프로그램명	대상자	출석자, 결석자, 총 참여자 수
주 제	오늘 프로그램 내용	진행자	주 치료자, 보조치료자, 자원봉사자
준비물	오늘 회기 동안 사용할 준비물 내용	일 시	연월일, 시작시간과 종료시간
목 적	오늘 주제활동을 통해 얻고자 하는 내용을 기입하되, 집단의 목적과 목표와 연관된 목적이 되도록 한다.		
진행과정	전체 진행과정을 구체적으로 기입하되, 순서와 내용을 제시한다.		
집단평가	• 집단 전체에 대한 평가 - 목표달성 정도 - 시간준수 여부 - 준비한 내용이 잘 진행되었는지 - 전체 성원의 참여 정도 - 집단의 상호작용의 정도 - 준비물이나 매체 사용의 적절성 정도 - 활동내용이 집단의 목표달성에 효과적이었는지 - 문제가 되었다면 어떠한 내용이 문제가 되었는지 - 집단 전체에 대한 성원들의 평가내용 등을 평가하고 기술한다.		
개별성원 평가	• 참여성원에 대한 평가 - 참여태도 - 활동내용의 이해 정도 - 활동에 참여하여 목표한 바를 성취하였는지 - 집단활동 시 문제행동이나 특이한 사항 - 성원 간의 상호작용 정도 - 집단활동에 대한 개별성원의 평가 등을 기술한다.		
다음 회기 계획	다음 회기 주제를 제시한다.		

집단활동기록의 예를 살펴보자.

당신은 사랑노인전문병원에서 근무하는 사회복지사다. 회상치료프로그램을 담당하고 있으며, 오늘 '여름 이야기'라는 주제로 집단회상치료프로그램을 실시하였다. 집단활동프로그램을 실시한 후 사회복지사가 작성한 활동기록지의 예다.

프로그램명	회상치료프로그램	대상자	김○○ 외 4명(총 5명) 결석자: 손○○, 성○○, 라○○
주 제	여름 이야기	진행자	손○○, 오○○, 이○○
준비물	여름을 상징하는 꽃, 나뭇잎 여름휴가(신, 구) 사진, 동영상	일 시	2017. 7. 2. 10:30~11:30
목 적	여름 계절에 경험했던 추억과 기억회상을 통해서 현재 여름의 생활상을 다시 인지할 수 있도록 한다.		
진행과정	1. 인사 2. 회상치료프로그램이란 무엇인가 3. 여름휴가 모습 동영상 시청 4. 옛날 여름휴가 모습은 어떠하였는지 서로 나눔 5. 현재 날짜와 여름휴가 가는 모습(시청 후 퀴즈)을 통해 지남력 증진 6. 피드백 7. 다음 시간 공지		
집단평가	전체적으로 참여성원들이 적극적으로 참여함. 옛날 휴가 모습(부산 해운대, 속초 해수욕장 사진, 튜브, 수영복 등)을 동영상과 사진으로 보면서 예전 기억들이 생각난다고 함. 최근 변화된 도구나 모습을 보여 주고 퀴즈를 실시하였는데 매우 적극적으로 참여하였음. 동영상 시청 시 기계 고장으로 시청시간이 길어지면서 집중도가 떨어졌음. 여성 어르신의 참여는 매우 적극적이었는데, 남성 어르신은 일하느라 휴가도 가 본 적 없다는 등 성별로 경험의 차이를 볼 수 있었음. 계획된 시간보다 10분 더 소요되어서 점심시간을 맞추느라 활동이 끝나기 전에 퇴장하는 성원들이 있어 어수선한 점이 많았음		
개별성원 평가	• 참여자 A: 적극적으로 참여하였고, 점심시간이 되었다고 간병인이 모시러 왔는데도 끝까지 참여함. 다른 성원들의 기억이나 추억에 대해 긍정적인 피드백을 지속적으로 함 • 참여자 B: 소극적인 참여. 보조자가 옆에서 다양한 자극을 주어야만 겨우 기억함. 상호작용도 매우 저조함. 가족휴가에 대해서 이야기할 때 매우 부정적으로 그런거 뭘 자꾸 묻냐며 타박함. 개별접근이 필요해 보임 • 참여자 C: 남성 어르신으로 휴가에 대한 기억이 없다면서 직장에서 야유회 이야기들을 적극적으로 하였음. 처음에는 이야기하도록 했지만 같은 이야기를 반복하여 다른 구성원들로부터 그만하라는 이야기를 들었음. 그래도 잘 참여하여서 마지막 피드백 시간에 다음번에 직장 이야기도 한 번 해야겠다고 하니 좋아함 • 참여자 D: 다른 사람의 말을 잘 경청하면서 흐름이 중단되면 자신의 경험과 추억들을 적극적으로 이야기함. 참여자 C의 긴 얘기에 긍정하다가 반복되자 다음에 이야기하자며 자제시킴 • 참여자 E: 오늘 결석한 어르신들에 대해 궁금해 하면서 집단활동에 잘 참여함		
다음 회기 계획	여름 나들이(외출)		

① 사례 1

당신은 사회복지실천기술론 수업을 수강하고 있다. 집단프로그램 실행에 대한 과제를 부여받았다. 과제는 '요즘 대학생의 진로 고민은 무엇인가?'라는 주제로 활동을 실시하고 기록지를 작성하는 것이다. 집단은 5~6명, 남녀 성별과 학년을 고려하여 성원을 구성하고 활동시간은 1시간이다. 집단프로그램을 구조화하고, 실행한 후 집단활동일지를 작성해 보시오.

집단활동일지

프로그램명		대상자	
주 제		진행자	
준비물		일 시	
목 적			
진행과정	1. 2. 3. 4. 5. 6.		
집단평가			
개별성원 평가			
다음 회기 계획			

② 사례 2

당신은 대학교 학생생활상담소에서 근무하는 사회복지사다. 학생생활상담소에서는 1학년 대학생을 대상으로 대학생활 적응을 지원하기 위해 자아 찾기 프로그램을 진행 중이다. 에니어그램과 직업흥미도 검사 등을 통해 자신을 객관적으로 들여다보고 자신이 흥미 있어 하는 직업과 그 직업이 갖고 있는 특성들을 탐색하여 대학생활 동안 준비하여야 할 부분들을 구체적으로 찾아보는 것을 목적으로 한다. 지난 첫 회기 모임을 통해 간단한 집단의 목적과 과정을 공유하였다. 2회기 활동내용은 다양한 학과 학생으로 구성되어 집단 구성원들의 친밀감 향상을 위한 단체활동을 하였다. 집단활동을 실시하고 집단활동 기록을 해 보자.

집단활동일지

프로그램명		대상자	
주 제		진행자	
준비물		일 시	
목 적			
진행과정	1. 2. 3. 4. 5. 6.		
집단평가			
개별성원 평가			
다음 회기 계획			

6. 종결하기

성공적인 종결은 클라이언트가 사회복지사와의 분리를 적절하게 준비하고 개입으로 인한 변화를 혼자서도 유지하도록 하는 것이다. 이 과정에서 클라이언트는 스스로 문제에 대처해야 한다는 것에 불안함을 가지고 사회복지사와의 종결에 대한 양가적 감정을 가진다.

1) 종결의 원칙

종결의 원칙은 다음과 같다. 첫째, 적절한 종결의 시기를 클라이언트와 미리 합의한다. 둘째, 클라이언트가 종결과정에서 보이는 불안감과 불확실성에 대한 정서적 감정을 해결한다. 셋째, 분리에 대한 불안감 감소를 위해 개입기간에 클라이언트가 성취한 경험을 뒤돌아보고 목표달성 평가를 통해 자신감을 고조시킨다. 넷째, 클라이언트가 획득한 성과를 유지하는 방법과 위기개입의 방법 등의 가상의 시뮬레이션 작업을 통해 성과를 지속하고 발전시킬 수 있는 과정을 계획한다. 다섯째, 새로운 문제를 가정하고 기존에 클라이언트가 문제해결과정을 어떻게 해결했는지 정리하고 응용하여 문제해결능력을 보강하는 연습을 한다.

2) 종결의 유형

(1) 상호합의에 의한 종결

사회복지사와 클라이언트가 개입 전 종결시기를 상호합의하고 개입목표 성취 후 종결하는 것이다. 사회복지사는 종결 전에 클라이언트가 개입을 통해 획득한 것을 스스로 유지할 수 있도록 개입횟수를 점점 줄여 스스로 유지할 수 있도록 도와야 하며, 현재 획득한 것을 돌아봄으로써 미래의 다른 문제도 해결할 수 있는 힘을 임파워먼트 해야 한다.

종결단계에서 사회복지사는 클라이언트와 합의하는 시간을 가져야 한다. 이때는, 첫째, 무엇이 변화되었나 탐색하는 시간을 갖는다. 둘째, 변화를 위한 자기극복 과정에서 클라이언트는 어떠했는지 스스로를 정리해 보는 시간을 갖는다. 셋째, 독립적으로 혼자 시작하는 부분에 대한 클라이언트의 생각을 묻는다. 넷째, 그에 수반되는 양가감정을 다루어 주고 그동안 획득한 결과를 통해 자기 자신을 신뢰할 수 있도록 돕는다. 다섯째, 종결을 해도 사후세션에 대한 설명으로 다른 방법으로 도울 수 있음을 제시한다. 상호합의에 의한 종결과정의 예시를 보자.

∥보기∥

24세 진성 씨는 2년 전 신장이식 수술 후 집에서 지내고 있으며, 새롭게 무엇을 시작한다는 것에 대한 두려움과 대인관계 기피증으로 집에서만 지내고 있어 부모님의 권유로 사회복지사와 만남을 갖게 되었다. 사회복지사와 진성 씨는 부모님이 운영하는 카페에 바리스타로 일하기로 계획을 세웠고, 바리스타 시험까지 6개월의 기간 동안 상담을 하기로 했으며, 6개월 동안 다음과 같은 목표를 이루고 종결하기로 했다.

• 클라이언트가 바리스타를 결정하고 학원 알아보고 등록하기
• 교육과정에서의 애로사항에 대해 상담하고 학원에 적응하기
• 바리스타 시험에 대한 스트레스 다루기

종결과정의 옳지 않은 예는 다음과 같다.

W'er: 제 생각엔 이렇게 바리스타 과정에 합격도 하였으니 다른 일에도 자신감이 생길 수 있을 것 같은데 진성 씨 생각은 어떠세요?
진성: 살면서 많이 아팠기 때문에 저 혼자 무엇을 해 본 경험이 없는데, 이번 일은 좀 특별해요. 앞으로 다른 것에 도전할 수 있는 계기가 될 것 같아요.
W'er: 우리가 처음에 약속한 시간이 얼마 남지 않았어요. 이제 혼자 하는 것을 연습할 때가 된 것 같아요. 혼자 하셔야 한다고 생각하니 어떠세요?
진성: 조금 불안하고 생각이 많아지네요.
W'er: 그러시지요. 막연한 불안감이 들지요. 그래도 본인을 믿어 보세요. 그리고 종결해도 또 제가 다른 방법으로 도움을 드릴 수도 있고요(클라이언트의 양가감정을 다루어 주어야 한다).

종결과정에서는 클라이언트의 양가감정을 다루어 주어야 한다. 무엇이 변화되었나 탐색하는 시간을 갖고, 변화를 위한 자기극복을 하는 과정이 클라이언트는 어떠했는지 스스로를 정리해 보는 시간을 갖는다. 독립적으로 혼자서 시작하는 부분에 대한 클라이언트의 생각을 묻는다. 거기에 수반되는 양가감정을 다루어 주고 그동안 획득한 결과를 통해 자기 자신을 신뢰할 수 있도록 도와야 한다. 종결과정의 옳은 예는 다음과 같다.

(계속)

W'er: 진성 씨, 저희가 처음 6개월의 시간을 약속했는데, 그 시간 동안 어떤 변화가 있었는지 생각해 보시겠어요? (무엇이 변화되었나 탐색하는 시간을 갖는다.)

진성: 바리스타 과정에 합격했어요.

W'er: 네, 너무 축하드려요. 시험 보기까지 어려움이 많았는데 잘 극복하셨어요. 그동안 진성 씨는 어떠셨는지 궁금하네요? (변화를 위한 자기극복 과정이 클라이언트는 어떠했는지 스스로 정리해 오는 시간을 갖는다.)

진성: 교육 들을 때도 원생들하고 친해지는 것도 힘들었고, 시험에 대한 압박감도 많이 있었어요. 저 혼자는 못했을 거예요. 선생님 계셔서 할 수 있었어요.

W'er: 저도 많이 감사하네요. 이제 진성 씨 혼자 시작해야 하는데요? 마음의 준비는 되셨나요? (독립적으로 혼자서 시작하는 부분에 대한 클라이언트의 생각을 묻는다.)

진성: 아직 자신이 없어요. 불안하기도 하고, 하지만 한편으로는 좀 기대도 되고 그래요.

W'er: 그렇지요. 여러 가지 마음이 한꺼번에 들 수 있지요. 본인을 믿어 보세요. 6개월의 과정이 쉽지는 않았지만 처음에 목표한 것을 이루셨잖아요. 본인의 내면의 힘을 한번 믿어 보세요. 그리고 종결해도 제가 또 다른 방법으로 도움을 드릴 수도 있어요(수반되는 양가감정을 다루어 주고 그동안 획득한 결과를 통해 자기 자신을 신뢰할 수 있도록 돕는다).

진성: 어떤 도움을 주실 수 있으세요?

W'er: 종결한다고 갑자기 만나지 않는 게 아니고요. 우선 이번 달은 2주에 한 번 뵙고요. 다음 달은 한 달에 한 번 뵙고 전화상담을 실시하겠습니다. 종결 후에도 필요하실 때 전화로 상담을 하겠습니다.

실천연습

① 사례 1

16세 지수는 발목인대를 다쳐 여러 번의 수술과 정서적 안정을 위해 학교를 자퇴하고 집에서 생활하고 있다. 갑작스러운 사고와 병원에서의 반복되는 수술, 친구들과의 단절로 음식을 거부하고 우울한 상태가 지속되어 병원 사회복지사의 연계로 가정방문 사회복지사와 집에서 상담을 진행 중이다. 1년의 개입으로 상담목표가 다음과 같이 이루어져 종결을 준비 중이다.

• 사회복지사와 홈스쿨링을 통한 중학교 검정고시를 합격했다.

• 단절되었던 친구들이 지수네 집에 주기적으로 방문하여 친구들을 만나고 있다.

• 다리가 많이 좋아져서 무리한 운동만 피하면 정상적인 학교생활이 가능하다.

• 4개월 뒤에 친구들과 같은 고등학교에 입학할 수 있게 되었다.

> 지수: 선생님, 친구들과 함께 학교를 다닌다니 너무 기뻐요.
> W'er: 선생님도 많이 기쁘네. 지수가 힘들지만 잘 따라와 줘서 고맙고.
> 지수: 선생님, 그런데 저희가 이제 그만 만나는 건가요? 앞으로 학교 가려면 4개
> 월을 기다려야 하는데 선생님도 못 뵌다고 생각하니 막막하고 잘 지낼 수 있을
> 지 걱정이 돼요.

• 사회복지사는 지수의 종결과정의 불안함을 어떻게 해결해 주면 좋을지 앞에서 제시
한 종결원칙을 토대로 대화를 만들어 보시오.

W'er: --

> 🖉 TIP   무엇이 변화되었나 탐색하는 시간을 가짐. 변화를 위한 자기극복을 하는 과정이 클라이언트
> 는 어떠했는지 스스로를 정리해 보는 시간을 가짐. 독립적으로 혼자 시작하는 부분에 대한 클
> 라이언트의 생각을 물음. 그에 수반되는 양가감정을 다루어 주고 그동안 획득한 결과를 통해
> 자기 자신을 신뢰할 수 있도록 도움. 종결을 해도 사후세션에 대한 설명으로 다른 방법으로
> 도울 수 있음을 제시함

② 사례 2

33세 연단월 씨는 중국을 통해 남한에 온 탈북여성이다. 탈북과정에서 어머니와 남
동생은 중국 공안당국에 잡혀 다시 북한으로 보내졌으며 연단월 씨만 탈북을 성공했
다. 자신은 탈북에 성공했지만 실패한 가족에 대한 걱정과 처음 접하는 남한의 생활이

익숙지 않은 어려움으로 탈북사업을 진행하는 복지관의 사례담당자가 1년 동안 개입을 하고 종결의 시점에 있다. 그동안 연단월 씨는 다음과 같은 목표를 성취했다.

- 영구임대주택을 받아 주거의 문제가 해결되었다.

- 사회복지사와 함께 지역 적응훈련을 해서 지역의 관공서와 편의시설을 이용할 수 있다.

- 대학가 근처의 인쇄소에 취업해 편집 일을 하고 있다.

> 연단월: 선생님하고 헤어진다고 생각하니 하루에도 몇 번씩 생각이 바뀌네요. 어떤 때는 혼자 잘할 수 있을 것 같기도 하고, 또 자신이 없기도 하고…….
> W'er: 그럼요. 누구나 아직 접해 보지 않은 새로운 상황에서는 그럴 수 있어요.
> 연단월: 혹시 제가 많이 불안하고 상태가 안 좋아지면 또 만나 주실 건가요?

- 사회복지사는 연단월 씨의 종결과정의 불안함을 어떻게 해결해 주면 좋을지 앞에서 제시한 종결원칙을 토대로 대화를 만들어 보시오.

W'er: _____
_____
_____
_____
_____

> TIP 앞에서 제시한 상호합의에 의한 종결원칙을 근거로 클라이언트의 종결에 대한 불안감은 다루어 주고 자기극복과정에 대한 임파워먼트를 상기시킨다.

(2) 사회복지사에 의한 종결

사회복지사에 의한 종결은 사회복지사가 일방적으로 개입을 종결하는 경우로 사회복지사의 개인적 사정이 있거나 사회복지사가 클라이언트의 사례가 자신이 다루기에 적합하지 않다고 판단될 경우, 클라이언트가 개입에 의한 변화할 준비가 되어 있지 않았다고 판단될 경우 등이 해당된다. 클라이언트는 버림 받은 감정, 배신감, 거부당한 느낌으로 마음에 상처를 입을 수 있으므로 사회복지사는 부정적 감정들을 표현할 기회를 주고 극복할 수 있도록 도와준다. 또한 다른 사회복지사에게 의뢰에 대한 마음의 준비를 시키고, 다른 사회복지사를 직접 소개한다. 사회복지사에 의한 종결의 예를 보자.

┃보기┃

33세 사회복지사인 선미 씨는 복지관에서 재가복지 상담업무를 담당하다 지방에 계신 어머니가 아프셔서 사직을 하게 되었다.

> W'er: 너무 죄송해서 어쩌지요? 저희 어머니가 뇌졸중으로 쓰러지셔서 간병할 사람이 필요한 상황이라 제가 내려가야 합니다. 급하게 말씀 드리게 되어 죄송하네요.
> 클라이언트: 그러셨구나! 선생님이 걱정이 많이 되시겠어요. 그럼 전 앞으로 다른 분 만나야 되는 건가요? 전 선생님이 좋은데…….
> W'er: 저도 너무 아쉬워요. 계속 뵙고 싶었는데……. 급하게 사람이 바뀌어 혼란스러우시죠?
> 클라이언트: 혼란스럽기도 하고 제 이야기를 구구절절 또 한다는 게 좀 망설여지네요.

클라이언트의 반응에 대한 사회복지사 선미 씨의 옳지 않은 예는 다음과 같다.

> W'er: 예, 너무 죄송하네요. 앞으로 만나게 될 선생님 좋은 분이니까 너무 걱정하지 마시고요. 제가 담당자에게 다음 주에 전화하도록 연결해 놓겠습니다.

사회복지사는 부정적 감정들을 표현할 기회를 주고 극복할 수 있도록 도와줘야 한다. 또한 다른 사회복지사에게 의뢰에 대한 마음의 준비를 시키고, 다른 사회복지사를 직접 소개하는 것이 좋다. 옳은 예를 보자.

> W'er: 그럼요! 충분히 그러실 수 있지요. 너무 죄송해요(부정적 감정들을 표현할 기회를 주고 극복할 수 있도록 돕는다). 앞으로 만나게 될 담당자가 ○○씨에 대해서 이해하고 있으면 두 분 관계가 편하실 것 같은데요. 그동안 면담과정의 이야기를 상담자에게 전달하는 것이 필요할 것 같은데 괜찮으시겠어요? 지금 새로운 담당자가 아래층에서 올라오고 있으니 조금만 기다리세요(다른 사회복지사에게 의뢰에 대한 마음의 준비를 시키고, 다른 사회복지사를 직접 소개한다).

① 사례 1

40세 진규만 씨는 복지관 예비취업자 교육에서 이성경 사회복지사와 4개월 동안 취업상담을 받았다. 4개월 동안 실내에서 진행되는 취업교육을 마치고 현장에서 진행되는 프로그램에 참여하고자 한다. 처음의 계획은 이성경 사회복지사와 현장적응 교육도 함께하려고 했으나 이성경 사회복지사의 임신으로 담당자가 변경된다.

　　진규만: 선생님 아쉬워요. 이제 못 뵈는 건가요?
　　W'er: 아니요. 저는 원내에 있으니 언제든지 뵐 수 있습니다.
　　진규만: 선생님 제가 현장 나가서 적응을 잘할 수 있을까요? 새로 만나는 선생님
　　은 어떤 분인가요? 제가 행동이 굼뜬데……, 저를 혼내시면 어쩌죠?

• 담당자가 바뀌어 불안함을 보이는 진규만 씨를 사회복지사는 어떻게 해결해 주면 좋을지 앞에서 제시한 종결원칙을 토대로 대화를 만들어 보시오.

　　W'er: _____
　　_____
　　_____
　　_____
　　_____

📝 TIP　진규만 씨가 사회복지사와 종결에 대해 갖게 되는 양가감정을 수용해 주고 새로운 사회복지사를 만나는 준비를 하게 함

② 사례 2

35세 김나래 사회복지사는 남편이 거제도로 전근을 가게 되어 사회복지관을 사직하게 되었다. 현재 만나고 있는 66세 김순임 씨는 사례개입을 한 지 8개월 정도 되었으며 대인관계 기피증으로 사람들과 대화하는 것을 부담스러워 해서 김나래 사회복지사와도 정상적인 면담이 이루어지기까지 두 달 정도의 시간이 소요되었다. 현재 김순임 씨

는 사회복지사가 변경되는 것에 대해 화를 내고 있으며 새로운 사람과 다시 시작하는 것을 두려워하고 있다.

> 김순임: 선생님, 너무 하시네요? 인제 마음을 줬는데 그렇게 가 버리시면 저는 어떡해요. 난 새로운 선생님 만나기 싫어요. 이참에 그냥 상담받는 것 포기해 버릴까 봐요.
>
> W'er: 상담을 포기하시면 안 되지요. 그동안 노력한 게 허사가 되잖아요. 이제 혼자서 밖에도 나오고 복지관에 물리치료도 혼자 오실 수 있게 되었는데, 포기하시면 집에만 계실 거잖아요.
>
> 김순임: 새로운 선생님한테 다시 제 이야기를 시시콜콜 해야 하나요?

• 담당자가 바뀌어 불안함을 보이는 김순임 씨를 사회복지사는 어떻게 해결해 주면 좋을지 앞에서 제시한 종결원칙을 토대로 대화를 만들어 보시오.

W'er: --

> ✎ TIP   사회복지사에 의한 종결원칙을 활용함

(3) 클라이언트에 의한 종결

클라이언트가 일방적으로 종결을 선언하고 더 이상 오지 않는 경우를 말하며, 약속한 시간에 나타나지 않거나 변명을 하며 개입 문제 이야기를 회피하거나 더 이상 오지 않겠다고 일방적으로 통보하는 태도를 보인다. 자신의 문제를 사회복지사에게 의논하는 것에 대한 유감을 가지고 저항하거나 개입에 대한 사회복지사의 능력을 불신임할 때, 클라이언트 자신의 문제에 대한 깊은 절망감을 느낄 때, 개입목표가 사라져 개입이 필요 없을 때, 이사, 이직 등 클라이언트의 일신상의 변화가 있을 때, 질병이나 비용의 문제로 인한 경우 등이 해당된다.

종결에 대한 감정 다루기 원칙에는 네 가지가 있다. 첫째, 사회복지사와 헤어지게 되는 서운함과 슬픔의 감정 그리고 앞으로 혼자서는 해낼 수 없을 것 같은 두려움과 같은 복합적인 감정이 클라이언트가 느끼는 양가적 감정이다. 사회복지사는 양가적 감정을 모두 다루어 공감해 주고 이해해 주는 과정이 필요하다. 둘째, 클라이언트는 종결의 감정이 두려워 종결이 예고되었다는 것을 거부한다. 사실을 부정하고 새로운 문제를 만들어 내거나 이전의 단계로 후퇴하기도 한다. 클라이언트가 자신의 감정과 문제행동을 하는 이유를 자각할 수 있도록 도와줘야 한다. 셋째, 클라이언트는 사회복지사를 거부하거나 공격하는 것과 같은 부정적 감정을 보인다. 종결이 클라이언트에게는 또 하나의 버림 받은 경험이고 거부되는 경험일 수 있으므로 클라이언트의 이와 같은 행동에 대한 감정을 수용하면서 클라이언트가 느끼는 부정적 감정을 표현하도록 돕는다. 클라이언트가 사회복지사를 거부하는 경우에는 반드시 적극적으로 찾아 나서서 관심을 가지고 있음을 보여 주어야 한다. 넷째, 사회복지사는 종결 후의 방안을 제시해야 한다. 종결 후 생길 수 있는 문제를 생각하고 예방방안을 함께 모색한다. follow up 세션을 통해 효율적인 종결을 준비한다. 클라이언트에 의한 종결 예시를 보자.

‖ 보기 ‖

22세 미경 씨는 4개월 동안 거식과 폭식증 문제로 사회복지사와 상담을 해 왔으며 최근 지방 4년제 대학에 합격하여 상담을 종료하게 되었다.

W'er: 미경 씨, 바쁘실 텐데 이렇게 와 주셔서 너무 감사드려요. 앞으로 못 뵙는다고 생각하니 아쉬움도 있지만 새로운 출발을 하셔서 저도 너무 기쁘네요.
미경: 그러게요. 선생님과 정이 많이 들었는데…… 많이 아쉬워요. 혹시 가서 그전의 문제가 또 생길까 봐 두렵기도 하고요.

종결에 대한 옳지 않은 예는 다음과 같다.

W'er: 예, 충분히 그런 생각이 들 수 있지요. 필요하시다면 제가 그 지역 관련 기관을 연계해 드릴 수도 있어요.
미경: 일단 버텨 보려고요. 그리고 정 안 되면 도움을 받겠어요.

(계속)

사회복지사는 차후 예상되는 문제가 있는지 점검하고 그 문제의 대처방안을 모색해 보아야 한다. 종결에 대한 옳은 예는 다음과 같다.

> W'er: 예, 충분히 그런 생각이 들 수 있지요. 혹시 모르니 전과 같은 문제가 발생했을 때 어떻게 대처할지 탐색해 보는 것도 중요할 것 같아요. 오늘 저와 그 준비를 하는 것은 어떨까요? (차후 예상되는 문제가 있는지 점검하고 그 문제의 대처방안을 모색한다.)
> 미경: 좋아요! 제가 준비하고 있으면 잘 극복할 수 있을 것 같아요.
> W'er: 미경 씨가 걱정하는 갑자기 발생할 수 있는 일은 어떤 게 있을까요?

실천연습

① 사례 1

56세 이정순 씨는 8년간 뇌졸중을 앓던 남편이 3주 전에 돌아가셨다. 이정순 씨의 남편은 젊어서 주식으로 돈을 날리고 그 화풀이를 이정순 씨를 구타하는 것으로 해결했으며, 뇌졸중으로 한쪽 편 마비가 오고부터는 이정순 씨에게 욕을 했었다. 보호자 없이는 잠시도 견디지 못하는 남편 때문에 이정순 씨는 개인의 사생활이 없었으며 이를 알게 된 종합복지관의 사례담당자가 이정순 씨의 남편이 복지관에서 물리치료를 받는 동안 이정순 씨의 스트레스 관리를 위한 개별상담을 실시하였다. 3주 전 남편이 돌아가시고 이정순 씨는 스트레스 관리보다 시에서 운영하는 여성 창업훈련에 참석하게 되어 종결을 하고자 한다.

> W'er: 이제 다른 곳에서 이정순 씨만의 삶의 계획을 세우셔야겠네요? 마음이 어떠세요?
> 이정순: 선생님, 전 남편이 죽으면 '훨훨' 날아갈 것만 같을 줄 알았어요. 그런데 막상 남편이 죽고 나니 막막한 마음이 앞서네요. 제가 잘할 수 있을까요?

• 남편의 죽음과 다른 삶을 계획 중인 이정순 씨와의 종결을 사회복지사가 어떻게 마무리하면 좋을지 종결원칙에 의거하여 대화체로 문장을 만들어 보시오.

W'er: --

> 🖉 TIP 남편의 죽음에서 오는 상실감과 양가감정을 먼저 다루어 주고, 개입과정을 함께 돌아보는 시간을 갖고 차후 예상되는 문제가 있는지 점검하고 그 문제의 대처방안을 모색해 봄

② 사례 2

16세 성수는 아버지는 돌아가시고 어머니와 생활하고 있다. 어머니에 대한 반항적 행동과 분노통제가 안 되어 상담을 진행했으며 4회 정도의 상담 후 여자인 상담선생님을 거부해 상담을 종료하려고 한다. 성수가 남자 상담선생님을 원했고 현재의 상담선생님을 만날 때마다 자신의 엄마를 보는 것 같아 화가 난다고 표현했다. 오늘 상담선생님은 남자 상담선생님을 소개하기 전 마지막 인사를 하려고 만난 상황이다.

> W'er: 오늘이 마지막 시간인데 참석해 줘서 고맙다. 오기 힘들지는 않았니?
> 성수: 선생님, 죄송해요.

• 사회복지사에게 저항감을 보여 상담이 종료되는 성수의 경우 상담선생님과 어떻게 종결하면 좋을지 종결원칙을 적용하여 대화내용을 적어 보시오.

W'er: --

> 🖉 TIP 성수가 여자 상담사를 만날 때 자신의 어머니에게 느끼는 부정적 감정이 일어나는 것을 이해해 주는 자세가 선행되어야 하며, 사회복지사 개입이 아니더라도 차후 예상되는 문제가 있는지 점검하고 그 문제의 대처방안을 모색해 봄

7. 평가하기

평가란 사회복지서비스의 개입 효과성과 효율성을 측정하는 것이다. 효과성은 목표 달성의 여부를 말하고, 효율성은 투입된 비용 대비 산출된 성과의 비율을 의미한다. 평가의 내용은 개입에 대한 효과성과 효율적 결과에 초점이 맞추어지는 총괄평가와 개입의 과정 중 어떤 요소가 성과를 내게 했는지를 평가하는 형성평가로 나눌 수 있다.

사회복지서비스의 개입을 평가할 때 사용하는 실천평가의 종류로는 설문검사지처럼 표준화된 척도와 개인의 상황에 맞춘 개별화된 척도가 있으며 실천평가의 방법에는 단일사례설계, 과업성취척도, 목적달성척도, 동료검토, 클라이언트만족도설문 등이 있다. 이 책에서는 개별화된 척도평가와 표준화된 척도평가, 과제(과업)달성척도, 목표달성척도를 중심으로 다루었다.

1) 개별화된 척도로 평가하기

클라이언트의 독특한 상황에 변화를 필요로 하는 요소를 찾고 그것을 변화시키기 위한 개별적 척도를 개발하고 현재의 상황을 평가한다. 클라이언트는 척도의 개발과정을 통해 변화목표를 탐색하고 현재의 모습을 통찰하게 되므로 척도개발과정부터 사회복지사의 개입이 시작되었다고 할 수 있다. 개별화된 척도는 두 가지 주요 유형이 있는데, 자기고정적인 척도와 관찰자 측정척도다. 자기고정적 척도(self-anchored scale)의 평가는 클라이언트에 의해 평가되며, 관찰자 측정척도(observer rating scale)는 클라이언트를 관찰해 온 사람에 의해 평가된다.

개별화된 척도 구성 시 유의사항은 클라이언트의 문제에 대해 한쪽 끝은 문제의 강도가 가장 강한 것, 반대쪽은 문제의 강도가 가장 약한 것으로 규정한다. 사회적 · 심리적 측정을 한눈에 알아볼 수 있는 그림으로 제시하고 각점의 점수를 산정한다(보통 0~10점이나 1~9점이 많이 사용된다). 각각의 점수에 대한 평가내용을 클라이언트가 직접 작성하도록 한다.

(1) 자기고정적 척도

클라이언트 내부의 갈등이나 감정의 강도를 측정하는 데 유용하게 활용된다. 클라이언트의 행동과 감정에 대한 측정방법을 통해 추상적인 감정이나 변화 정도를 본인이 구체적으로 평가하여 클라이언트가 자신의 상황에 대해서 구체적으로 자각할 수 있도록 한다.

(2) 자기고정적 척도 구성 예시

43세 진미화 씨는 남편의 외도문제로 최근 이혼하고 우울증이 왔다. 분노를 참지 못하고 자신의 7세인 아들에게 폭발적으로 화를 내는 문제로 사회복지사와 개별상담을 실시하고 있으며, 사회복지사의 제안으로 자신이 어떤 어려움이 있는지를 개별화된 척도를 통해 점검해 보고자 한다.

• 아들에 대한 분노의 강도 측정하기

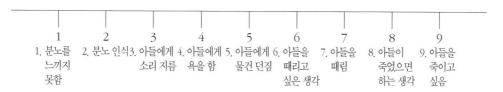

실천연습

① 사례 1

사회복지과 1학년 진수는 요즘 사회복지과가 자신의 적성에 맞는지 고민이 많다. 내성적이라 다른 사람에게 먼저 다가가지 못하는 성격의 진수는 활달한 여학생들과 함께 공부하는 것에 대한 부담감이 크다. 밤에는 학교에 가고 싶다는 생각이 들다가도 막상 아침이 되면 학교 가는 게 두렵게 느껴지기까지 한다. 자신이 정말 학교를 그만두고 싶어 하는 것인지 확신이 없어 학교를 그만두고 싶은 마음이 얼마나 큰지를 자기고정적 척도를 통해 알아보기로 했다.

• 여러분이 진수라고 생각하고 학교를 그만두고 싶은 마음이 어느 정도인지 스스로 인식할 수 있는 자기고정적 척도를 만들어 보시오.

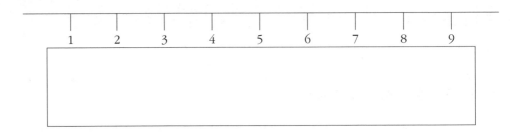

② 사례 2

• 자신의 문제를 한 가지 정해 자기고정적 척도를 구성해 보시오.

자신의 문제: _____

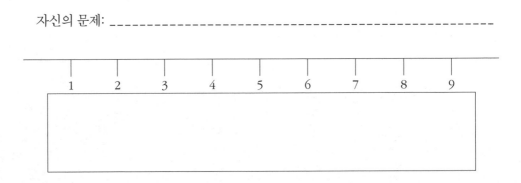

2) 표준화된 척도로 변화 측정하기

표준화된 척도는 이미 개발되어 타당성 검사를 마친 검사라 다양한 사람에게 보편타
당하게 활용할 수 있는 척도이며, 클라이언트 상황의 심각성과 문제의 강도를 사정할
때 바로 활용할 수 있다. 또한 표준화된 척도를 시기별로 사용하여 개입 기간 동안의
클라이언트의 변화 정도를 개관적으로 확인 가능하다.

〈표 5-16〉 각 영역별 표준화된 척도 소개

① 개인 영역 척도	② 사회적 기능 척도	③ 환경-비공식적 척도	④ 환경-공식적 척도
신체적 건강과 장애	대인관계의 사회적 기능	전반적 가족관계	경제/기본욕구체계
정신건강, 정서	대처능력으로서 사회적 기능	부부관계	교육/훈련체계

(계속)

정신지체, 발달장애	심리적 대처기제	부모양육	사법/법적체계
자아개념		부모-자녀관계	건강서비스
인지		형제관계	정신건강서비스
동기, 태도, 행동, 영성		가정환경	안전
일상생활능력		사회적 지지체계	사회서비스
개인적 자원		소속집단	
생활만족			
간이정신진단검사, 증상체크리스트, 한국판 일반정신건강척도, 자기평가우울척도, 장애진단, 자아존중감척도, 자기효능감척도, 자아정체성척도, 자아개념척도	사회적응척도, 대인관계능력척도, 공격성척도, 주장성척도, 권위행동척도, 대담성척도, 정서적·사회적고립척도	가족기능조사서, 가족응집성척도, 원가족척도, 가정환경자극검사, 사회적 지지척도	클라이언트에 대한 사정과 지역사회자원 조사를 통해 클라이언트가 가지고 있는 자원의 상태와 지역사회 자원의 규모와 정도를 파악하는 척도

출처: 서초구립 반포종합사회복지관, 서울대학교 실천사회복지연구회(2007).

3) 과제(과업)달성척도 배우기

과제달성척도(Task Achievement Scaling: TAS)는 사회복지사와 클라이언트가 합의한 개입에 대해서 성취과제를 정하고 과제의 성취 정도를 평가하는 것으로, 처음 개입 시 기초선을 설정하기 어려울 때 활용된다. 비교적 1~2주의 단기간에 수행할 수 있는 단순한 과제를 선정하여 단계적으로 성취하여 최종과업의 목표를 수행할 수 있도록 한다. 과제 달성을 평가하기 위해 5점 척도를 주로 쓰는데, 4점(완전히 성취됨), 3점(상당히 성취되었지만 행동이 아직 필요), 2점(부분적으로 성취되었지만 해야 할 일이 상당히 남아 있음), 1점(최소로 성취되었거나 성취되지 않았음), 0점(성취되지 않았음) 등으로 표시된다. TAS는 실제로 달성된 과제의 시도된 백분율을 나타내므로 각 세션에서 어떤 과제는 완결될 수도 있고 필요 없으면 삭제되고 새로운 과제가 추가될 수도 있다.

척도의 평가는 다음과 같다. 첫째, 클라이언트와 사회복지사가 합의한 과제의 성취 단계에 (#) 표시한다. 둘째, 변화점수는 현재 (#) 표시 단계에서 1구간을 빼 주면 된다. 셋째, 가능한 변화는 변화단계가 5단계라도 구간으로 계산되므로 4구간이다. 넷째, 가

능한 변화의 달성은 가능한 변화 중에서 실제로 변화된 단계를 나타내므로 (변화점수/
가능한 변화)×100로 계산된다. 다섯째, 종합적 변화비율은 성취목록 3개의 가능한 변
화의 달성 %의 평균을 계산한다.

　과제달성척도 예시를 보자.

▌예시 ▌

46세 원미경 씨는 고등학교 졸업 후 바로 아버지가 중매한 남자와 결혼을 해 아이를 낳고
집에서 살림을 하며 살았다. 1년 전 남편이 교통사고로 사망을 하고 남편의 연금과 보상
금으로 생활을 하게 되었으며, 그동안 남편이 일상생활에 필요한 모든 일을 대신 해 주었
기 때문에 남편의 빈자리가 너무 커 상심하는 마음도 큰 상황이다.

원미경 씨는 사회복지사 상담으로 자립하기 위한 준비를 시작 중이며 바리스타 일을 계
획 중이다. 그러나 오랜 기간 가족 이외의 사람들과 사회활동이 거의 전무한 상황에서 사
람들을 사귀는 것에 대한 두려움이 매우 크다. 특히 사람들과의 대화에서 자신의 생각과
감정을 표현하는 것에 대한 어려움을 호소하고 있다. 따라서 원미경 씨는 사회복지사와
함께 바리스타학원 등록과 우선적으로 학원에 가서 사람들을 사귀는 것 그리고 의사소통
기술을 향상시키는 것을 목표로 사전과제를 세워서 진행 중이다.

원미경 씨의 과제달성 지침서

클라이언트: 원미경		사회복지사: 오○○	일자: 2017. 3. 5.
성취도 ＼ 달성해야 할 목록	바리스타학원 등록하기	학원 가서 사람들 사귀기	다른 사람들과 자기 표현하기(자신의 생각과 감정표현)
성취되지 않음 (0)	아무것도 하지 않음(#)	사람을 사귀려는 마음은 있으나 상대적 두려움으로 사람들과 사귀려는 동기부여 안 됨	긍정적/부정적 모두 자기 생각과 감정표현 못함 가족 이외의 사람들과 대화지 못함
최소한 달성 (1)	학원을 탐색하고 등록하지 않음	상대적 두려움을 극복하고 학원 사람들과 교제하려는 동기를 갖음 (#)	긍정적인 상황의 자기 생각과 감정표현이 간헐적으로 주변 이웃에게 됨
부분적 달성 (2)	학원목록을 탐색하고 혼자 등록하기로 마음먹으나 아직 등록하지 않음	탐색한 학원에 갔으나 사람들과 대화를 나누지 못함	긍정적인 상황에서는 타인과의 자기표현이 원활하나 부정적 표현은 여전히 어려움

(계속)

상당히 달성(3)	학원을 검색하고 가서 등록함	학원관계자와 필요한 대화와 가벼운 인사하기 가능	부정적 상황 중 무리한 요구에 거절하기가 간헐적으로 가능함 (#)
완전히 달성(4)	주 3회 학원에 다니고 있음	동기들과 자연스러운 대화에 참여하기	부정적 상황 중 거절하기는 원활하고 자기주장이 간헐적으로 이루어지고 있음
변화점수	0	2	3
가능한 변화	4	4	4
가능한 변화의 달성 %	0%	25%	75%
세 가지 종합적 변화비율: 33.3%			

실천연습

① 사례 1

14세 지수는 발목인대를 다쳐 반복되는 수술과 정서적 안정을 위해 학교를 자퇴하고 집에서 생활하고 있다. 갑작스러운 사고와 병원에서의 반복되는 수술, 친구들과의 단절로 음식을 거부하고 우울한 상태가 지속되며 집에서 아무것도 하지 않고 음악만 듣고 게임만 하고 있어 규칙적인 생활이 필요하다고 판단되어 사회복지사가 가정방문하여 개입하고 있다. 지수의 목표는 현재의 친구들과 고등학교를 함께 다니는 것이다. 지수가 친구들과 고등학교를 함께 다니기 위해서는 어떤 과제를 달성해야 할지 과제 달성 척도를 만들어 보시오.

달성해야 할 목록	기존 친구들과 관계 유지하기	규칙적인 생활하기	홈스쿨링 활용하여 검정고시 합격하기
성취되지 않음(0)	친구들을 만나지 않는다.		
최소한 달성(1)	친구들을 만날 마음을 먹기		

(계속)

부분적 달성(2)	친구들과 전화하기		
상당히 달성(3)	집으로 친구들을 초대하기		
완전히 달성(4)	친구들과 주기적으로 만나기		
변화점수			
가능한 변화	4	4	4
가능한 변화의 달성 %			
세 가지 종합적 변화비율:			

✎ TIP   기존 친구들과 관계 유지하기, 규칙적인 생활하기, 홈스쿨링 활용하여 검정고시 합격하기 등

② 사례 2

• 2명씩 짝을 지어 학업이나 운동 등 달성하고 싶은 목표를 정하고 목표달성을 위한 과제를 제시하고 과제달성척도를 만들어 보시오.

– 나의 목표

– 목표달성을 위해 반드시 이루어야 할 과제 제시하기

－ 과제달성척도 구성하기

달성해야 할 목록			
성취되지 않음(0)			
최소한 달성(1)			
부분적 달성(2)			
상당히 달성(3)			
완전히 달성(4)			
변화점수			
가능한 변화			
가능한 변화의 달성(%)			
세 가지 종합적 변화비율:			

4) 목표달성척도 배우기

목표달성척도(Goal Attainment Scaling: GAS)는 사회복지사와 클라이언트가 함께 개별화된 변화목표를 설정하고 개입 후 달성 정도를 평가하는 것이다. 목표달성척도는 개인체계나 집단체계를 대상으로 하여 성과를 측정하는 데 많이 활용된다. 목표달성척도 구성단계는 다음과 같다.

첫째, 클라이언트가 변화하고자 하는 개별화된 목표를 결정한다. 보통 2개에서 5개 이내로 설정하는 것이 일반적이다. 둘째, 목표달성 정도를 5점 척도화한다. 사회복지사와 클라이언트가 5점 척도화된 내용과 수준을 함께 논의하여 각 점수에 대한 수준을 명확하게 하는 것이 필요하다.

〈표 5-17〉 목표달성 5점 척도

1	2	3	4	5
최악의 수준	기대 이하의 수준	기대했던 수준	기대 이상의 수준	최고의 수준

셋째, 변화하고자 하는 목표들 간 비교하여 그 목표영역의 중요성에 대한 가중치를 부여한다. 각 하위목표에 대한 가중치는 일반적으로 100점을 기준으로 배분한다. 넷째, 개입이 시작될 때 클라이언트의 상태나 어려움을 가장 잘 나타내는 칸에 표시한다. 일반적으로 시작수준은 (V)으로 표시한다. 더불어 종결되었을 때 종결수준은 (#)으로 구분한다. 목표에 따라 오랜 기간 개입하는 목표라면 중간점검일 수도 있다. 다섯째, 각 목적의 가중변화점수를 결정한다. 가중변화점수는 종결수준(#)에서 시작수준(V)의 점수를 뺀 것을 말한다. 예를 들면, 종결수준(#)의 달성수준이 4점이고, 시작수준(V)이 2점이라고 하면 4점-2점=2점으로 두 수준의 변화가 있었다는 것을 볼 수 있다. 여기서 가중치가 40이라면 2 곱하기 40으로 가중변화점수는 80점이 된다. 여섯째, 목표를 달성했을 때 각 척도에서 달성될 수 있는 가능변화를 백분율로 계산한다. 예를 들면, 2수준에서 시작된 목표가 5수준까지 최종달성 된다면 3개의 수준이 변화 가능하게 된다. 이것이 가능한 가중변화점수다. 그런데 앞의 예처럼 가중변화점수는 80점이고, 가능한 변화점수는 120점(40 곱하기 3수준 변화)이다. 이는 2수준의 변화를 가져온 것으로 120점에서 80점을 달성했으니 백분율로 환산하면 66.7%가 달성된 것이다. 일곱째, 전체적인 목표달성척도의 백분율을 계산한다. 3개의 목표에 대한 종합가중변화점수와 종합가능가중변화점수를 산출하고 백분율로 환산한다.

목표달성척도 예시를 보자.

| 예시 |

23세 목겸 씨는 군복무 중 탱크에서 떨어져 머리를 다치는 사고로 육군병원에 입원했다가 최근 퇴원한 상황이다. 사고 후 책상에 앉아 집중하는 것이 힘들고 사고 당시 기억들이 떠올라 차라리 죽고 싶다는 생각을 하게 된다. 그리고 대학에 복학해야 하나, 복학해서 학교생활을 잘 수행할 수 있을지 걱정이 되고, 자퇴도 생각하고 있다. 탱크에서 떨어졌던 기억이 자꾸 생각나서 생활을 방해하고 있고, 학교 복학 이후에 대한 생활에 자신감이 없고, 사회복지사와 상담 이후에는 센터가 가장 안전한 곳이라며 외부활동을 하려고 하지

(계속)

않는다. 사회복지사는 목겸 씨의 복학 이후 학교생활 안정화(표준화된 척도)와 탱크에서 떨어졌던 기억의 감소(개별화된 척도), 센터의 의존도(개별화된 척도)를 줄여 가면서 외부 사회체계와 관계를 확대해 나가는 것을 목표로 설정하였다.

사회복지사는 클라이언트와 목표를 설정하고 목표에 따른 달성수준을 다음과 같이 구체화하고 이를 토대로 목표달성 시기별로 평가할 수 있다.

목겸 씨의 목표달성척도			
클라이언트: O목겸	사회복지사: 손OO		시작일시: 2017. 2. 20. 종결일시: 2017. 6. 6.
획득수준 척도	척도 1: 대학생활 적응척도	척도 2: 기억 감소	척도 3: 센터 의존도
시작수준(V) 종결수준(#)	목표 1 복학 후 학교생활 적응향상	목표 2 탱크에서 떨어졌던 기억 감소하기	목표 3 센터 의존도 줄이기
달성수준	가중치: 40	가중치: 40	가중치: 20
1 최악의 수준	학교생활적응척도 20점 이하	탱크에서 떨어졌던 기억이 매일 생각나 자기 스스로 일상생활을 통제하기 어려움(V)	센터에 매일 나와 있음 (V)
2 기대 이하의 수준	학교생활적응척도 21~40점(V)	탱크에서 떨어진 기억이 일주일에 5회 정도 떠오르고 통제하기 어려움	센터에 5일 정도 나와 있음
3 기대했던 수준	학교생활적응척도 41~60점	탱크에서 떨어진 기억이 일주일에 3회 정도 떠오르지만 그때마다 통제할 수 있음	센터에 3일 정도 나와 있음
4 기대 이상의 수준	학교생활적응척도 61~80점(#)	탱크에서 떨어진 기억이 떠오르지 않으나 활기가 없음(#)	센터에 1일 나와 있음 (#)
5 최고의 수준	학교생활적응척도 81점 이상	탱크에서 떨어진 기억이 나지 않고, 일상생활의 활기를 찾음	센터에 나오지 않고, 필요시 교류함
가중치	40	40	20
변화점수	2	3	3
가중변화점수	80	120	60
가능한 가중변화	120	160	80
달성백분율	66.7%	75%	75%
종합가중변화(260)/종합가능가중변화(360) = 72.2%			

① 사례 1

47세 최재숙 씨는 사회복지사와 취업상담을 진행 중이다. 재숙 씨는 의류매장에서 일하기를 원하나 고도비만이라 면접에서 외모 때문에 실패를 반복적으로 하며 건강검진에서 고지혈증과 비만판정을 받아 취업과 건강을 위해 다이어트에 대한 목표를 세웠다. 또한 장기적으로 취업면접에서 갖추어야 할 사항들을 연습하는 면접기술 습득과 자신에 대한 존중감을 증진하도록 지원하는 개입을 진행하였다.

일정 기간 동안 최재숙 씨가 면접기술 익히기, 다이어트를 위한 운동, 자아존중감 증진을 위한 목표달성을 평가하기 위하여 목표달성척도를 작성해 보시오. 목표 2와 목표 3의 달성수준을 명확히 하고, 목표 1의 가중치는 부여하였으므로 목표 2와 목표 3의 가중치를 부여하여 목표달성척도를 작성해 보시오.

최재숙 씨의 목표달성척도			
클라이언트: 최재숙	사회복지사: 오○○		시작일시: 2017. 9. 5. 종결일시: 2017. 12. 6.
획득수준척도	척도 1: 면접기술	척도 2: 면접기술	척도 3: 자아존중감
시작수준(V) 종결수준(#)	목표 1 취업을 위한 면접기술 익히기	목표 2 다이어트를 위한 운동하기	목표 3 자아존중감 증진하기
달성수준	가중치: 30	가중치:	가중치:
1 최악의 수준	면접을 보러 가지 않음		
2 기대 이하의 수준	면접관의 기본적인 질문에 대답하기 어려움(V)		
3 기대했던 수준	면접관의 기본적인 질문에 대답할 수 있으나 직무관련 질문에 자신 있게 대답하기 어려움		
4 기대 이상의 수준	면접관의 직무 관련 질문에 자신 있게 대답할 수 있음		

(계속)

5	최고의 수준	면접관의 압박질문에 떨지 않고 대답할 수 있어 취업함(#)		
	가중치	30		
	변화점수	3		
	가중변화점수	90		
	가능한 가중변화	90		
	달성백분율	100%	%	%
	종합가중변화( )/종합가능가중변화( ) = %			

② 사례 2

2명씩 짝을 지어 상대방이 이루고자 하는 목표를 정하고 목표달성척도를 완성해 보시오.

OOO의 목표달성척도			
클라이언트:	사회복지사:		시작일시: 종결일시:
획득수준척도	척도 1:	척도 2:	척도 3:
시작수준(V) 종결수준(#)	목표 1	목표 2	목표 3
달성수준	가중치:	가중치:	가중치:
1 최악의 수준			
2 기대 이하의 수준			
3 기대했던 수준			
4 기대 이상의 수준			
5 최고의 수준			
가중치	30		
변화점수	3		
가중변화점수	90		
가능한 가중변화	90		
달성백분율	100%	%	%
종합가중변화( )/종합가능가중변화( ) = %			

CHAPTER

06

사회복지실천이론에 근거한 사례적용 연습하기

06 사회복지실천이론에 근거한 사례적용 연습하기

사회복지실천은 종종 예술(art)과 과학(science)이 통합된 응용·실천분야로 불린다. 이는 사회복지실천이 사회복지사와 클라이언트와의 관계를 중시하면서도 과학적 이론과 지식에 근거해야 함을 의미한다. 과학으로서 사회복지실천은 사회복지사의 추상적 사고나 클라이언트와의 협조적인 관계에만 의존하는 것이 아니라, 클라이언트가 갖고 있는 문제의 원인과 현재 상황을 객관적 이론에 근거해서 파악하여야 하며, 이들 이론에 기초한 실천기술과 개입방법을 활용해야 하는 전문직임을 의미한다.

전문적인 사회복지실천을 위해서는 과학적 이론도 중요하지만 사회복지사가 어떠한 이론을 선택할 것인가를 결정하는 것도 중요하다. 어떤 이론을 선택하느냐에 따라 개입의 목표와 문제해결방법에 차이가 나타나기 때문이다. 사회복지실천은 사회복지사의 개인적 가치와 직업적 가치가 중요시되는 분야이므로 사회복지사 자신의 가치와 이론적 관점이 서로 일치할 때 보다 효과가 있다. 그러므로 사회복지사는 효과적이고 전문적인 사회복지실천을 위해서 인간과 사회환경에 대한 다양한 이론들을 이해하는 것은 물론 자신의 가치관에 적합한 이론이 무엇인지를 선택하고 이를 활용하는 것이 중요하다.

이 장에서는 사회복지실천의 주요 이론으로 정신분석이론, 에릭슨의 심리사회이론, 아들러의 개인심리이론, 융의 분석심리이론, 피아제의 인지발달이론, 콜버그의 도덕발달이론, 행동주의이론, 인지행동이론, 로저스의 인간중심이론, 매슬로의 욕구이론 등을 살펴보고 이를 실천에 적용할 수 있는 역량을 갖추는 데 필요한 실천연습을 해본다.

1. 정신분석이론

1) 프로이트의 정신분석이론

(1) 이론적 배경

프로이트(Sigmund Freud)의 정신분석이론은 인간의 행동은 인생 초기 경험에 의해서 좌우된다는 정신결정론적 관점을 지지한다. 여기에서는 비정상적 행동이나 증상의 원인을 파악하여, 이를 제거하는 데 중점을 둔다. 또한 인간의 행동, 감정, 생각 등은 무의식적 충동에 의해 일어난다는 것을 강조하는 무의식의 중요성을 강조한다. 정신분석이론의 기본적 관점은 인간을 병리적 관점으로 보고, 유아기에 해결되지 않은 무의식적인 갈등은 성인기에 경험하는 심리적 문제의 원인이 된다고 본다.

주요한 접근방법은 클라이언트의 과거에 대한 감정을 재구조화하여, 현재의 어려움에 대한 통찰을 얻게 하고 이를 수정하는 데 초점을 둔다. 즉, 문제를 일으키는 무의식적인 갈등을 의식화시켜 분석하고 처치하여 개인의 성격구조를 재구성하는 데 목적을 둔다. 개인 속에 내재해 있는 무의식적인 갈등의 원인을 그의 과거 생육과정, 특히 유아기 동안의 타인과의 잘못된 경험(정신적 외상)에서 찾아내고자 한다.

(2) 주요개념

〈표 6-1〉 프로이트 정신분석이론의 주요 이론적 관점과 개념

지형학적 관점	인간의 정신적 요소는 의식적 접근의 가능성을 기준으로 무의식, 전의식, 의식으로 구성되어 있다고 보는 관점으로, 개인의 행동은 무의식적 요소들 간의 갈등과 타협의 산물이라 보고 무의식의 중요성을 강조함
	• 무의식: 수용되기 어려운 성적 욕구, 폭력적 동기, 비합리적 소망 등 의식되면 위협적으로 느껴질 수 있는 억압된 욕구, 감정, 기억으로, 아무리 노력하여도 인식할 수 없고, 접근 불가능한 저장고임
	• 전의식: 즉각 인식되지 않지만 조금만 노력하면 쉽게 의식할 수 있는 기억과 경험
	• 의식: 늘 인식하고 있는 감각, 지각, 경험, 기억, 정서 등
구조적 관점	인간의 성격이 원초아(id), 자아(ego), 초자아(superego)로 구성되었다고 보고 이들이 서로 상호작용하면서 인간의 성격을 결정짓는다고 봄

(계속)

구조적 관점	• 원초아: 쾌락원리에 따라 현재 상황에 대해서는 고려하지 않고 본능적 욕구를 충족. 정신에너지의 저장고임
	• 자아: 현실원리에 따라 현재 자신의 상황을 고려하면서 욕구를 지연하거나 행동을 통제하는 것으로 생후 6~8개월부터 발달되어 2~3세에 제 기능을 수행함
	• 초자아: 도덕원리에 따라 부모의 칭찬과 처벌 속에서 내면화되는 사회적 규범과 부모의 가치관. 행동통제를 통해 처벌의 불안에서 벗어날 수 있게 되는 것으로 5~6세부터 발달되어 10~12세에 제 기능을 수행함
심리성적 발달단계	인간의 성격이 신체적 성감대에 따른 5단계의 발달단계를 거쳐서 형성된다고 보는 관점
	• 구강기: 출생 직후부터 18개월까지의 시기로 리비도가 신체기관 중 입에 머무는 시기. 구강기에 욕구충족이 되면 대상관계 형성과 개별화, 분리 등의 발달이 성취되어 안정된 성격을 형성함
	• 항문기: 생후 18개월부터 3세까지의 시기로 리비도가 신체기관 중 항문에 머무는 시기. 자신이 원하는 대로 배뇨, 배변을 조절하여 긴장감과 배설의 쾌감을 경험하면서 자율성과 자기통제력이 발달됨
	• 남근기: 만 3세부터 6세까지의 시기로 리비도가 성기에 머무는 시기로 이성의 부모에게 무의식적인 성적 욕망을 갖게 되어 남아는 오이디푸스 콤플렉스(Oedipus complex), 여아는 엘렉트라 콤플렉스(Electra complex)의 갈등을 겪는 시기. 갈등해소를 위해 동성의 부모에게 동일시하는 과정에서 성역할을 학습하고, 초자아가 분화되며 이를 통해 부모의 이상과 가치를 받아들이게 됨. 성적정체감을 가질 수 있고, 이전 세대의 문화에 대해 수용하는 초자아가 발달됨
	• 잠재기: 만 6세부터 사춘기 이전까지의 시기로 성적이고 공격적인 에너지가 잠재되는 시기. 가족 이외의 체계에 관심과 사회적 기술 습득과 훈련이 이루어짐. 발달과업의 적절한 성취는 학업 및 활동에 성취감을 얻고, 적응능력이 발달함
	• 생식기: 사춘기 이후의 시기로 2차 성징이 발현되면서 육체적으로 성숙됨과 함께 성인으로 발전하는 시기. 부모로부터 심리적 독립과 자기정체성을 확립하고자 하며 다양한 사회체계와 집단에로 관심이 확대됨

(3) 방어기제

프로이트의 딸 안나 프로이트(Anna Freud)에 의해 체계화되었고, 방어기제는 자아의 기능 중 가장 중요한 기능이다. 즉, 불안하거나 위기에 처한 자아를 보호하기 위해 인간이 무의식적으로 사용하는 사고 및 행동수단으로서 편안한 상태를 유지하기 위한 보호수단으로 사용한다.

〈표 6-2〉 방어기제의 종류와 개념

억압 (repression)	자아의 기본적인 방어방법으로 충동과 그의 사고 내용을 의식으로부터 제외시키는 것이며 의식 속에 들어올 때 견딜 수 없는 갈등과 불안을 가져오는 경우 예: 실수, 기억상실
반동형성 (reaction formation)	무의식에서 용납할 수 없는 충동을 정반대 감정으로 대치시켜 표현하는 것 예: 안 좋은 상황에 처했을 때 애써 태연한 척 하는 것, 미운 사람에게 쫓아가 인사하는 것, 미운 놈 떡 하나 더 준다
퇴행 (regression)	처리하기 곤란한 문제에 봉착했을 때, 어릴 때 효과적이었던 방식으로 되돌아가 해결하고자 하는 것 예: 노장의 신사들이 중학교 동창회에 모여 중학생처럼 장난치는 것
격리 (isolation)	과거 고통스런 기억과 연관된 감정을 의식에서 떼어 내려는 것으로 고통스러웠던 사실은 기억하지만 감정, 정서는 억압해 지각하지 못하게 하는 것 예: 아버지와 관련된 죽음을 말할 때는 슬픈 감정을 보이지 않다가 아버지를 연상시키는 권위적인 남자가 죽는 영화를 보고 비통하게 우는 것
취소 (undoing)	용납할 수 없거나 죄책감을 일으키는 행동, 사고, 감정을 상징적인 방법을 통해 무효화시키는 것 예: 아기가 동생에게 화가 나 때린 다음에 곧바로 끌어안고 미안하다고 하며 입 맞추는 것, 폭력적인 남편들이 주로 폭행을 가한 후 아내에게 훨씬 잘해 주는 것
투사 (projection)	자기 자신의 심리적 속성이 타인에게 있는 것처럼 생각하고 행동하는 것 예: 시험에 떨어진 학생이 시험문제가 엉망으로 나왔다고 함으로써 그 잘못의 책임을 밖으로 향하게 하는 것
투입 (introjection)	외부의 대상을 자기 내면의 자아체계로 받아들이는 것인데 외부대상에 대한 부정적인 감정을 자신에게로 지향 예: 어머니를 미워하는 것이 자아에 수용될 수 없어 나 자신이 미운 것으로 대치됨
자기에게로 전향 (turning against the self)	자신의 본능적인 충동이 자신에게 향하는 것 예: 무의식 중에 증오하는 아버지를 가진 사람이 진짜로 아버지가 돌아가셨을 때 심한 우울함에 빠질 수 있는데 왜냐하면 아버지를 향하던 증오가 자신에게로 전향되어 자기 내부의 아버지를 향하게 되었기 때문임. 쉽게 말하자면 아버지와 자신을 동일시하여 분노를 자신에게 퍼부었다고 생각하면 됨

(계속)

부인 (denial)	뻔히 존재하는 위험이나 유쾌하지 않은 현실을 부정함으로써 위험이나 현실에서 회피하려고 하는 것 예: 남편이 사망하였음에도 죽은 것이 아니라 자는 것이라고 믿는 것
승화 (sublimation)	사회적으로 인정되는 형태와 방법을 통해서 충동과 갈등을 발산하는 것 예: 타인에 대한 공격성이 권투선수가 되어 훌륭한 시합을 하는 것으로 대체되는 것
전치 (displacement)	실제로 어떤 대상에게 향했던 감정 그대로를 위협적이지 않은 안전한 다른 대상에게 이동시켜서 충동을 해소하는 것 예: 종로에서 뺨맞고 한강에서 눈 흘긴다.

2) 볼비의 애착이론

애착이론(attachment theory)은 영국 정신분석가인 볼비(John Bowlby)에 의해 창시되어 지속적으로 발달하여 왔다. 소아의 정상적 및 병적 정서발달을 이해하는 데 영향을 주어 심리치료에 있어서는 매우 중요하게 다뤄진다. 볼비는 인간은 태어나 1개월 만에 대상을 추구하고 그에 대해 애착이 나타나기 시작하여 장차 그의 인격과 사회활동 및 정서적 안정에 영향을 미친다고 하였다. 인간이 태어난 후 양육되어질 때 병리적인 존재로 길러지는 것을 주장하였다. 애착은 한 개인이 자신과 가장 가까운 사람에 대해서 느끼는 강한 감정적 유대관계, 즉 친숙한 개인과 근접성을 추구하고 접촉하려는 경향을 말한다. 애착은 아이의 정상적 발달과정에서도 필요하고, 성인이 되어서도 건강한 사회생활을 하는 데 필요하다.

〈표 6-3〉 아동의 애착행동 발달과정 4단계

단계	발달내용
1단계(0~3개월) 모든 대상에 대한 애착반응 단계	아동의 애착대상이 정해지지 않는 시기로 울기, 쳐다보기 등의 행동을 통해 성인의 반응을 이끌어 냄
2단계(3~6개월) 특정 대상에 대한 애착형성기	낯익은 사람과 낯선 사람을 구분하여 애착행동을 보이나 특정 애착대상을 구분하지 못하는 시기로 사회적 미소, 옹알이, 쳐다보는 반응을 통해 애착행동을 함
3단계(6~24개월) 뚜렷한 애착단계	걷기 시작하면서 주 양육자(애착대상)와 적극적으로 애착관계를 형성하는 시기로, 애착이 형성된 주 양육자와 친밀한 관계를 유지하고 늘 곁에서 안정감을 찾으려 하므로 주 양육자가 없으면 분리불안을 느끼게 됨

(계속)

4단계(24~36개월 이후) 애착대상에 대한 목표와 추론이 가능한 단계	애착대상의 목표와 계획을 추론하기 시작하고, 주 양육자 가 자리를 비워도 다시 돌아올 것을 알며 자신의 행동을 계획할 때 상대방의 감정과 동기를 이해하기 시작함

3) 이론 적용 연습

▌보기 1▌

10세 준우는 처음엔 친구의 물건을 몰래 훔치다가 학년이 올라가면서 자기보다 어린 동생들의 돈을 갈취하고, 장난인 척하며 약한 친구들은 못살게 굴고 힘으로 제압하는 등 문제행동이 점점 더 심각해지고 있었다. 그러던 중 이번에 심하게 맞은 학생이 선생님에게 일러 지금까지의 상황이 밝혀져 퇴학의 상황에 놓였다. 이에 대해 준우는 운이 없어 들킨 거라며 피해 학생이 어떤 감정을 느낄지 개의치 않고 있다. 준우의 아버지는 특수절도죄로 복역하고 1년 전 교도소에서 출감한 후 늘 만취상태에 있으면서 세상 일이 마음대로 되지 않는다고 신세 한탄하며 화풀이로 어머니와 준우를 때렸다. 아버지는 준우가 친구들과 싸우다 맞고 오면 왜 맞고 왔느냐며 때려눕히고 오라고 부추기거나 훔쳐온 돈을 보고 잘했다며 술 심부름을 시키기도 하였다. 어머니는 아버지의 강압에 의해 혼전임신하여 결혼하게 된 것에 대해 비관하며 아들에 대한 애착이 별로 없었고, 준우가 태어난 직후부터 여러 차례 가출시도를 하였으나 번번이 남편에게 들켜 집으로 잡혀 왔다. 이번 퇴학의 상황에서 아버지는 준우에게 남자는 절대 누구 앞에서도 빌어서는 안 된다며 어떤 거짓말을 하여 상황을 모면할지 준우와 궁리하고 있다.

• 사례에서 클라이언트의 상황을 프로이트의 정신분석이론에 근거해서 사정해 보시오.

부모의 잘못된 양육과 왜곡된 교육이 준우의 성격 구조인 원초아, 초자아, 자아가 건강하게 형성하는 데 어려움을 초래하고 있다. 준우는 본능적 욕구를 충족하기 위해 친구들의 안녕을 위협하는 행동들을 서슴지 않았고 양심의 가책 역시 느끼지 못하고 있는 것으로 보아 초자아가 분화·발달되지 못하고 있다. 특히 퇴학의 위험에 있는 준우에게 부의 잘못된 양육방식은 원초아나 초자아 한쪽으로 지나치게 치우치지 않고 현실적 대처를 할 수 있도록 만드는 자아의 발달을 방해하고 있다. 이는 결국 준우에게 자신의 잘못을 인정하지 않고 거짓말로 상황을 모면하려는 문제행동들을 더욱 심화시키고 있다.

‖보기 2‖

6세 서연은 6개월 째 어린이집 가기를 거부하고 있고 가더라도 교실에 들어가지 않고 화장실이나 복도 구석 등에 숨어 있거나 집에 갈 때까지 울거나 몰래 집으로 돌아오는 버스에 올라탄 일이 있어 담임 선생님과 같은 반 친구들은 하루 종일 서연이를 찾는 게 일이라고 한다. 서연이에게는 이란성 쌍둥이 남동생, 재연이 있다. 가부장적인 가정인 시댁에서 아들을 기다렸던 터라 모든 상황에서 재연이 우선시 되었다. 젖을 먹어도 재연이 다 먹은 후에야 서연이 먹을 수 있었고 기저귀가 젖어도 재연이 먼저였다. 22개월 때 재연이 폐렴 증상으로 입원하자 어머니가 동행하게 되어 서연을 할머니가 돌보게 되었는데 어머니가 없어 불안해 우는 서연을 윽박지르고 계속 혼냈다고 한다. 재연이 퇴원해 돌아오자 서연은 어머니 옷을 잡고 다니며 놓아주지 않았고 혼을 내면 더욱 달라붙어 떨어지지 않았다고 한다.

• 사례에서 클라이언트의 상황을 볼비의 애착이론에 근거해서 사정해 보시오.

애착이란 주 양육자에 대해서 느끼는 강한 감정적 유대관계로 애착이 안정적으로 잘 형성되면 정서적 안정감을 기반으로 독립심을 갖게 되는데 서연의 경우는 쌍둥이 동생 재연으로 인해 서연의 욕구가 늘 뒷전으로 밀려 있어 안정적 애착형성을 못한 것으로 보인다. 심지어 재연의 입원으로 어머니가 없는 동안 혹시나 어머니가 자신을 떠날지도 모른다는 극도의 불안이 있었을 텐데 그 불안을 진정시켜 주어야 할 할머니가 되려 혼내어 불안은 더 가중되었을 것이고 이로 인해 분리불안이 더욱 심해져 어머니와 떨어지는 것에 대해 심한 불안을 느껴 한시라도 떨어지지 않기 위해 어린이집 가기를 거부하는 것으로 보인다.

실천연습

① 사례 1

유진은 단란한 가정의 주부로 남편과 1남 1녀의 자녀를 둔 전업주부다. 기자생활을 하며 열정적으로 사회생활을 하던 유진은 결혼함과 동시에 현모양처가 되었고 양육에 최선을 다하는 어머니가 되었다. 원가족은 판사로 퇴직하고 홀로된 아버지와 여동생, 남동생이 있으며 모두 관계가 좋다. 그중 남동생은 유진과는 배다른 형제로 유진이 초등학교 때부터 같이 살게 되었다. 어머니는 그를 친아들처럼 지극정성으로 키웠고, 3년 전에 사망하였다. 유진은 이런 아버지에 대해 원망을 한 적이 없고, 늘 아버지에게 깍듯하게 대했으며, 어여쁘고 믿음직한 딸로 인정받고 있다. 남편에게는 최고의 아내이며, 아이들에게는 하고 싶은 것은 다 해 주는 어머니로 아이들도 공부도 잘하고, 남편도 정신과의사로 유명세를 타고 있다. 최근 유진 남편(정신과의사)은 예전에 사귀었던 여자(부잣집 딸)와 스캔들 기사가 났는데 남편은 여자 측에서 고의로 낸 스캔들이라며 떳떳하다고 우겨 유진은 남편의 말을 믿기로 하였다. 그러나 그 일이 있던 직후부터 자꾸 딸에게 자신은 성공할 수 있었는데 자식 때문에 사회생활을 그만뒀다는 원망을 하거나 말도 안 되는 이유로 꼬투리를 잡아 혼내고 온갖 짜증을 부리고 있다.

• 사례에서 클라이언트의 상황을 정신분석이론에 근거해 사정해 보십시오.

🖋 TIP 실제로 어떤 대상에게 향했던 감정 그대로를 위협적이지 않은 다른 대상에게 이동시켜 충동을 해소하려는 방어기제와 연관하여 탐색함. 또한 가부장적인 아버지와 이를 순종적으로 받아들이고 살았던 어머니의 모습에서 영향을 받았던 유진이 느낄 수 있는 남근선망과도 연관하여 생각해 볼 수 있음

② 사례 2

김진희는 대학에서 학생들을 가르치고 있다. 오늘 졸업생인 민지가 결혼하여 아이를 낳았다면서 아이와 함께 연구실에 찾아왔다. 아이는 12개월 여아로 또래보다 빨리 걷는다. 걸을 때 불이 번쩍이는 신발을 신고 엄마의 손에 의지해서 걸을 수 있는 정도이다. 처음에는 낯선 연구실 환경과 동료 교수님들이 아이에게 "예쁘다"면서 가까이 가자 놀라서 울먹이며 엄마에게 안겨서 떨어지지 않는 모습을 보였다. 15분 정도 지나자 엄마에게 안기거나 걸을 때 엄마를 보면서 웃기도 하고, 소리도 지르면서 즐거워하고, 벽에 노란색이 많은 그림을 가리키며 가까이 가기도 하고, 탁자의 연필통과 책을 만지기도 하였다. 엄마가 잠시 화장실을 간다고 연구실을 나가자 잠시 멍한 표정을 짓더니 바

로 울기 시작하였고, 달래려고 연필통이나 볼펜 등을 쥐어줘도 다 던지고 울기만 하였다. 엄마가 들어오자 바로 눈물을 그치면서 엄마 품에서 평안을 찾았다.

• 사례에서 클라이언트의 상황을 애착단계에 근거해 사정해 보시오.

✏️ TIP   볼비의 애착형성과정 중 걷기 시작하면서 주 양육자와의 분리불안을 느끼는 시기인지를 탐색함

2. 에릭슨의 심리사회이론

1) 이론적 배경

에릭슨(Erik H. Erikson)은 인간은 일생 동안 여러 단계의 심리사회적 위기를 경험하게 되는데 그 위기의 결과로 인해 성격이 발달한다고 보았으며, 그의 이론은 사회가 개인에게 미치는 영향과 개인이 개인적 · 사회적 위기를 극복하면서 '나는 누구인가?' '내가 무엇을 해야 하는가?'에 대한 답을 발견하는 과정에 초점을 두고 있다. 에릭슨의 심리사회적 이론에 의해 제창된 인간의 자아기능에 관한 견해는 사회복지 실천방법론에 중요한 영향을 미쳤다고 평가되며, 개인의 자아를 강화하고 클라이언트를 둘러싼 환경적 조건을 향상시킴으로써 문제해결이 가능하다는 관점은 아직도 사회복지전문직의 핵심적 시각이다.

2) 주요개념

에릭슨은 인간발달의 사회적 맥락을 강조하면서 프로이트의 심리성적발달 5단계가 전 생애에 걸쳐 발달하며 주요 단계를 8단계 이론으로 정립하였다. 전 생애발달에 대한 주장과 자아의 독립적 기능을 주장하며, 인간행동의 기초는 자아임을 강조하였다. 또한 인간의 성격발달에 영향을 주는 요소들로 부모와의 관계를 비롯해서 가족에게 영향을 미친 역사적·사회적 상황에까지 관심을 갖고 심리사회적 환경을 강조하였다.

〈표 6-4〉 에릭슨의 심리사회이론 개념

자아	원초아에서 분화된 것이 아니라 그 자체로 형성되며, 자율적인 기능을 하는 것으로 간주함. 성격은 부모, 형제자매, 다른 사람들을 포함한 사회의 모든 구성원의 영향을 받는다고 봄. 인간행동의 기초로 자아를 강조함			
자아정체감	총체적 자기지각으로 개인의 자아가 그의 인격체를 통합하는 방식에서 동질성과 연속성이 유지되고 있다는 사실을 아는 동시에 자기 존재의 동일성과 독특성을 지속하고 고양시켜 나가는 자아의 자질을 의미함			
점성원리	발달은 기존 발달 기초 위에서 이루어지며, 특정 발달단계의 발달은 이전 단계에서 성취한 발달과업의 영향을 받음			
심리사회적 위기	인간의 각 발달단계마다 사회는 개인에게 어떤 심리적인 요구를 하는데 이것이 위기임			

정체감 유형[8]	정체감 유형		위기	
			예	아니요
	개입 노력	예	정체감 성취: 일정 기간 격렬한 결정과정을 거쳐 많은 노력으로 자신의 개별화된 형태의 가치를 발달시키고 직업을 결정하는 정체감을 획득하는 사람의 유형	정체감 유실: 정체감의 위기를 겪지 않고 성인기에 편입하는 유형. 정체감 형성을 위한 다양한 경험과 기회를 차단하는 경우
		아니요	정체감 유예: 정체감 위기 동안 격렬한 불안을 경험하면서도 아직 개인의 가치나 직업을 결정하는 것을 유예하는 유형	정체감 혼란: 결정력과 방향이 결여되어 정체감 위기를 겪을지라도 결코 해결하지 못하는 유형

(계속)

---

8) 마르시아(Marcia)의 자아정체감 지위 이론: 정체감 위기가 있을 때 사람들이 대응하는 방식을 위기(crisis)와 개입(commitment)의 두 가지 기준에서 구분하여 정체감 성취, 정체감 유예, 정체감 유실, 정체감 혼미로 나누었다.

	발달단계	심리사회적 위기와 획득되는 자아특질
심리사회 발달단계	영아기	기본적 신뢰감 대 불신감: 희망
	유아기	자율성 대 수치심과 회의: 의지력
	학령전기	주도성 대 죄의식: 목적
	학령기/아동기	근면성 대 열등감: 능력
	청소년기	자아정체감 대 자아정체감 혼란: 성실성
	성인초기	친밀 대 고립: 사랑
	성인기	생산성 대 침체: 배려
	노년기	통합 대 절망: 지혜

3) 이론 적용 연습

‖보기‖

미리는 현재 미국 유학 중이며, 한국 나이로 18세다. 지적인 능력은 뛰어나 학교에서도 상위권에 머문다. 미리는 부모의 기대를 한 몸에 받고 있고, 어렸을 때부터 지금까지 어머니가 하라는 대로 착실하게 과정을 이수해 왔다. 초등학교 때도 어머니가 친하게 지내라고 하는 아이들과만 친해야 했고, 놀이할 때도 어머니가 지정해 준 아이들과 놀곤 했다. 대학교 입학을 앞두고 가고 싶은 대학과 학과를 선정하는 과정에서 어머니가 원하는 학교에 넣을 것이며, 전공 또한 부모님이 선택해 주는 전공을 할 것이라고 말한다. 왜냐하면 지금까지 부모님이 안내하고 결정한 대로 따라서 좋지 않았던 적이 없었고, 부모님의 가치와 철학이 곧 내 가치와 철학이라고 이야기한다.

• 사례를 읽고 클라이언트의 상황을 마르시아의 정체감 유형에 근거해 사정해 보시오.

미리는 현재 심리사회이론에 근거한 발달단계로 보면, 청소년기로 자아정체감 형성에 중요한 시기다. 이 시기에 자아정체감 형성과 자아정체감 혼란의 발달과업을 가지며, 이 발달단계의 심리사회적 위기를 잘 극복하면 성실성이라는 자아의 특질을 소유하게 된다. 이 시기에는 다양한 사회체계와 교류하면서 자신이 누구인지 탐색하고, 직업과 진로에 대한 탐색들이 이루어져야 하는 시기다. 미리는 지적인 능력이 뛰어나지만 자신이 어떤 것을 잘하고, 흥미가 있는지에 대해 탐색할 수 있는 다양한 경험을 하지 않고 있다. 학령기부터 줄곧 자신의 주도적 결정 없이 모든 것을 어머니가 선택해 준 대로 수용하는 것을 볼 때, 어머니의 가치와 철학을 곧 자신의 것으로 여기면서 정체감에 대한 갈등이나 다양한 경험을 아예 하지 않고 있다. 이는 마르시아의 정체감 유형 중 정체감 유실의 형태를

(계속)

보인다. 정체감 유실 유형은 정체감에 대한 혼란을 겪지 않고, 성인기에 유입되는 유형으로 타인의 가치와 철학을 그대로 자신의 것으로 받아서 직업이나 진로에 대한 고민 없이 선택하는 특성을 갖는다.

실천연습

① 사례 1

70세인 수자 씨는 25세에 결혼하여 3남매를 낳아 모두 결혼까지 시켰다. 수자 씨는 매우 가난한 집안의 5남매 중 장녀로 그림 그리기를 좋아하여 미술 공부를 하고 싶었으나 가정형편이 어려워 말도 못해 보고 초등학교만 간신히 졸업한 후 취업하여 가정 경제를 도왔다. 결혼 후에도 생계유지를 위해 맞벌이를 하였으나 아무리 열심히 일을 해도 자식들은 자신들을 잘 돌봐 주지도 못하면서 풍족하지도 못하다며 늘 불평을 하였다. 수자 씨는 자식들의 불평과 열심히 노력해도 좋아지지 않는 상황에 답답하였다. 3남매 모두 결혼을 시킨 얼마 후 남편은 죽고 혼자 살게 되면서 하루 종일 TV만 보는 무의미한 시간을 보내다가 방송에서 어떤 연예인의 그림을 보고 자신의 어릴 적 소망이 생각나 늦게나마 미술 공부를 하고 싶어졌다. 미술 공부를 하기 위해 필요한 경제적 지원을 자식들에게 부탁했으나 "일만 하면서 어떻게 자랐는지 관심도 없었으면서 이제 와서 무엇을 바라느냐"며 원망의 말을 하며 아무런 도움을 주지 않았다. 수자 씨는 지금까지 살아온 세월에 무한한 한탄을 하고 있다.

• 사례를 읽고 클라이언트의 상황을 에릭슨의 심리사회발달단계에 근거하여 사정해 보시오.

📝 TIP 노년기 이전의 자신의 삶과 현재의 삶에 대해서 절망적인 상태로 판단하고 있어 지금까지의 삶에 대한 자기수용이 어려운 상태임

② 사례 2

　지희는 고등학교 때 봉사활동을 다니면서 사람들을 돕는 게 좋고 보람이 되어 누군가를 돕는 일을 하고 싶다는 생각을 하였다. 대학 학과를 정할 때 어려운 사람을 도울 수 있는 직업을 가질 수 있는 학과를 가고 싶어 부모님과 상의를 하였다. 부모님은 학교 선생님을 하면서 아이들의 교육을 잘하게 된다면 그것도 도움이 되는 직업이 될 수 있을 뿐 아니라 장래 결혼을 하기에도 좋을 것이라도 권유하였으나 지희는 사회적 약자를 위해 헌신할 수 있는 사회복지사가 되기를 원하여 갈등이 많았다. 결국 지희의 뜻에 따라 사회복지과가 있는 대학에 진학하였으나 학년이 높아져 전공과목을 더 많이 배우게 되면서 사회복지사가 단순히 어려운 사람을 돕는 직업이 아니라 사람에 대한 공감능력과 자신을 돌아볼 수 있는 이성적인 능력이 필요하다는 것을 알게 되었다. 평소 타인과의 소통이나 공감에 많은 어려움을 느끼고 있던 지희는 자신과 사회복지사라는 직업이 맞지 않다는 생각에 심각하게 진로 고민을 하였다. 현재는 휴학을 하고 자신을 돌아보는 중이다.

• 사례를 읽고 클라이언트의 상황을 에릭슨의 심리사회발달단계와 마르시아의 정체감 유형에 근거하여 사정해 보시오.

📝 TIP 청소년기인 지희가 자신과 자신의 직업에 대해 탐색하는 과정을 거치면서 자신의 직업이나 어떤 결정을 내리지 못한 상태를 고려함

4) 개인정체감검사

에릭슨에 의하면, 10대들과 20대 초반의 성인들은 개인정체감을 형성하는 과업에 직면한다고 한다. 발달의 다른 단계에서와 마찬가지로 이러한 위기를 어떻게 잘 해결하느냐가 장래의 성격 발달과 적응 패턴을 결정짓는다고 한다. 오체와 플러그(Ochse & Plug, 1986)는 에릭슨이 제시한 발달의 여덟 단계를 각각 어떻게 성공적으로 밟아 나가는지를 측정할 수 있는 성인용 척도를 개발하였다. 정체감 형성 대 역할 혼미에 관한 항목들이 다음에 제시되어 있다.

다음 보기를 참고하여 각 진술문들을 읽고 해당 번호를 적으시오.

진술문	1 전혀 그렇지 않다	2 거의 그렇지 않다	3 자주 그렇다	4 매우 그렇다
1. 내가 진정 어떤 사람인지 궁금하다.				
2. 사람들의 나에 관한 생각들이 바뀌는 것 같다.				
3. 내 인생에서 내가 무엇을 해야 할지 확신한다.				
4. 어떤 것이 도덕적으로 옳고 그른지 확실하다.				
5. 내가 어떤 사람인지에 대한 대부분의 사람들의 의견이 비슷하다.				
6. 내 방식의 삶이 내게 어울린다고 생각한다.				
7. 다른 사람들은 나의 가치를 인정한다.				
8. 나를 아주 잘 아는 사람들과 떨어져 있을 때 진정한 나 자신이 되는 자유로움을 더 느낀다.				
9. 내가 하고 있는 일이 진정 가치로운 것은 아니라고 느낀다.				
10. 내가 살고 있는 지역사회에 나는 잘 적응하고 있다.				
11. 나 자신에 자부심을 느낀다.				
12. 내가 나를 바라보는 것과 타인이 나를 바라보는 것이 매우 다르다.				
13. 무시되는 느낌이다.				
14. 사람들은 나를 인정하지 않는다.				

(계속)

15. 삶으로부터 얻고자 하는 것에 대한 생각이 바뀐다.				
16. 사람들이 나에 대해 어떻게 느끼는지 확실하지 않다.				
17. 내 자신에 대한 느낌이 변한다.				
18. 마치 연극을 하고 있거나 남들 눈에 띄기 위해 뭔가를 하는 듯한 느낌이 든다.				
19. 내가 살고 있는 사회 구성원인 것이 자랑스럽다.				

*채점방식: 점수를 계산하기 위해 1, 2, 4, 8, 9, 12, 13, 14, 15, 16, 17, 18번 문항에 표시한 점수를 역으로 환산한다. 전체 점수를 합산한다.

*해석방식: 남아프리카공화국의 시민들(15~60세)을 대상으로 실시한 결과 이 척도의 평균점수는 56~58점이었으며, 표준편차는 7~8이었다. 이 평균범위보다 훨씬 더 높은 점수는 정체감이 잘 발달되어 있다고 볼 수 있으며, 유의미하게 더 낮은 점수는 아직 정체감 발달단계에 있다고 할 수 있다.

출처: 노안영, 강영신(2003).

3. 아들러의 개인심리이론

1) 이론적 배경

아들러는 그의 이론을 '개인심리학(individual psychology)'이라고 명명하였는데, 이것은 그가 인간을 전체적으로 보는 입장을 나타내는 바, 즉 인간을 유일한 분해할 수 없는(indivisible), 자아 일치된(self-consistent) 그리고 통합된 실체(unified entity)로 보았다. 그는 어떤 사람도 고립시켜 연구할 수 없으며, 인간을 더 큰 체계, 즉 사회생태적 체계 속에 한 구성요소로 속해 있다고 보아야 한다고 믿었다(이훈구 역, 1993, p. 95). 인간을 그 자신의 현상학적인 장 내에서 가공적 목표를 향해 움직이는 창조적이고, 책임이 있으며 형성되어 가는 총체적인 존재로 본다.

2) 주요개념

전체적으로 인간을 단일하고 분해할 수 없는 자아 일관적인 통일된 존재이며, 완성을 추구하는 목적지향적─성장지향적인 존재로 보았다. 개인의 정신상태는 사회적 관심의 정도에 직접적으로 관련된다고 보고 심리치료이론과 기법을 만들어 내었다. 사회, 직업, 성, 영혼, 자기 자신 등의 생활과제를 중요시 여겼으며, 이는 건전하고 충족된 생활양식의 기본이 된다. 열등감 및 열등감에 대한 극복을 강조하였고, 인간은 우월에 대한 추구 및 보상으로 그들의 삶을 보내게 된다고 하였다. 생활양식은 개인의 창조적인 힘에 의해 발전된다고 가정하였으며, 성격은 최초의 사회적 단위인 가족과 가족 내의 출생순위에서 영향을 받는 것으로 여겼다. 개인의 심리적 부적응은 기본적으로 사회적 관심의 부족으로 인해 자신과 사회를 통합시킬 수 없는 데서 오는 좌절이다. 때문에 개인적인 관심과 사회적 관심이 일치하도록 하는 것이 중요하다.

〈표 6-5〉 아들러의 개인심리이론 주요개념

열등감과 보상	• 개인이 주어진 상황에 잘 적응하지 못하거나 준비 부족으로 해결할 수 없다는 확신을 가질 때 열등감이 나타난다고 봄 • 병적 열등감과 보상을 위한 노력은 인간 운명의 모든 발전의 원인이 된다고 믿었고, 그래서 이러한 열등의식이 결코 약점이나 비정상이 아니고 모든 사람에게 공통으로 있음
우월을 향한 목표	• 모든 사람은 위대한 향상의 욕구를 공유하고 있는 바, 이것은 마이너스에서 플러스로, 아래에서 위로, 미완성에서 완성으로 나가는 동기를 나타냄
사회적 관심	• 우리가 사람을 충분히 이해하려면 우리와 다른 사람과의, 또 우리가 살고 있는 더 큰 사회문화적인 맥락과의 관계를 고찰해야 한다는 것임 • 인간은 사회의 이익을 위해 개인적 이익을 포기하는 선천적 · 사회적 본능에 의해 동기가 유발된다고 생각함
생활양식	• 생활양식 개념은 자기 혹은 자아, 성격, 성격의 통일성, 개성, 문제들에 대처하는 방법, 삶에 공헌하려는 소망 등으로 정의됨 • 생활양식은 개인이 어떻게 인생의 장애물을 극복하고, 문제해결방법을 찾으며, 어떤 방법으로 목표를 추구하는지를 결정함 • 사회적 관심과 활동 정도에 따라 생활양식을 네 가지로 유형화 하였는데 첫째는 지배형, 둘째는 획득형, 셋째는 회피형, 넷째는 사회적으로 유용한 형임
창조적 자기	• 목표를 직시하고 결정하며 선택하면서 개인의 목표와 가치에 부합하는 모든 종류의 배려를 나타내는 능력을 말함 • 따라서 창조적 자기는 삶의 목표와 그 목표를 추구하는 방법을 결정하고, 사회적 관심의 발달에 공헌하며, 지각, 기억, 상상, 환상, 꿈에도 영향을 주어 각 개인을 자주적인 사람이 되도록 만듦

(계속)

출생순위	• 개인의 출생순위가 생활양식 형성에 영향을 준다고 함 • 부모가 같고 거의 비슷한 가정환경에서 자란 아이들일지라도, 동일한 사회적 환경을 갖는 것은 아님 • 폐위된 왕에 비유되는 첫째는 동생이 태어나면서 자신에게만 집중되는 관심을 빼앗기면서 스스로 인정을 받기 위해 노력하여 성실해지고 책임감이 강해짐 • 경쟁자인 둘째는 첫째에게 부족한 부분에 강점을 보이면서 인정을 받고자 노력하며 첫째와 막내의 조정자 역할을 하기도 함 • 막내의 경우 관심을 독점하거나 전혀 못 받는 경우가 있어 의존적이거나 다른 형제들과 전혀 다른 사고방식을 갖기도 함 • 외동의 경우 관심이 집중되고 경쟁자가 없어 자기중심적인 사고가 강해 협동을 잘 못하기도 하며 의존적일 수 있음
인생 과업	• 지구상에 존재하는 사회적 존재로서 인간은 세 가지 주요 인생과업 또는 과제를 수행하며 생활을 영위해야 하는 바, 이들은 사회생활(우정), 직업생활(일), 그리고 사랑생활(사랑) 등의 과제임
가상적 최종 목표	• 인간의 행동은 목적지향적임 • 자신의 인생에서 실현하고자 하는 궁극의 목표로 아동기에 형성되어 열등감을 보상하는 기능을 하며 인생의 지침이 될 수 있음
아들러 심리치료	• 개인심리학에 기초한 것으로 인간의 부적응상태를 목표 추구의 낙심상태로 보고 치료자가 열등감과 실망감을 극복하도록 도와 클라이언트가 사회적 관계 속에서 자신이 추구하는 목표와 생활방식을 건강하게 변화시키고 사회에 기여할 수 있는 구성원이 되도록 도움

3) 이론 적용 연습

‖보기‖

개인심리학을 명명한 아들러는 어린 시절 골연화증으로 4세까지 걷지 못하였을 뿐 아니라 폐렴으로 죽을 고비를 넘기기도 하면서 훌륭한 의사가 되는 것이 목표였다. 초등학교 시절, 병약한데다 공부도 못하여 담임교사로부터 공부를 그만두고 구두수선공을 해 보라는 권유를 받았으나 도리어 그의 아버지가 아들러를 격려하자 그때부터 공부할 것을 결심하고 매진하여 1등까지 하였고 결국 비엔나 대학에서 의학을 전공하였다. 안과의에서 일반의로 환자들을 치료하면서 신체적 결함이 성격에 미치는 영향을 연구하거나 서커스 단원인 환자들을 통해 그들의 특별한 기량이 신체적 열등감을 보상하려는 노력과 연관성

(계속)

있음을 알게 되는 등 최대 관심사가 마음과 관련된 것으로, 신경과학과 정신의학까지 전공하였다. 그리고 아들러는 어린 시절 많은 병치레로 어머니로부터 많은 관심을 받다가 동생이 태어나면서 어머니로부터 멀어지게 되었고 아버지와는 좋은 관계를 유지하였으나 모든 면에서 우월했던 형을 질투하여 형제간 갈등이 심하였다.

• 사례의 클라이언트 상황을 아들러 이론의 주요 개념에 근거하여 사정해 보시오.

아들러는 어린 시절 병약하고 공부도 못하였으나 자신의 병약함과 무기력함(열등감)을 보상하기 위해 의사가 되려는 가상적 목표를 세우고 그 목표를 향해 끊임없는 노력을 하여 '개인심리학'이라는 이론을 정립하기에 이른다. 생활양식의 분석을 위해 가족 분위기, 초기 발달적 경험 등을 봤을 때 가족 분위기는 전반적으로 우호적이었으며 이러한 갈등 경험은 심리학의 거두였던 프로이트를 떠난 것과 연관이 있을 것으로 보이고 있다. 초기 발달적 경험에서 공부를 그만두라는 담임선생님의 권유를 일축하고 자신을 믿고 격려해 준 아버지를 통해 생물학적 조건과 환경적 제약을 극복하고 자신의 삶을 선택하고 창조할 수 있는 사회적으로 유용한 생활양식을 획득하게 된 것이다. 그리고 출생순위에 대한 이론 역시 자신의 삶에서 반영된 것으로, 모든 면에서 월등한 형과 관심의 집중이 된 동생 사이에서 둘째였던 아들러는 맏이인 형, 둘째인 자신, 막내인 동생의 특징을 기본으로 하여 이론을 정립한 것이다.

실천연습

① 사례 1

35세 승헌은 어려서 배구 선수가 되는 게 꿈이었으나 학습 성과가 좋아 부모님은 판사가 되길 바랐다. 법학과에 입학한 후 사법고시를 준비하던 중 군 입대를 앞두고 스트레스를 받자 부모님은 허위 진단서를 만들어 면제받도록 해 주었고, 대학생활 중에도 어려운 일이 생기면 무슨 일이든 다 해결해 주면서 사법고시 준비에만 집중할 수 있도록 도와주었다. 사법고시를 3차례 떨어진 후 스트레스로 인해 가슴이 답답해 숨이 멎을 듯이 힘들다고 하자 건강이 더 중요하다며 사법고시 준비를 그만두게 하였고, 아버지가 아는 분을 통해 취업을 시켰다. 취업 후 익숙하지 않은 일을 하면서 야근까지 하게 되자 부당하게 일을 많이 시킨다며 말도 없이 그만두었다. 그 후로도 아버지가 지인들을 동원해 입사시켰으나 한 달 이상 다니지 못하고 그만두었다. 몇 번의 입사와 퇴사를 겪은 후에는 직장생활이 적성에 맞지 않고 적응하기 어렵다며 집에서 게임만 하며, 배구 선수가 되는 게 꿈이었는데 부모님 때문에 하고 싶은 일도 못하게 되었고 지금은 할 수 있는 일도, 하고 싶은 일도 없다며 부모님 탓만 하고 있다.

• 사례를 읽고 클라이언트의 상황을 아들러 이론의 주요개념에 근거하여 사정해 보시오.

> ✐ TIP　승헌이 현재 자신의 삶에 대한 목표를 가지고 있지 못하게 된 과정을 생활양식과 연관하여 사정해 보고 과거의 삶에 대해 아들러의 주요 개념인 창조적 자기나 가상적 목표와 연관하여 탐색함. 또한 반복된 시험이나 일의 실패경험으로 승헌이 가질 수 있는 심리상태에 대해 탐색해 봄

② 사례 2

17세 미정과 15세 미숙은 자매다. 미정은 장녀로 무엇이든 양보를 잘하고 부모님께 순종하는 착한 딸이지만 내성적인 성격으로 학급에는 친한 친구가 거의 없다. 다만 테니스를 좋아해 테니스 동아리 친구들과는 어울려 다니고 가끔 대회에 나가 수상도 하여 부모님의 자랑거리다. 미숙은 차녀로 활달한 성격이다. 특히, 언니와의 관계에서 좋은 자기 것이 있음에도 불구하고 무조건 언니 것을 달라고 해서 학교 친구들에게 나눠 주면서 친구들 사이에서 인기가 좋다. 또한 공부도 잘하여 선생님으로부터 칭찬을 많이 받는 편이다. 미정, 미숙의 부모님은 성격이 전혀 다른 자매를 보며 한편으로는 뿌듯하지만 서로 반반씩 섞으면 좋겠다는 말을 하곤 한다.

• 사례를 읽고 미정과 미숙의 상황을 아들러 이론의 주요개념에 근거하여 사정해 보시오.

🖉 TIP 아들러의 형제순위의 특성을 고려하여 미정과 미숙의 성격을 분석함

4. 융의 분석심리이론

1) 이론적 배경

융(Carl Jung)은 프로이트와 같이 무의식의 세계를 강조하였지만 개인적 무의식이 아닌 집단무의식에 집중하였다. 인간은 생물학적-심리적-사회문화적 존재로 보고 의식과 무의식 간의 본질적인 대립양상을 극복하고 하나로 통일해 나가는 전체적인 존재로 보고 있다. 인간은 역사적이면서 동시에 미래지향적인 존재로서 성장지향적인 존재로 보았다.

2) 주요개념

융은 인간 마음은 개인의 경험을 모두 합한 것 이상이라고 생각했는데 개인의 경험은 집단 무의식 안에 융합되며 이것이 모든 인간의 일부분이 된다고 보았다. 정신 또는 성격은 부분들의 단순한 집합이 아니라 하나의 전체성을 이룬다고 보았다. 개인은 역사적으로 연결되어 있으며 사회적 규범이나 문화의 요구에 적응해 가며, 개인은 자기실현 과정을 통하여 사회의 발전에 기여한다고 보았다. 성격발달은 개성화과정을 통한 자기실현과정으로 보았다. 인생 전반기(40세 전후까지)는 투사와 동일시를 통하여 자아가 자기로부터 분리되어 나감으로써 자아를 강화하고 확대하는 시기이며, 인생 후반기는 무의식의 내용을 의식화하고 이해함으로써 자아가 자기에로 접근해 가는 과정, 즉 자아가 성격의 전체이고 주인인 자기로 변화되어 가는 과정이라고 하였다.

〈표 6-6〉 융의 분석심리이론 주요개념

마음의 수준	• 의식: 인식될 수 있는 부분으로 그 중심에는 자아가 있어 정체성과 자기가치감을 추구 • 개인무의식: 개인의 심리적 갈등, 미해결된 도덕적 문제, 정서적 불쾌감 등이 자아에 억압되어 저장되는 것 • 집단무의식: 다른 이론들에는 없는 개념으로, 인류 역사를 통해 조상으로부터 전해져 내려오는 보편적인 정신적 소인으로 잠재된 기억
원형	• 페르소나: '가면'이라는 뜻으로 상대방에게 어떻게 보이고 싶은지, 상대방이 자신에게 원하는 행동이 무엇인지에 맞춰 드러나는 방식 • 아니마, 아니무스: 무의식에서 신체 성과 반대 성의 특성을 갖는 것으로 아니마는 남성이 여성 특성을, 아니무스는 여성이 남성 특성을 갖는 것 • 그림자(음영): 프로이트의 원초아와 유사한 것으로 자아의 의식되지 않는 어두운 부분(긍정적인 자기상과 반대되는 부정적인 것)이자 창조성과 영감의 원천이 될 수도 있는 것 • 자기(self): 모든 의식과 무의식을 포함한 성격 전체의 주인으로, 모든 콤플렉스와 원형을 끌어들여 성격을 조화롭게 하고 통일하게 하고 안정성을 유지하도록 하는 원형임. 자기실현은 삶의 궁극적 목표가 됨
성격 발달	• 아동기: 출생에서 사춘기 또는 성적 성숙기로 본능적 에너지에 의해 움직이며 자아가 형성되기 시작됨 • 청년기: 사춘기의 생리적 변화로부터 시작되며 '정신적 탄생기'로 사회생활에 적응해 나갈 다양한 방법을 습득하게 됨 • 중년기: 약 35세부터 40대 후반으로 갑자기 인생이 무의미하게 느껴지고 상실감을 경험하면서 자기실현을 위해 깊은 사색과 명상이 필요함 • 노년기: 내세에 관심이 높아지면서 삶을 반성하고 통합하는 시기로 자기 삶의 의미를 이끌어 내는 시기임
중년기 개성화	• 중년기에 진정한 자기를 찾는 것으로 외향적·물질적 관심이 내향적·정신적 관심으로 변화되면서 상실감을 경험하게 될 수 있으므로 궁극적인 자기실현을 위해 관심을 가지고 노력해야 함
성격 유형	• 융은 자아의 기본적 태도와 심리적 기능에 따라 개인의 성격이 결정된다고 봄 • 자아의 태도는 에너지 흐름의 방향이 외부로 향해 환경에 잘 적응하면 '외향성', 내부로 향해 판단기준이 환경에 흔들리지 않고 자기 주관대로라면 '내향성'이라 함 • 자아의 심리적 기능은 네 가지로 구분함. 심리적 기능은 객관적인 기준에 따라 정보를 판단하는 사고, 어떤 사물의 가치를 객관적 가치가 아닌 자신의 관점으로 판단하는 감정, 감각기관의 자극대로 사물을 인식하는 감각, 일에 대한 가능성을 가늠하여 인식하는 직관이 있음 • 자아의 두 가지 태도인 외향과 내향 그리고 사고, 감정, 감각, 직관의 네 가지 심리적 기능의 결합에 따라 심리적 유형이 결정됨

3) 이론 적용 연습

┃보기┃

19세인 고등학교 3학년인 재희는 5년 간 불임시술을 통해 얻은 딸로 부모님의 사랑을 한 몸에 받고 자랐다. 재희의 부모님은 재희를 불면 꺼질까, 쥐면 터질까, 애지중지하며 키웠다. 재희도 부모님의 마음을 잘 알아 착한 딸로 성장해 갔다. 연예인이 꿈이었던 어머니는 재희가 자신이 이루지 못한 꿈을 이뤄 주길 바라는 마음에 숫기 없는 재희를 종용해 연기학원을 다니도록 하고 수많은 오디션에 내보냈다. 재희는 사람들 앞에서 연기나 노래를 하는 것이 죽기보다 싫었으나 싫은 내색을 하면 어머니가 실망할 것이 걱정되어 아무 말도 못하고 있었다. 연극영화과로 대학 입시를 준비하는 과정에서 어느 날 갑자기 무기력해지면서 대사 한 줄도 외우지 못하고 웃는 연기를 하면서 우는 재희를 보고 놀란 어머니가 병원을 찾았다.

• 사례의 클라이언트 상황을 융의 주요개념에 근거하여 사정해 보시오.

재희는 부모님에게 '착한 딸'로 보여지길 원하였으며, 부모님과 사회가 바라는 이상적인 자식으로는 '순종적인 딸'이기를 원한 탓에 재희는 '착한 딸' 페르소나에 동일시하여 자기를 억압하고 있었다. 자식이라면 자신을 위해 최선을 다해 애쓰고 옳은 길로 이끄는 부모님 말씀에 순종하고 그 기대에 맞추어 살아야 한다고 생각한 것이다. '착한 딸' 페르소나는 어린 시절부터 부모님 마음에 보답하는 행동을 하는 착하고 순종적인 자식상, 사회적으로 바라는 이상적인 자식상의 가면이지 자신의 진짜 모습은 아니었다. 가면으로 인해 자기에 대한 억압이 점점 더 심해지던 중 대학 입시문제까지 가중되어 본래 자기의 모습은 없어지고 부모님이 원하는 모습으로 살면서 자기 자신의 감정조차 있는 그대로 느끼지 못해 결국 무기력해지고 부적절한 감정 표현을 하게 된 것이다.

실천연습

① 사례 1

45세 재복 씨는 건실한 중견기업의 부장으로 회사에서도 인정을 받아 곧 임원으로 승급될 것으로 믿고 있다. 가난한 집에서 5남매 중 장남으로 태어나 공부를 잘해 일찍이 도시로 나가 유학생활을 했다. 빨리 학교를 졸업해 돈을 벌어야 한다는 생각에 한눈

한 번 팔지 않고 열심히 노력해 좋은 회사에 취업하고 회사에서도 성공 가도를 달리면서 부모님을 모시고 동생들 뒷바라지하며, 결혼도 하여 2남매를 두고 단란한 가정도 꾸렸다. 무엇 하나 부족함 없는 삶이라고 자부하며 경제적 목적으로 그림을 수집하기 시작하였다. 그림을 수집하다가 취미로 그림을 그리던 중 지금까지의 성공이 무의미하게 느껴지면서 의미 있는 삶을 살기로 결심하고 화가로 전향하기로 하고 회사를 그만두었다. 이로 인해 부모님과 동생들, 아내와 자식들마저 비난하고 복직을 종용하자 그림에 몰두하기 위해 혼자 외딴 섬으로 떠나 버렸다. 재복 씨는 외딴 섬에서 혼자 살면서 외로움과 고뇌 속에서 좌절하면서도 끊임없이 그림을 그리며 창작욕을 불태웠다. 10년 뒤 아마추어 미술 전시회에 자신의 최고 걸작을 출품하고 지금 그 그림을 마주하고 있다.

• 사례를 읽고 클라이언트의 상황을 융의 분석심리이론의 주요개념에 근거하여 사정해 보시오.

🖉 TIP　가족공동체의식이 강한 장남이었던 재복 씨에게 미친 영향과 성공을 향해 쉼 없이 매진해 오던 자신의 삶에 찾아온 중년의 위기를 탐색함

② 사례 2

32세 우진은 25세 주영과 사내 연애를 하면서, 우진은 주영이 첫 직장임에도 긴장하지 않고 사람들과 잘 어울리며 활달하면서도 놀랄 만한 아이디어를 제시하여 진취적으로 일하는 모습에 반하였고, 주영은 우진이 주관이 뚜렷하며 정리정돈을 잘하고 주어진 일을 끝까지 일관성 있게 마무리 해내는 모습에 반하여 결혼을 결심하였다. 결혼을 진행하며 둘은 끊임없이 싸우며 파혼의 위기에 봉착하였다. 주영은 우진이 결혼식을 위해 어떻게 할지 순서를 정해 차근차근 진행하고 있지만 행복한 설렘을 나눌 수 없어 벽창호 같은 답답함을 느끼고 있고, 우진은 주영이 결혼식에 이것저것 이벤트 계획을

세우지만 기분이 들떠 제대로 준비된 것이 없어 일을 재촉하고 하나부터 열까지 다 챙기고 있어 혼자 모든 일을 하고 있다는 생각이 들어 버겁다.

• 사례를 읽고 클라이언트의 상황을 융의 분석심리이론의 주요개념에 근거하여 사정해 보시오.

> **✐ TIP**   융의 성격 유형 중 두 가지의 태도와 네 가지의 기능이 어떻게 결합되어 우진과 주영에게 나타나는지 탐색함

5. 피아제의 인지발달이론

1) 이론적 배경

피아제(Jean Piaget)의 인지발달이론(Cognitive Development Theory)은 인간이 외부세계를 이해하고 파악하는 바탕인 인지적 구조가 형성되는 과정을 설명한다. 그는 지식의 구체적 내용에 관심을 가진 것이 아니라 적극적 과정으로서의 인식에 관심을 가져 인지적 성숙과정을 주된 연구영역으로 하였다. 여기서 인식은 경험을 조직화하고 의미를 부여하는 과정으로, 말한 것을 해석하고 문제를 해결하며 정보를 종합하고 복잡한 과제를 분석하는 포괄적인 인지적 활동을 말한다(이인정, 최해경, 2001, p. 291).

인지발달을 논의할 때 한 가지 중요한 고려사항은 인지영역과 인간성장의 다른 영역들 간의 관계를 고려해야 하는 것이다. 인지발달이 다른 발달적 요소인 신체 및 운동근육의 성장이나 정서 및 사회적 변화 그리고 환경 및 사회의 영향 등과 분리되어 독립적으로 발달한다고 볼 수는 없다.

2) 주요 개념

인지(cognition)란 인간이 정보를 받아들이고 처리하며, 저장하고 회상하는 능력을 말한다. 다시 말하면 인지란 배우고 생각하는 능력이다. 피아제는 인간이 유아기에서 성인기로 성장하는 과정에서 다양한 단계를 거치면서 생각하고 배우는 능력을 갖춘다고 하였다. 피아제는 인지발달을 설명하는 데, 도식(schema), 적응(adaptation), 동화(assimilation), 조절(accommodation) 개념을 사용하였다.

〈표 6-7〉 피아제의 인지발달이론 주요개념

도 식	형태라는 의미이며, 일반적으로 사물이나 사건 또는 사실에 대한 전체적인 윤곽이나 개념을 말함. 생래적으로 가지고 태어나며 환경과의 접촉에서 반복되는 행동과 경험을 통해 형성됨. 도식은 일생에 걸쳐 계속해서 개발되며 수정됨
조직화	신체적 또는 심리적 과정을 일관된 전체로 종합하는 식으로, 배우는 것이 아니라 성숙해지면서 상이한 도식들을 결합시키는 것. 서로 다른 감각의 입력정보를 상호 관련시킴
동 화	인간이 새로운 대상을 이해하는 인지과정으로, 환경으로부터 새로운 정보를 취하여 이를 기존의 도식 혹은 사고의 구조 안에 통합하는 것. 이는 새로운 경험을 기존 도식 또는 구조에 통합시키는 과정으로 기존 도식의 관점에서 새로운 경험을 해석하는 경향을 말함
조 절	정보에 적응하기 위한 구조 자체의 능동적 변경으로 환경은 유기체에게 도식의 변화를 요구할 수 있는데 이러한 기존의 도식에 대한 변화가 조절임
적 응	적응이란 개인이 자신의 주위 환경조건을 조정하는 능력으로, 주위 환경과 조화를 이루고 생존을 위해 변화하는 과정임
평형화	모든 유기체는 평형상태를 취하려고 애씀. 운동기관이든 감각기관이든 혹은 인지적 기관이든 간에 평형상태는 조직화된 구조들의 균형을 의미하는데, 이 구조들은 평형상태에 있어야 환경과 효과적 상호작용을 하고 동화와 조절의 결과물을 말함
보 존	6세 이상의 아이들이 보이는 추상적인 인지수준, 질량은 양적 차원에서 동일하지만 모양의 차원에서는 변할 수 있다는 개념
비가역성	아동이 관계의 또 다른 면을 상상하지 않고 한 방향에서만 생각하는 것, 즉 생각을 한 방향에서만 생각하고 반대 방향으로는 생각하지 못하는 것

피아제는 인지발달이 네 단계를 거쳐 발달한다고 하였다. 감각운동기(sensorimotor period), 전조작기(preoperational thought period), 구체적 조작기(period of concrete operations), 형식적 조작기(period of formal operations)다.

<h3 style="text-align:center">〈표 6-8〉 피아제의 인지발달 4단계</h3>

감각운동기	• 출생 후 약 2세 • 대상영속성(object permanence)의 획득, 목적지향적인 행동을 하는 것, 유아는 자신이 정보를 받아들이면서 다양한 감각을 배우는 것		
	세부 단계	**연령**	**내용**
	반사기	0~1개월	보고, 잡고, 빠는 반사활동 반복
	1차 순환반응	1~4개월	우연히 새로운 행동경험 후 흥미로운 행동을 반복(예: 손가락 빨기) 자신의 신체 중심의 단순 반복 행동 손 빨기에서 '잡아당기기'와 '빨기'를 연합함
	2차 순환반응	4~10개월	자신이 아닌 주변 환경으로부터 흥미로운 사건을 발견하여 반복함(예: 딸랑이 흔들기)
	2차 도식의 협응	10~12개월	1차 도식과 2차 도식의 협응이 이루어짐 성냥갑을 손으로 막고 있을 때, 손을 치우고(1차 도식) 성냥갑을 잡음(2차 도식)
	3차 순환반응	12~18개월	외부세계에 대한 적극적인 탐색 시행착오적 행동을 함 새로운 행동의 결과를 탐색하기 위해 다른 행동을 시도 → 새로운 여러 가지 도식 발달 탁자의 여기저기를 두드려 봄 - 다른 소리를 즐거워함
	사고의 시작	18~24개월	행동하기 전에 머릿속으로 생각하고 행동함
전조작기	• 2~6/7세 • TV 리모컨을 전화기로 대치하여 노는 등 상징적 표상이 발달하고 인형이나 무생물에도 생명이 있다고 믿는 물활론 등으로 인해 소꿉놀이 같은 가상놀이가 가능하나 세상을 자신의 관점으로만 보는 자아중심성으로 인해 상대방의 관점을 인식하기 어려움		
구체적 조작기	• 6/7~11세 • 또래관계 속에서 자아중심적 사고에서 벗어나고 자율적 도덕관이 생기면서 규칙을 인식하게 되며 어떤 사물의 차례나 모양이 바뀌어도 그 특질을 유지한다는 보존개념을 이해함. 길이 관련 서열화는 7~8세경, 참고로 무게 관련 서열화는 9세경, 부피 관련 서열화는 11~12세경에 나타남.		
형식적 조작기	• 11세 이후부터 성인 • 이 시기 가장 큰 특징은 추상적 사고가 가능한 것으로 현실에 없는 가능성까지 고려하여 창조적·독창적 사고를 하는데 청소년기에는 이상주의적 사고를 하고 사회 정의를 극단적으로 주장하다가 점차 이상과 현실이 균형을 찾음		

3) 이론 적용 연습

┃보기┃

5세 민서에게 가늘고 긴 투명용기 2개에 같은 양의 물을 붓고 같은 양인지 확인한 다음 그중 하나만 넓고 짧은 투명용기에 붓고 다시 두 투명용기의 물이 같은지 묻자 가늘고 긴 투명용기의 물이 많다고 대답하거나 초저녁에 자고 밤에 일어나서는 아침이 되었다며 어린이집에 가겠다고 우기기도 한다. 그리고 놀이동산에서 사람들이 다람쥐 가면을 쓰고 다니면 다람쥐라고 생각하고 자기보다 훨씬 큰데도 불구하고 귀엽다고 좋아하고 계속 쫓아다니고 사진을 찍어달라고 한다.

• 사례의 클라이언트 상황을 피아제의 인지발달이론의 개념과 인지발달단계에 근거해 사정해 보시오.

민서는 전조작기에 해당하며, 전조작기의 대표적 특성 중 하나는 중심화 경향성으로 눈에 보이는 하나의 특징에만 집중되어 다른 특징은 신경 쓰지 않는다. 중심화 경향성으로 인해 보존개념이 없어 같은 양의 물을 서로 다른 모양의 그릇에 담으면 높이가 높은 그릇의 양이 많다고 하거나, 모든 논리가 자신을 중심으로 이루어지기 때문에 일찍 자서 밤에 일어나도 자신은 잠을 잔 것이므로 아침이라고 우기거나 눈으로 보이는 것과 실제 있는 것을 구분하지 못해 사람이 가면을 쓴 경우 사람으로 생각하지 않고 가면의 모양이 실제인 것으로 생각하기도 한다.

실천연습

① 사례 1

8세 민지는 오늘 어머니와 함께 시장을 다녀왔다. 바나나와 사과, 노란 파프리카, 빨간 파프리카를 샀고, 어머니 신발(240mm)과 아버지 신발(270mm), 민지 신발(150mm)을 샀다. 집에 와서 어머니가 잠깐 우유를 가지러 간 사이에 장바구니에 있는 것들로 놀이를 시작하면서 신발은 신발대로 모아서 아버지 신발, 어머니 신발, 아기 신발 이렇게 순서대로 나란히 정리하고, 바나나와 노란 파프리카, 그리고 사과와 빨간 파프리카로 구분하여 마루에 펼쳐 놓으며 놀고 있다.

• 사례를 읽고 클라이언트의 상황을 피아제의 인지발달이론의 주요개념에 근거하여 사
  정해 보시오.

　TIP　 발달단계의 특성 중 분류의 개념을 보고 사정함

② 사례 2

　　15세 형식은 중학생이다. 최근 국회의원 선거가 있었던 날 형식은 아버지에게 "우리
나라는 희망이 없는 것 같아요. 국회의원 선거를 보니 지역감정도 극명하게 드러나고,
앞으로 이것은 지역발전에 부정적인 영향을 줄 것 같아요. 지역을 이용해서 자신들의
텃밭이니 하는 이야기는 없어져야 할 것 같습니다. 지역구 의원으로서 의정활동이나
지역에 대해 관심이 없고, 자기 사리사욕에 관심이 많은 의원들은 낙선운동을 해야 할
것 같습니다"라고 말한다. 아버지는 형식이가 오늘 한 이야기를 들으면서 깜짝 놀랐다.
사회에 관심도 많아지고, 선거의 지역감정이나 의정활동 등에 대해 균형적 시각을 갖
고 있는 것을 보면서 많이 컸다는 생각이 든다.

• 사례를 읽고 클라이언트의 상황을 피아제의 인지발달이론의 주요개념에 근거하여 사
  정해 보시오.

　TIP　 형식이 사회에 관심이 많아지고, 자신이 경험하지 않은 상황들에 대해서도 추론이 가능하다
　　　　 는 것을 탐색하면서 사정함

6. 콜버그의 도덕발달이론

1) 이론적 배경

콜버그(Lawrence Kohlberg)는 도덕발달이론(Moral Development Theory)에서 도덕적 사고에 대한 새롭고 세분화된 단계를 제시하였다. 그의 이론은 세계 여러 나라의 도덕 교육의 방향과 내용을 설정하는 이론적 근거가 될 만큼 도덕발달 분야에서 절대적인 영향을 미쳤다.

2) 주요 개념

콜버그는 도덕성은 인간이 도덕적 갈등상황에서 이를 해결하는 데 사용하는 개인의 도덕적 판단능력으로 보았다. 도덕적인 문제에 대해서 어떻게 생각하고 어떻게 행동하는지는 그 사람의 도덕성에 따라 달라진다고 보았다. 어떤 상황에서 사람들이 자신의 도덕적 판단, 즉 어떤 행동이 잘못된 것이라고 생각하는 이유를 살펴봄으로써 도덕발달의 차이를 나타낸다고 하였다.

콜버그는 도덕성발달을 3수준 6단계로 구분하였다. 도덕성 발달은 가상적인 도덕적 딜레마 상황에서 어떻게 판단하는가에 따라 전인습적 수준(pre-conventional level, 4~10세), 인습적 수준(conventional level, 10~13세), 후인습적 수준(post-conventional level, 13세 이상)으로 나누고 각 수준마다 2개의 단계를 거쳐 발달한다고 보았다.

〈표 6-9〉 콜버그의 도덕발달단계

전인습적 수준	1단계: 벌과 복종	도덕적인 결정은 외부의 기준에 따라 결정하며, 어기면 벌을 받는다는 것이며, 이는 나쁘다고 판단
	2단계: 욕구충족, 상대적 쾌락주의	도덕적 결정은 보상을 얻기 위해 결정하며, 자신의 욕구와 쾌락에 따라 도덕적 가치를 판단
인습적 수준	3단계: 대인관계, 착한 소년/소녀 지향	타인으로부터 얼마나 인정받을 수 있는지에 따라 판단하며, 타인으로부터 '착한' 소년/소녀로 인정받고자 하는 것
	4단계: 법과 질서 준수	사회질서 유지를 위해 법을 지켜야 한다고 생각. 따라서 법과 사회질서를 준수하고 자신의 의무를 다하는 것을 옳은 행동으로 생각

(계속)

후인습적 수준	5단계: 사회계약, 민주 적 법률	법이란 사람들이 화목하게 살아가기 위해 공동체가 동의한 장치라고 생각. 이러한 법은 사회질서 유지를 위해 잘 지켜져야 하지만, 법이 개인의 권리나 존엄성을 위협한다면 민주적인 절차를 통해 수정되어야 한다고 봄. 개인의 가치가 법보다 상위에 있다고 생각하는 것
	6단계: 보편적 도덕원리	도덕발달의 최고 단계로 옳고 그름이 개인의 양심에 의해 판단. 판단의 근거가 규칙이나 법이 아니고 '인간의 존엄성' '공정성'과 같은 보편적인 정의의 원리임

3) 이론 적용 연습

┃보기┃

5세 민정이는 7세 오빠인 민수와 놀이터에서 놀고 있다. 민정이와 민수는 4시에 놀이터에 놀러 나왔다. 어머니와는 한 시간만 놀다 오기로 약속하였다. 현재 5시 10분이 넘어가는 상황이다. 민정이는 어머니와 약속을 했고, 약속을 안 지키면 어머니한테 벌을 받을 것이기 때문에 빨리 집에 가야 한다고 생각하고 있다. 어머니가 벌을 받는 것은 나쁜 것이라고 했기 때문에 빨리 집에 가야 한다고 민수에게 말하고 있다.

• 사례의 클라이언트 상황을 콜버그의 도덕발달이론의 발달단계에 근거하여 사정해 보시오.

민정이가 어머니와 약속을 지켜야 하고, 지키지 않으면 벌을 받을 것이라고 도덕적 결정을 한 것은 콜버그 도덕발달이론에 의거하면 전인습적 수준 1단계에 해당한다. 이 단계에서는 도덕적인 결정을 외부기준에 따라 결정하는 것이다. 특히 강한 권위자에 의해 정해진 것은 절대적인 것이고 필히 복종해야 한다고 생각하는 것이다. 민정이는 어머니가 정한 규칙이고, 어머니와의 약속을 지키지 않으면 벌을 받을 것이며, 벌을 받는 것은 나쁜 것이라고 인지하고 있어서 자신의 도덕성 결정기준을 처벌과 복종에 의해 판단하고 있다고 볼 수 있다.

실천연습

① 사례 1

12세 지성이는 9세인 동생 지수와 알코올중독인 아버지와 살고 있다. 어머니는 알코올 문제로 아버지와 싸우다가 집을 나간 상태다. 일주일 동안 아버지는 나가서 들어오지 않고, 집에 먹을 것이 전혀 없는 상황이다. 어제 저녁부터 밥을 먹지 못해 배가 몹시 고픈 지성은 배고프다고 우는 동생을 보다 못해 편의점에서 삼각김밥 2개를 훔쳐 동생에게 주고 도둑질이 마음에 걸려 자신은 먹지 않았다.

• 사례를 읽고 클라이언트의 상황에 대해 콜버그 도덕발달이론에 근거하여 사정해 보시오.

> **TIP** 지성이 삼각김밥을 훔치고도 도둑질이 마음에 걸려 먹지 못한 것을 생각해 보고 사정함

② 사례 2

대학 동기 정희와 태훈은 학과 커플로 열렬히 사랑하는 사이다. 두 사람 모두 부모님의 경제적 지원이 어려워 등록금이 부족하면 한 학기를 쉬면서 돈을 벌어 복학하기를 여러 번 반복하였다. 그러던 중 태훈이 장학금을 받아 유학을 떠나게 되었다. 같이 떠날 수 없는 정희는 혼자 남을 외로움에 불안해 하며 매우 힘들어 하고 있었다. 이때 정희를 짝사랑하던 태훈의 친구, 석준이 하룻밤을 같이 보내는 대가로 비행기 표를 주기로 하여 하룻밤을 보내게 된다. 하룻밤의 댓가로 받은 비행기 표를 가지고 태훈을 따라가려 하였으나 태훈은 정희와 석준이 하룻밤을 같이 보냈다는 소식을 정희의 친구인 주연에게 듣고 자신의 친구와 잠자리를 한 정희를 받아줄 수 없다며 혼자 유학을 떠나버렸다.

• 정희, 태훈, 석준, 주연의 행동을 잘 살펴보고 각각에게 어떤 도덕적 판단을 내릴 것
  인지 토론해 보시오.

----

7. 행동주의이론

정신분석이론에 반대되는 이론으로서 인간은 자신의 심리적 역동성에 의해 지배를
받는 것이 아니라, 외부환경의 학습에 의해 영향을 받는다고 가정한다. 행동주의 관점
은 1900년대 초부터 시작되었지만 1960년대에 행동수정기법이 사회복지실천현장에
소개되면서 점차 활용되기 시작하였다. 인간의 행동을 관찰하고 측정할 수 있다는 장
점으로 인해 사회복지실천의 객관적 평가를 높일 수 있는 과학적 이론으로 받아들여지
게 되었다.

1) 이론적 배경

인간의 행동을 학습에 의한 결과로 보는 이론으로 학습이론이라고도 한다. 인간의
행동은 학습된 행동의 범위를 나타내며 학습이 이루어짐으로써 발달한다고 보는 것
이다.

행동주의이론의 구분은 세 가지로 할 수 있다. 첫째, 고전적 조건이론은 1900년대 총
파블로브(Pavlov)가 연구한 개의 침샘실험에서 비롯되었다. 인간을 환경에 수동적으로
반응하는 존재로 보는 이론이다. 둘째, 조작적 조건이론은 1950년대에 스키너(Skinner)
에 의해서 발전된 이론으로 인간의 행동은 외부환경으로부터 받는 강화에 의해서 결정
된다고 보는 급진주의적 행동이론이다. 셋째, 인지학습이론은 최근의 행동주의이론으

로서, 인간의 행동을 사회적 관찰의 학습으로 보는 반두라(Bandura)의 이론과 인지적 사고과정의 결과로 보는 엘리스(Ellis)의 합리적 정서치료이론과 벡(Beck)의 인지치료 등이 있다.

2) 주요개념

〈표 6-10〉 행동주의이론의 주요개념

파블로프의 고전적 조건화	조건화된 자극. 자동적으로 반응을 일으키는 이전의 다른 자극과 연결되어 반사행동을 불러일으키는 자극
스키너의 조작적 조건화	• 인간의 행동이 외부의 자극에 의해서 동기화되며, 강화라는 보상에 의해서 특정행동의 빈도와 강도가 결정된다고 봄. 인간의 모든 행동(Behavior)은 선행하는 사건(Antcedents)에 자극을 받으며, 행동의 결과(Consequences)가 어떠한 보상이나 벌을 받았는지에 따라 조건화되는 A-B-C의 패러다임의 지배를 받음 • 강화(reinforcement): 바람직한 행동을 칭찬하는 것과 같은 긍정적 강화(positive reinforcement)와 고통과 같은 불쾌한 자극을 감소시키는 부적 강화(negative reinforcement)가 있는데, 이 둘은 모두 바람직한 행동의 증가를 목적으로 함 • 벌(punishment): 문제행동을 감소시키기 위한 사건이나 행위로서 불쾌한 경험을 주는 긍정적 처벌과 유쾌한 경험을 제거하는 부정적 처벌이 있음
반두라의 사회학습이론	• 반두라는 타인의 행동을 관찰하고 모방하는 간접적 경험과 개인의 인지적 과정을 중시함 • 사회적 학습: 타인의 행동을 모방, 관찰하면서 새로운 학습을 하는 것으로 모방학습(타인이나 전문가의 행동을 모방), 대리학습(모델이 하는 행동을 보고 강화를 받음), 관찰학습(다른 사람의 행동을 관찰함으로써 학습하는 것으로 주의집중단계 → 기억단계 → 운동재생단계 → 강화와 동기화과정을 거침) • 인지: 인간은 심상, 사고, 계획할 수 있는 존재로 자신의 행동을 외부자극(강화나 처벌) 없이도 조정할 수 있고, 예측할 수 있음 • 자기효능감: 자신이 특정행동을 성공적으로 수행할 수 있다는 신념(성공을 경험하거나 대리경험, 언어적 설득, 신체적인 건강을 증진함으로써 자기효능감을 높일 수 있음)

3) 이론 적용 연습

┃보기┃

25세 주영은 사회복지전공 대학생이다. 제대 후 복학하여 졸업을 1년 앞둔 상황이다. 주영은 매우 긍정적이고, 끈기가 있으며, 자신의 일을 끝까지 책임을 지고 해결하려는 성격의 소유자다. 무슨 일이든 할 수 있다고 생각하고, 최선의 노력을 기울여 성과를 내는 학생이라고 한다. 어려서부터 주영은 늘 새로운 것을 경험하려고 노력했고, 노력한 결과 실패를 할 때도 있지만 성공을 할 때까지 포기하지 않고 또 다시 새롭게 도전하곤 했다. 주영의 이런 생활태도는 어머니의 영향력이라고 생각한다. 주영이 어머니는 늘 칭찬과 함께 새로운 경험을 독려하였고, 힘든 일을 만나도 끈기 있게 기다리고 노력하면 해결할 수 있다며 격려를 아끼지 않았다. 이러한 영향으로 주영은 진정한 실패란 중간에 포기하는 것이라 생각하고 성공할 때까지 도전하고 노력해 왔다. 또한 자기 분야에서 성공한 사람의 이야기를 들려주곤 하셨는데 주영의 성공모델은 오지 탐험가 한비야 씨다. 그분을 보면서 자신도 다른 사람들을 돕는 역할을 하면서 살아가겠다고 의지를 다지는 계기가 되었다고 한다.

• 사례의 클라이언트 상황에 대해서 행동주의이론의 개념을 적용하여 사정해 보시오.

주영은 자기효능감이 매우 높은 사람으로 판단된다. 반두라는 자기효능감은 삶의 다양한 측면을 통제하는 데 사용되는 개인적인 작동기제로, 지각된 자기효능감이 가장 강력한 기제라고 보았다. 자신이 환경에 적응하기도 하고, 환경을 변화시키기도 하는 사람이 잘 기능하는 사람이라고 보았다. 주영은 새로운 것에 대해 경험하고 실패하면 그 다음번에는 노력해서 성공하는 경험들을 해 왔기 때문에 환경에 잘 적응해 왔고 생활환경도 자신에게 맞도록 변화시킬 수 있는 사람이라고 보인다. 주영의 자기효능감이 개발된 영향요인을 보면, 성공의 경험을 위한 노력이 있었고, 자신이 목표한 바를 이뤄 가는 유명한 한비야 씨의 삶을 보면서 자기효능감을 높여 가는 관찰학습이 계기가 된 것으로 보인다. 또한 실패를 두려워하지 않고 끊임없는 노력의 중요성을 강조한 어머니의 영향력이 자신의 능력을 믿을 수 있는 자기효능감 형성에 중요한 영향을 미쳤다고 보인다.

① 사례 1

　12세 진석이는 5학년이 된 첫날도 수업 종이 울리자마자 밖으로 나가려고 뛰어가다가 앞에 있던 재은이를 심하게 밀어 넘어뜨려 선생님께 혼났다. 선생님이 수업 끝나면 교실에 남으라 하여 진석은 책상 사이를 이리저리 돌아다니며 기다리고 있다. 사실 진석은 3학년 때부터 장난이 심하고 숙제도 안 하기로 유명한 학생으로 담임선생님은 물론 교장선생님께 혼난 적까지 있어 교실에 혼자 남아 있는 것이 별스럽지도 않았다. 교실로 들어온 담임선생님은 화난 얼굴이 아니라 웃는 얼굴로 천천히 좋아하는 음식과 취미 등을 묻고 학교생활에 어려운 점이 무엇이지 물어 주었다. 선생님께 늘 혼만 나던 진석은 자신에 대해 진지하게 물어 준 선생님으로부터 자신을 이해받고 존중받는 느낌이 들어 갑자기 '멋진 아이'로 보이고 싶은 욕심이 생겼다.

　선생님은 진석에게 수업이 끝나는 종이 울리면 바로 밖으로 나가는 게 아니라 자기 자리에서 열까지 세고 나가도록 하였다. 선생님은 그때마다 진석이를 칭찬한다는 의미로 눈을 마주치고 엄지를 들어 주셨다. 나중에는 열까지 세는 게 아니라 자기 스스로에게 욕심이 생겨 좀 더 자리에 오래 앉아 있으려고 노력했다. 또한 친구들이 진석에게 기분 나쁜 말을 할 때마다 화가 나서 나가던 오른손 주먹을 왼손으로 잡고 열까지 세는 연습도 하였다. 열을 세고 나면 화가 누그러지는 걸 진석이도 느낄 수 있었다. 선생님은 진석이가 성공했을 때마다 스마일 스티커를 주셨으며 1학기가 끝날 때 약속했던 스마일 스티커를 20개 모으게 되었고 부모님은 진석이와의 약속대로 맨체스터 유나이티드 친선 축구경기를 관람할 수 있는 관람권을 주었다. 2학기가 되자 진석이가 먼저 담임선생님을 찾아가서 이번 학기는 무엇을 연습해서 고쳐 보면 좋을지 제안을 하고 있다.

• 사례를 읽고 클라이언트의 상황을 조작적 조건화이론 및 주요개념에 근거하여 사정해 보시오.


```
------------------------------------------------------------
------------------------------------------------------------
```

📝 TIP   진석이는 담임선생님의 어떤 태도에서 마음이 움직였는지, 선생님이 활용한 보상과 진석의
변화에 대해 탐색함

② 사례 2

6세 미진이는 4세가 되도록 말을 하지 않아 부모님이 많은 걱정을 하였다. 때문에 자기표현을 잘하지 못해 어려움이 있을 것으로 예상하여 부모님은 어린이집도 보내지 않고 하루 종일 어머니와 둘이 집에만 있었다. 맞벌이를 하게 된 어머니는 어쩔 수 없이 어린이집을 보냈다. 어린이집을 간 첫날 선생님에 따르면 미진은 처음엔 낯설어 친구들과 어울리지는 않았지만 호기심 어린 눈으로 구경하다가 몇몇 친구들이 계속 같이 놀기를 권유하자 결국 동참하여 친구들의 놀이대로 따라하였다. 며칠 동안 친구들의 목소리와 행동을 따라하며 놀다가 자신의 의견을 전하기 위해 천천히 또박또박 말하기 시작하였고 어느 날은 점심시간에 선생님 앞으로 식판을 들고 와 밥을 더 달라고 하기도 하고 수업 중간에 손을 들어 물을 먹거나 화장실에 가고 싶다는 말을 하였다고 한다. 6개월쯤 지난 지금 미진은 친구들과 어울려 웃고 뛰놀고 있다. 집에서는 수다쟁이가 되어 시끄러울 정도가 되었다고 한다.

• 사례를 읽고 클라이언트의 상황을 반두라의 사회학습이론의 주요개념에 근거하여 사정해 보시오.

```
------------------------------------------------------------
------------------------------------------------------------
------------------------------------------------------------
------------------------------------------------------------
------------------------------------------------------------
```

📝 TIP   미진의 관찰학습과정을 분석해 보고, 사회적 학습의 유형과 학습과정의 경험을 탐색하고 학
습과정에서 자기효능감을 느끼게 된 배경을 생각함

8. 인지행동이론

1) 이론적 배경

인지행동치료란 일상생활 속에서 겪게 되는 부정적인 감정과 생각들을 구별하고 평가하여, 자신의 생각에 좀 더 적응적으로 반응하는 방법을 배우는 과정이다. 이 치료는 인지모델을 근거로 하는데, 인지모델에서는 사람들의 감정이나 행동은 어떤 사건에 대한 그들의 지각에 의해 영향을 받는다고 가정한다. 사람들의 느낌을 결정하는 것은 그 상황 자체가 아니라 그들이 그 상황을 해석하는 방식에 달려 있다.

문제행동에는 그 행동을 일으키게 하는 부정적인 상황해석이 존재한다. 부정적인 상황해석은 왜곡되고 비합리적이며 역기능적인 사고인 비적응적 사고를 공통적으로 가지고 있으며, 이 사고는 클라이언트의 기분과 행동에 많은 영향을 미친다. 비적응적 사고로부터 초래되는 문제행동은 또 다른 비적응적인 사고를 강화시킨다. 비적응적 사고는 클라이언트의 비합리적인 신념이나 왜곡된 도식구조의 믿음체계로부터 발생된다. 따라서 비합리적 신념 혹은 믿음체계들을 수정, 변화시키면 비적응적 사고가 적응적 사고로 대치되면서 클라이언트의 기분과 행동 역시 변화가 발생되고 심리적 장애는 감소된다.

2) 주요개념

(1) 벡의 인지행동모델

벡(Aron Beck)의 모델은 어떤 사건에서 발생되는 인지의 왜곡된 과정을 다양한 수준에서 개념화하여 도식화함으로써, 심리적 장애가 어떻게 발전되어 발생되는지 알려 준다. 사람들은 어떤 사건 자체보다 그 사건에 대한 느낌에 의해 영향을 받는다고 가정하고 있다. 사람들의 느낌은 상황에 대한 해석방식인 '자동적 사고'에 의해 결정된다. 자동적 사고는 상황 안에서 특징적으로 사람의 마음속에 스쳐 지나가는 실제적인 단어나 연상들로 인지개념화수준의 가장 표면적인 수준이다. 치료자가 질문하기 이전까지 자신의 자동적 사고에 대해서는 인식하지 못하고 단지 불안, 초조, 슬픔 등의 반응들로 느낀다. 자동적 사고는 사람들이 원래 가지고 있던 일정하고 조건적인 태도, 규칙 그리고 가정인 '중간믿음'에 의해 발전된다.

중간믿음은 인지개념화수준의 중간수준으로 잘 인식하지 못할 수도 있다. 중간믿음은 사람들의 가장 깊이 내면화되어 있는 믿음인 '핵심믿음'에 의해 발전된다.

핵심믿음은 인지개념화수준의 가장 깊은 수준으로 근원적인 믿음이다. 어린 시절의 경험 속에서 성장과 더불어 형성되는 것으로 대부분 잘 인식하지 못한다. 인지왜곡이 일어날 경우 대체로 "난 무능력해" "난 사랑받을 가치가 없어" 등의 형태로 핵심믿음이 구성되어 있다.

(2) 합리정서행동모델의 주요개념

엘리스(Albert Ellis)의 합리정서행동모델(ABC모델)은 선행사건(A: antecedent) 자체가 반응으로서의 결과에 영향을 미치는 것이 아니라, 그에 대한 신념(B: belief)이 매개요인으로 작용하여 반응으로서의 정서적 · 행동적 결과(C: consequence)에 영향을 미친다고 본다. 즉, 정서적 · 행동적 장애가 유발되는 것은 선행사건(생활사건) 자체 때문이 아니라 그 선행사건에 대한 왜곡된 신념(사고, 생각) 때문이라고 가정한다. 그리고 이 왜곡된 신념 및 잘못된 사고의 뿌리에는 비합리적인 신념이 깔려 있다고 본다(이장호, 정남운, 조성호, 2005, p. 125). 정서적 · 행동적 장애는 비현실적 · 비합리적 · 비적응적인 인지체계(사고체계)의 결과이며, 치료는 이러한 잘못된 인지과정을 재구성하는 것이라고 본다. 따라서 이 치료법은 인지재구성법(cognitive restructuring method)의 한 유형이라고 할 수 있다.

합리적-정서적 치료의 과정에서는 비합리적이고 비현실적인 신념을 규명한 후, 그것을 보다 합리적이고 현실적인 신념으로 변화시키는 데 초점을 둔다. 이 치료법의 절차는 일반적으로 다음과 같은 단계를 밟는다(노안영, 강영신, 2003, pp. 441-442).

첫째, 합리적-정서적 치료의 기본철학 및 논리를 내담자가 이해하도록 설명한다. 둘째, 면접과정에서 내담자의 자기관찰 및 치료자의 귀환작용(feedback)을 통해서 내담자에게 나타나는 부적절한 정서적 · 행동적 결과(C)를 탐색한다. 셋째, 그 결과와 관련된 선행사건(A)이 무엇인지 탐색하여 명료화한다. 넷째, 확인된 선행사건에 대한 내담자의 비합리적인 신념(B)을 탐색한다. 다섯째, 내담자의 비합리적 신념에 대하여 직접적으로 논박(D)을 하면서, 문제장면 또는 좌절장면에 대한 합리적 해석을 예시하거나 시범을 보인다. 여섯째, 비합리적 신념을 합리적인 신념으로 대체시키기 위한 인지적

연습과 행동과제를 부과한다. 일곱째, 합리적인 신념이 형성됨에 따라 나타나는 효과 (E), 즉 적절한 정서적 · 행동적 결과를 인식하게 한다.

(3) 인지행동이론의 주요개념

〈표 6-11〉 인지행동이론의 주요개념

스키마 (schema, 도식)	기본신념과 가정을 포함하여 사건에 대한 개인의 지각과 반응을 형성하는 준거틀임
자동적 사고	순간순간 머리에 떠오르는 평가적 사고나 이미지로서 당사자에게는 타당하며 현실적인 것처럼 생각되기도 하지만 심사숙고하거나 합리적으로 판단한 결과가 아님
핵심믿음 또는 핵심믿음체계	자동적 사고는 지속적 인지현상인 믿음으로부터 나오며 어린 시절부터 사람들은 자신과 다른 사람 그리고 세상에 대해 믿음을 형성해 나감. 이렇게 자신도 인지하지 못하면서 근원적으로 깊은 수준에서 형성된 믿음이 핵심믿음체계임
중간믿음 또는 중간믿음체계	핵심믿음체계와 자동적 사고 사이에는 태도, 규칙, 가정들로 이루어진 중간믿음체계가 있음
인지적 오류 또는 인지적 왜곡	스트레스성 생활사건이나 환경적 자극의 의미를 해석하는 정보처리과정에서 범하는 체계적 잘못을 인지적 오류라 하며 그 종류는 이분법적 사고, 임의적 추론, 선택적 추론, 과잉일반화, 과장과 축소, 개인화, 행동 형성, 완곡한 진술, 진단적 명명이 있음
합리적 신념	객관적 현실에 근거한 사고
비합리적 신념	자신의 주관적인 인식에 근거한 사고

3) 인지적 오류(인지적 왜곡) 확인하기

(1) 지나친 일반화

가능한 모든 자료와 정보를 활용하여 상황을 객관적으로 관찰하고 적용하지 않고 하나의 사건, 사실만으로 어떠한 검증과정도 없이 상황 전체를 일반화하는 것으로, '결코, 항상, 매번, 전혀, 아무도, 모든 사람' 등과 같은 단어를 사용하여 전체 상황으로 몰고 가는 것이다.

(2) 단정적으로 명명하기

어떤 상황, 사람을 단정적으로 명명함으로써 삶에 다양성이 고려되지 않고 대안적 사고가 없다. "나의 노력은 쓸모없는 거야" "나는 어리석어" "우리 집은 희망이 없어" "그 사람은 변하지 않을 거야" 등의 단정적인 말을 자주 한다.

(3) 여과하기

어떤 경험 중에서 긍정적인 경험은 여과시키고 특별히 부정적 점만을 부각시킨다. 예를 들어, "3시간의 즐거운 데이트보다는 상대방에게 물 컵을 쏟았던 5분만이 떠오른다". 이는 3시간 동안의 모든 경험 중 나를 당황케 했던 5분만을 남기고 나머지 사실은 여과시켜 버린 것이다.

(4) 양극화된 사고

자신의 경험을 성공이냐 실패냐, 내 편이냐 아니냐 등으로 양분하여 흑백 논리로 판단한다. 이의 문제는 부정적 측면으로 자신을 몰고 가 '장학금을 타지 못하면 나의 미래는 없다' '사람들에게 인정받지 못하면 나는 실패일 뿐이다' 등의 양극단적 사고를 한다.

(5) 개인화 하기

모든 사건이나 상황들이 모두 자신과 관련된 것처럼 여긴다. 항상 주변 사람에게 주목을 받고 있다고 느끼고 그 주목은 또 다른 압력으로 다가온다. 예를 들어, 함께 있는 친구가 "따분하고 답답해"라고 한다면 '내가 너무 재미없는 사람이구나'라고 생각한다.

(6) 지레짐작하기

스스로를 부정적으로 보는 것처럼 다른 사람들도 자신을 형편없는 사람으로 보고 있다고 생각하거나 어떤 상황에서든 자신이 예측한 부정적 생각이 맞다며 "나는 육감적으로 알 수 있어. 나는 직감으로 알아. 언제나 나의 직감이 맞았어. 이런 것에 나는 매우 예민해" 등의 이야기를 자주 한다.

(7) 통제 오류

자신이 모든 상황에 대해 모든 책임이 있다고 느끼는 과잉통제감을 가지고 있는 것으로 때로는 전지전능한 것처럼 느껴 모든 상황을 자신의 의도대로 통제하려고 애쓴다. 통제할 수 없게 되면 통제력 상실에 대한 자신의 원망과 분노 등이 발생된다. '~가 되도록 해야 해'라는 생각 속에서 자신의 힘으로 통제할 수 있는 일만을 끊임없이 생각한다.

(8) 과장과 축소

어떤 사건이나 사실의 중요성이나 정도를 심하게 왜곡해서 과정평가하거나 축소평가 하는 것을 의미한다. 예를 들면, 단순한 위염을 위암으로 받아들이는 과장평가나 자신에게 사람들이 하는 진정한 칭찬을 단순한 인사치례로만 여기는 축소평가를 들 수 있다.

4) 비합리적 신념검사와 비합리적 사고목록표를 활용하여 왜곡된 사고 판별하기

존스(Jones, 1968)가 개발한 비합리적 신념을 파악할 수 있는 검사도구와 엘리스(1962)가 만든 비합리적인 사고목록표를 이용하여 클라이언트의 왜곡된 사고를 판별하고 논박할 수 있다.

〈표 6-12〉 비합리적 신념검사

진술문	1 전혀 그렇지 않다	2 거의 그렇지 않다	3 그저 그렇다	3 자주 그렇다	4 매우 그렇다
1. 나는 모든 사람으로부터 사랑받고 인정받아야 한다.					
2. 나는 철저히 유능하고, 적절하고, 성취적이어야 한다.					
3. 어떤 사람들은 사악하고 나쁘기 때문에 비난받고 처벌받아야 한다.					
4. 내가 바라는 대로 일들이 잘되지 않으면 끔찍하다.					

(계속)

5. 불행은 외적 요인에서 비롯되기 때문에 나는 불행을 거의 통제할 수 없다.				
6. 나는 위험스럽고 두려운 일이 발생할까 봐 걱정하며 그런 생각을 떨쳐 버릴 수 없다.				
7. 어려움에 직면하고 책임감을 갖는 것보다 피하는 것이 보다 쉽다.				
8. 나는 나보다 더 힘 있는 누군가에게 의존해야 한다.				
9. 과거는 나의 현재 행동의 가장 중요한 결정요인이다.				
10. 인간의 문제에는 항상 옳고, 정확하고 완전한 해결책이 있다. 만약 그러한 해결책을 찾아내지 못하면 끔찍하다.				

* 채점방식: 10문항의 총점을 구합니다.
* 해석방식: 이 검사는 10점에서 50점까지의 총점 범위를 갖습니다. 35점 이상이면 매우 비합리적인 신념을 갖고 있으며, 25~35점이면 보통입니다. 25점 이하이면 매우 합리적인 신념을 갖고 있다고 볼 수 있습니다. 원래 이 검사는 엘리스가 제안한 열 가지 비합리적 신념을 측정하는 것으로 각 영역당 열 문항씩으로 구성되어 있습니다. 여기에서는 각 영역의 대표적인 문항을 선택한 것입니다. 따라서 앞의 각 문항별로 당신의 비합리적인 신념을 파악할 수 있습니다. 각 문항에서 4, 5에 표시한 것은 당신이 그 문항의 내용에 해당하는 비합리적인 신념을 갖고 있다는 것을 의미합니다.

---

* 출처: Lichtenberg, J. W., Hohnson, D. D., & Arachtingi, B. M.(1993): 노안영, 강영신(2003)에서 재인용.

5) 이론 적용 연습

┃보기┃

26세 영희는 비교적 우수한 성적으로 서울 소재 대학을 졸업하고 직장생활을 하고 있다. 늘 우수하게 자신을 업무를 수행했음에도 불구하고 "난 잘하는 게 하나도 없어요" "사람들은 저를 좋아하지 않아요"라며 항상 자신감 없는 모습을 보이고 업무 완성도에 불안을 느끼고 있다. 또한 주변 사람들의 자신에 대한 평가에 매우 예민한 반응을 보이며 목을 까딱거리는 틱장애가 나타나기도 한다. 대학시절에도 학업수행에 늘 자신감이 없었고 교수님이나 학우들의 평가에 매우 스트레스를 받고 가끔씩 현재와 유사한 틱장애가 한 달에 한두 번씩 나타났다. 영희 씨는 어린 시절 공부를 잘하는 언니와 늘 비교를 당하면서 성장하였는데 아버지는 영희 씨에게 "넌 잘하는 게 하나도 없는 아이야" "언니는 우리의

(계속)

자랑인데 넌 우리의 골칫거리야"라며 면박을 주곤 하였다. 초등학교 때 상장을 받아도 최우수상을 받는 언니에게 가려 칭찬받아 본 적이 없고 부모님은 자신을 사랑하지 않고 관심도 없는 것으로 느끼고 살았다.

• 사례에서 클라이언트의 문제상황을 인지행동이론에 근거해서 사정해 보시오.

영희 씨는 어린 시절 부모의 지지를 충분히 받지 못하고 늘 언니와 비교되어 상대적 박탈감 또는 자신에 대한 무시감을 자주 느낄 수 있는 상황에서 성장하면서 '난 무능력한 존재이며 사랑받지도 못하는 존재'라는 핵심믿음 혹은 비합리적 신념이 형성된 것으로 보인다. 이러한 비합리적 신념은 어떤 일을 수행하거나 해결해야 하는 상황에서 "완벽하게 일을 하지 못한다면 모든 것을 망칠 거야" "실패한다면 회사에서 매장당할 거야"라는 인지오류가 중간믿음과 연관되어 나타나고 있다. 또한 미리 어떤 일을 불안해 하는 예기불안 증세를 과도하게 느끼면서 불안장애의 일종인 틱장애로 연결된 것으로 보인다. 이는 틱장애 문제뿐만 아니라 매사에 어떤 일을 수행할 때 자신의 성과를 과도하게 축소하게 하고 나쁜 일들을 자신과 연관 짓는 개인화 등의 인지오류의 영향으로 매우 자신감 없고 자신에 대해 부정적으로 평가하고 있는 것으로 보인다.

실천연습

① 사례 1

17세의 경숙은 강남에 있는 한 여자고등학교 2학년에 재학 중이다. 경기도 외곽에서 생활했던 부모님은 외동딸인 경숙을 경제적으로 부유한 친구들을 많이 사귀게 해야 한다는 생각 속에서 부유한 학생들이 많이 다니는 지역인 강남으로 경숙을 고등학교 1학년 때 전학을 시키셨다. 그러나 내성적이고 소심한 편이었던 경숙은 뛰어난 미술 실력을 가지고 각종 상을 받았음에도 불구하고 친구들에 비해 상대적으로 낮은 학업성적과 예쁘지 않은 외모 그리고 넉넉지 못한 집안 사정 등의 이유로 친구들과의 교류에 늘 자신감을 갖지 못하고 있었다. 자신의 소심한 성격이 들킬까 봐 친구들이 요청하지 않았음에도 불구하고 그들과 친하게 지내기 위해서 자기 용돈보다 더 많은 돈을 친구들에게 쓰고 있었다. 다 함께 돈을 내도 되는 상황에서도 자신이 내겠다면서 음식 값을 혼자 다 지불하는 등의 모습을 보였다. 이로 인해 늘 용돈이 부족한 경숙은 이를 해결하기 위해 지속적으로 부모에게 "내가 돈을 쓰지 않으면 친구들이 나를 무시할 거야" "친구들이 날 싫어하게 될지도 몰라"라면서 용돈을 더 달라고 떼를 쓰고 있다. 이에 부모가 학교사회복지사에게 상담을 요청해 왔다.

• 사례에서 클라이언트의 상황을 인지행동이론에 근거해서 사정해 보시오.

> **TIP** 뛰어난 미술 실력을 인정하지 않고 무분별한 용돈을 낭비하는 등의 문제를 인지오류(인지왜곡), 비합리적 신념, 도식과정 등과 연관지어 사정함

② 사례 2

결혼 10년 차인 인정은 자신보다 5살 위인 현재의 남편과 중매로 만나 결혼을 하였다. 연애 중 음주사고가 있었던 남편과 결혼을 잠시 망설였지만 남편의 적극적인 구애로 결혼하게 되고 6세 된 아들을 한 명 두고 있다. 결혼 초부터 남편의 음주 후 신체적 폭력은 주 1~2회 정도 매주 발생하였으나 "집안에 이혼은 없다"는 친정엄마의 강력한 훈계와 과거 음주문제가 있었던 인정의 친정아버지를 묵묵히 참아 냈던 친정엄마의 모습을 기억하면서 참아 왔다고 한다. 남편의 사업이 힘들어진 1~2년 전부터는 음주문제로 인한 가족폭력이 더욱 심해지고 생명의 위험까지 느끼는 상황까지 와서 3주 전 가출한 상태로 여성쉼터에서 생활하고 있다. 처음 쉼터에 왔을 때에는 이혼을 결심하고 애니메이션학과를 졸업한 전공을 살려 취업을 하겠다는 의지와 함께 사회복지사에게 도움을 요청하였다. 그러나 최근 들어 "아들이 걱정되어서 집으로 다시 돌아가야 할 것 같다" "그래도 부족한 나를 받아 주고 먹여 살려 주는 것은 남편뿐이다" "난 생활력이 없어서 만약에 이혼을 한다면 홀로서기에 실패할 것이다" 등의 이야기와 함께 집으로의 복귀의사를 밝히고 있다.

• 사례에서 클라이언트의 상황을 인지행동이론에 근거해서(인지오류, 비합리적 신념, 인지왜곡 등과의 연관성) 사정해 보시오.

> 🖉 TIP 가족폭력 피해자들이 겪고 있는 학습된 무기력을 인지오류(인지왜곡), 비합리적 신념, 도식과정 등과 연관 지어 사정함

9. 칼 로저스의 인간중심이론

1) 이론적 배경

칼 로저스(Carl R. Rogers)의 이론은 인간을 이해하는 데 있어 과거의 역사나 경험보다는 '지금-여기(here and now)'를 강조하는 현상학적 성격이론으로 불린다. 현상학은 개인의 주관적 경험과 감정 그리고 세계와 자기 자신에 대한 개인적 견해 및 사적 개념을 연구하는 것이다(김선희 외, 2012, p. 231). 심리학자인 로저스는 인간의 행동은 그가 처한 상황을 어떻게 보고 해석하고 있는지를 강조하며, 개인이나 생활사건에 대한 경험을 토대로 만들어지게 되는 자기인식은 성격발달의 전제가 된다는 것이다. 그러므로 개인의 행동을 이해하려면 개인의 경험에 대해 탐색하는 것이 필수적이다.

2) 주요개념

인간은 신뢰할 가치가 있으며, 근본적으로 협동적-합리적-건설적인 존재로 본다. 또한 부적응 문제를 해결할 수 있는 잠재적인 능력을 가지고 있다고 보기 때문에 치료과정에서 내담자의 지각력과 판단력에 근거한 클라이언트중심치료가 이루어진다. 성격발달에 관한 로저스의 이론은 현상학적 자기(self)에 초점을 두고 있다. 현상학적 자기

는 개인이 자기만의 고유한 방법으로 인식하는 자기에 관한 이미지다. 잘 적응하는 사람은 자기가 행동과 경험에 대해 비교적 인식을 정확하게 하고 있는 사람이며, 부적응적인 사람은 자기가 인식하고 있는 자기이미지와 현실 사이에 부조화로 인해 불안상태가 되어 버린다. 자아개념과 경험 사이의 부조화가 일어나면 심한 내적 갈등의 원인이 되기 때문에 클라이언트를 위해서 상담자가 공감과 무조건적인 관심 등을 보일 때 자신의 자아개념과 경험 사이의 부조화에 대한 탐색이 일어나고 과거에 억압되어 왔던 감정들을 경험하면서 자아개념을 재조직화하게 된다(최옥채, 박미은, 서미경, 전석균, 2015, p. 133). 이때 상담자의 비지시적 태도는 클라이언트의 저항을 최소화하면서 클라이언트 스스로에게 필요한 문제인식능력을 최대화할 수 있다.

〈표 6-13〉 로저스의 인간중심이론 주요개념

주관적 경험과 행동	인간은 자신과 자신이 사는 세계에 대한 주관적 인식에 따라 행동한다고 믿음. 현재의 행동을 결정하는 것은 과거-현재-미래 자체가 아니라 과거-현재-미래에 대한 각 개인의 현재의 해석이라고 함. 따라서 인간행동을 이해하기 위해서는 개인의 주관적인 경험과 인식을 이해하는 것이 필수적임
자아의 개념: 나는 도대체 누구인가?	자아는 로저스의 성격이론에서 가장 중요한 구성개념으로, 자아개념은 로저스의 인간행동을 이해하는 데 불가결한 것임. 자아개념은 현재 자기가 어떤 인간인가에 대한 개인의 개념을 냄. 자아의 구조는 환경과의 상호작용을 통해 형성되고 특히 그 환경이란 중요한 사람(부모, 형제, 친척 등)으로 구성됨. 아동이 사회적으로 민감하게 될수록 그리고 그의 인지적 · 지각적 능력이 성숙해감에 따라 인간의 자아개념은 점차적으로 분화되고 복잡해짐. 대체로 인간의 자아개념의 내용은 사회적 산물임(이훈구 역, 1993, p. 459)
자아실현의 경향	인간에게는 누구나 '실현경향성(actualizing tendency)'이라는 유일한 기본동기가 있음. 자신을 유지하고 잠재력을 개발하여 건설적인 방향으로 성취하려는 경향성을 선천적으로 지니고 있다는 것임
무조건적 긍정적 관심	모든 인간은 부모를 비롯한 자신에게 중요한 사람들로부터 수용, 사랑, 승인, 존중 등 긍정적 관심을 받고 싶은 욕구를 기본적으로 가지고 있음. 따라서 건강한 성격의 발달을 위해서는 개인에 대한 어떠한 조건 없이 있는 그대로 수용받고 존중받는 무조건적 긍정적 관심(unconditional positive regard)이 중요한 요소라고 함

(계속)

완전히 기능하는 사람	'완전히 기능한다'는 것은 인간이 자신의 잠재력을 인식하고 능력과 재질을 발휘하여 자신에 대한 완벽한 이해와 경험을 풍부히 하는 방향으로 이동해 나갈 수 있음을 의미함. 완전히 기능하는 사람의 특성은 경험에 대해 개방적이며, 실존적 삶을 살며, 자기 자신을 신뢰하며, 창조성과 경험적 자유를 가지고 있음
인간중심 접근	인간은 자기 자신을 이해하고, 자기 개념, 기본적인 태도, 자기 주도적인 행동을 변화시킬 수 있는 방대한 자원을 자기 안에 갖고 있으며, 어떤 토양이 제공되기만 한다면 그 자원을 일깨울 수 있다고 보았음

3) 자아실현검사

〈표 6-14〉 자아실현 검사

진술문	1 그렇지 않다	2 어느 정도 그렇지 않다	3 어느 정도 그렇다	4 그렇다
1. 나의 감정에 부끄럽지 않다.				
2. 다른 사람이 내게 기대하는 것을 해야만 한다고 느낀다.				
3. 사람들은 본질적으로 선하고 믿을 만하다고 느낀다.				
4. 내가 사랑하는 사람에게도 화를 낼 수 있다.				
5. 내가 하는 일을 다른 사람들이 인정해 주는 것이 항상 중요하다.				
6. 나는 내 자신의 약점을 수용하지 않는다.				
7. 사람들에게 찬성해야 하는 경우가 아니더라도 그들을 좋아할 수 있다.				
8. 나는 실패가 두렵다.				
9. 나는 복잡한 영역의 것들을 분석하고 단순화시키려는 시도를 하지 않는다.				
10. 다른 사람에게 인기를 얻는 것보다 자기 자신이 되는 것이 더 낫다.				
11. 내가 특별히 헌신해야 하는 인생의 사명이 없다.				
12. 비록 내가 감정을 표현함으로써 바람직하지 못한 결과가 온다고 해도 나는 감정을 표현할 수 있다.				
13. 다른 사람을 도울 만한 책임감을 느끼지 못한다.				

(계속)

| 14. 부적절하게 행동할 것 같은 두려움에 성가시다. | | | | |
| 15. 내가 사랑을 주기 때문에 사랑을 받는다. | | | | |

* 채점방식: 2, 5, 6, 8, 9, 11, 13, 14번 문항을 우선 역으로 계산합니다. 그리고 나서 15문항의 점수를 합산합니다. 척도는 존스와 크랜들(Jones & Crandall, 1986)이 개발한 자아실현을 측정하는 척도입니다. 남자 대학생 평균 45.02, 표준편차 4.95, 여자 대학생 평균 46.97, 표준편차 4.79

* 해석방식: 점수가 높을수록 현재 시점에서 자아실현이 더 많이 되었다는 의미입니다.

---

* 출처: 노안영, 강영신(2003).

4) 이론 적용 연습

> ┃보기┃
>
> 50세 경자 씨는 4살 연하의 남편과 살고 있다. 결혼한 지 18년째로 자녀는 없이 부부가 정말 서로 위하며 행복하게 살고 있다. 경자 씨는 자신이 결정한 것은 진행하지만 다른 사람의 감정이나 상황에 대해서 늘 부정적·비판적이며, 이기적이라는 평을 받지만 남편은 예외로 다른 모든 것의 1순위다. 경자 씨는 유독 남편에게만은 지극정성이며 늘 남편은 자기 편이라고 여긴다. 남편 역시 경자 씨가 하는 것은 뭐든지 좋고, 경자 씨가 해 주는 요리는 모두 맛있다고 칭찬한다. 경자 씨가 힘들게 산 것에 대해서 있는 그대로 받아 주고, 하고 싶은 것이 있으면 언제든지 지원한다. 경자 씨는 결혼 후 대학원 박사학위를 취득하였다. 남편은 경자 씨가 학업이 힘들어 포기하고 싶어 하는 순간에도 과거 힘들 때마다 스스로의 힘으로 고비를 넘기고 결국 목표를 달성했음을 상기시키고 용기를 주곤 하였다. 경자 씨는 중학교를 시골에서 다녔는데 공부를 잘해서 고등학교를 대도시로 오고 싶었다. 하지만 부모님은 경자 씨가 원하는 학교를 가려면 혼자서 독립해서 살라고 했다. 원하는 고등학교에 가기 위해 부모의 지원을 포기하고 대도시에 올라왔고, 혼자서 자취를 하면서 고등학교를 다니는 과정에서 가족들 누구도 도와주지 않았다고 한다. 이후에 혼자서 대학에 진학했지만 형편이 어려워 10년에 걸쳐 대학을 졸업하였다.
>
> • 사례의 클라이언트의 상황에 대해서 인간중심이론의 개념을 적용하여 사정해 보시오.
>
> 경자 씨는 인간에게 있는 기본적인 동기인 자아실현의 경향을 가지고 있었고, 자신의 잠재력을 건설적인 방향으로 성취하기 위해서 끊임없이 노력해 온 것으로 보인다. 성장과정 중에는 가족들에게 무조건적인 긍정적 관심을 받지 못했지만 남편이 경자 씨의 있는 모습 그대로 수용하고 사랑하고, 존중하며, 승인해 주는 과정에서 무조건적인 긍정적 관심을 받은 것으로 볼 수 있다. 또한 경자 씨가 학업이 힘들어 포기하려는 순간에도 남편은 경자 씨가 완전히 기능하는 사람이라는 것을 믿고 과거 경자 씨가 고난의 순간을 극복하고 원하는 것을 얻었음을 상기시켜 다시 재도전해 볼 수 있도록 하였다.

① 사례 1

교도소에 수감 중인 철수 씨는 40세로 가정폭력 가해자다. 술을 마시면 아내와 아이들에게 반복적으로 신체적 폭력을 행사하였다. 생명의 위험을 느낀 아내와 아이들은 집에서 탈출하여 쉼터에 기거 중이다. 철수 씨는 뛰어난 자동차 정비기술을 가지고 있으나 반복적인 음주문제와 불성실한 근무태도로 번번히 3개월을 넘기지 못하고 해직당하곤 하였다. 과거 어린 시절 철수 씨의 아버지 역시 술 문제를 가지고 있었으며 가족폭력의 문제도 있었다. 철수 씨와 그의 어머니 역시 폭력의 희생자로 살았다. 교도소에서 상담 중에 철수 씨는 "나는 한 번도 사랑을 받아 본 적이 없다. 그래서 나의 부모처럼 되고 싶지 않아 아내와 아이들을 사랑하기 위해 애를 썼다" "결국 술이 나를 망쳤다. 술은 나를 아버지 같은 쓰레기로 만들 것이다"라면서 매우 비관적이고 좌절한 모습을 보이고 있다.

• 사례를 읽고 클라이언트의 상황을 인간중심이론 및 주요개념에 근거하여 사정해 보시오.

> **TIP** 철수의 어린 시절의 경험을 무조건적인 긍정적 관심과 주관적 경험과 행동에 근거해 사정해 보고, 결혼 후 자신의 자기 이미지를 극복하기 위해 애써 왔던 경험과 현 문제를 연결하여 철수의 현재 상황을 전체적으로 사정함

② 사례 2

18세 진주는 경제적으로 매우 어려운 가정에서 새아버지와 어머니와 함께 살다가 3년 전 가출을 하였다. 새아버지는 진주가 15세 되던 해부터 엄마가 없을 때 성폭력을

행사하곤 하였다고 한다. 이 사실을 알게 되면 어머니가 좌절할 것을 걱정하여 말도 못하고 더 이상 견딜 수도 없어 가출하게 되었다. 가출 후 생계를 유지할 수 없어 자신과 비슷한 처지의 아이들과 쪽방에서 함께 생활하였다. 자신의 생활비를 위해 불법적인 성매매나 자신보다 어린 아이들의 돈을 갈취하는 등의 생활을 하는 다른 친구들과 달리, 기술학원에 등록하여 미용기술을 배우고 미용사 자격을 취득하였다. 미용실에 취업을 위해 면접을 보던 중 어린 나이에 가출하고 보호자가 없는 사실을 안 미용실에서 번번이 낙방을 하게 된다. 자신의 꿈을 이룰 수 없게 되었다는 좌절감에 충동적으로 성매매의 유혹에 빠져 성매매 브로커와 만나던 중 경찰에 의해 발각되어 청소년보호시설로 이송 보호 중에 있다. 보호소에 있는 사회복지사와의 상담에도 심한 저항을 보이며 "나에게는 어떤 희망도 없다"고 하소연하고 있다.

• 사례를 읽고 자신의 미래에 심한 무기력감을 느끼고 있는 진주에게 희망을 가질 수 있게 로저스의 인간중심의 주요개념에 근거하여 사정과 개입전략을 세워 보시오.

> **TIP** 무조건적인 관심과 자아실현의 경향성 그리고 진주의 과거 주관적 경험과 행동에 연결된 완전히 기능하는 사람 등의 개념을 활용함

10. 매슬로의 욕구이론

1) 이론적 배경

매슬로(Abraham Maslow)는 각 개인은 통합된 전체로 간주하였고, 인간의 본성은 본질적으로 선하며, 인간의 악하고 파괴적인 요소는 나쁜 환경으로부터 기인한 것으로 본다. 매슬로의 학문은 행동주의에 토대를 두었지만 첫딸 출생 이후 아이가 보이는 복

잡한 행동을 관찰하면서 행동주의는 사람보다는 동물에게 더 적합하다고 믿게 되었다. 더불어 제2차 세계대전으로 인간의 편견, 증오 등을 경험하면서 인본주의 심리학으로 전환하게 되었다.

2) 주요개념

모든 인간은 선천적으로 자기실현을 이루고자 하는 노력 혹은 경향이 있으며, 자신의 능력을 다른 사람에게 알리고 스스로를 개발하고 인격이 성숙하는 데서 기쁨을 느끼며 사회에 이익을 돌리는 존재다. 창조성은 인간에게 잠재되어 있기 때문에 특별한 자질이나 능력을 요구하지 않는다고 하였다. 연령에 따른 발달단계 접근을 하지 않았고, 자기실현에 대한 갈망은 모든 연령에서 보이는 보편적 과정이라고 보았다. 매슬로는 자기실현에 대해 선천적으로 타고난 욕구이지만 어린 시절의 경험이 훗날 자기실현에 중요한 영향을 미치는 것으로 보았다. 특히 욕구체계를 구성하여 인간의 욕구를 구분하였다.

〈표 6-15〉 매슬로의 욕구이론 주요개념

주요개념	내용
욕구단계이론의 특징	• 기본적인 욕구가 충족되지 않으면 생리적 또는 심리적인 역기능이 일어나고 그것은 직접적으로 혼란상태를 야기하며, 욕구충족이 이루어지면 생리적 또는 심리적 역기능이나 혼란상태는 회복 • 기본적 욕구의 계속적인 충족은 역기능과 혼란을 예방하고 성숙과 건강상태를 유지함
결핍동기	• 삶을 유지하기 위해 생명을 유지하기 위해 꼭 필요한 동기 • 인간은 결핍상태가 발생하면 그러한 결핍상태를 극복하기 위해 목표지향적 활동을 함 • 음식, 물, 쾌적한 온도, 신체의 안전, 애정, 존경의 욕구를 포함
성장동기	• 삶을 창조하려는 동기, 오직 자기실현의 욕구에서만 작용하는 동기로 네 가지 욕구가 어느 정도 충족되어야 자기실현의 욕구에 도달할 수 있음

(계속)

욕구체계 단계	• 첫째, 생리적 욕구: 가장 강력한 욕구로 음식, 물, 산소, 배설 등의 생존과 관련된 욕구로 필요불가결한 욕구다. • 둘째, 안전에 대한 욕구: 안전, 안정, 보호, 질서, 불안과 공포로부터의 해방 등이 해당된다. • 셋째, 소속과 애정에 대한 욕구: 생리적 · 안전욕구가 충족되면 나타나며 친구, 애인, 배우자, 자녀 등이 필요해지고 이웃이나 직장 등에도 소속되고 싶어지는 것이 해당된다. • 넷째, 자기존중에 대한 욕구: 자기 자신과 다른 사람에게 존경받고 싶은 욕구이며, 명성, 존경, 지위, 평판, 위신 혹은 사회적인 성공에 기초를 두고 내적으로 얻는 자신감과 안정감 등이다. • 다섯째, 자기실현의 욕구: 네 가지 욕구가 충족되면 등장하며, 창조하고 학습하는 일에 정성을 쏟게 된다. 

3) 이론 적용 연습

┃보기┃

24세 지성이는 서울에 거주하고 있으며, 공익근무를 마쳤다. 무직상태로 부모님께 용돈을 받고 있다. 지성이는 초등학교 5학년 때 경제적 어려움으로 인한 가족의 불화로 원하지 않는 이사와 전학을 가게 되었다. 내성적이던 지성은 새로운 환경에 적응하지 못하고 또래들과 어울리지 못하면서 놀림의 대상이 되었고 이후 부끄러움 이상의 수치감이 들어 등교거부까지 한다. 중학교 때는 학교폭력과 왕따피해를 받는 상황이 많았으나 한 명의 친구가 졸업 전까지 도와주어 무사히 졸업을 할 수 있었다. 그러나 고등학교 진학 후에도

(계속)

중학교 때 왕따와 학교폭력에 대한 기억들로 학교생활이 위축되고 대인관계의 어려움이 심각해져 결국 학교를 중퇴하게 된다. 고교 중퇴 이후 하루 일과를 방 안에서 인터넷과 TV 보는 것으로 대부분의 시간을 소비하고 있고 특히 애니메이션 관련 프로그램에 빠져 지내고 있다. 아버지는 과일트럭장사를 하였으나 아들이 창피하다고 하여 그만두고 회사를 다니고 있다. 아내와는 IMF 이후 가정경제가 어려워지면서 부부관계도 서먹해진 상태이며, 아들의 학교적응이나 중퇴문제들로 인해 아들과도 관계가 힘들어지고, 대화도 없는 상태다.

• 사례의 클라이언트 상황에 대해서 욕구이론의 개념을 적용하여 사정해 보시오.

지성은 과거 중·고등학교 때 왕따나 학교폭력의 문제로 안전의 욕구가 충족되지 못한 경험을 가지고 있다. 또한 친구들과의 대인관계 안에서 어려움을 경험한 지성은 청소년기에 소속의 욕구나 애정의 욕구가 많이 결핍되었을 것으로 보인다. 이런 욕구들의 결핍은 궁극적으로 학교 중퇴라는 부적응문제를 초래하게 되었고 이로 인해 가족으로부터 받을 수 있는 애정의 욕구나 인정의 욕구 역시 빈약한 수준에 있는 것으로 보인다. 24세 지성은 사회적 관계나 역할을 할 수 있는 소속집단이 없는 상태에서 자신의 미래의 삶을 만들어 가려는 자아실현의 욕구 역시 매우 낮은 수준에 머물러 있다.

실천연습

① 사례 1

10세 민석은 부모님이 이혼하면서 아버지가 양육을 맡았고 어머니는 연락이 끊어진 상태다. 최근 아버지가 재혼을 하면서 새어머니가 생겼다. 아버지는 건설회사를 다녀 주말에만 집에 오는 상황이다. 새어머니는 아버지가 계실 때는 밥도 잘 챙겨 주고, 학교 숙제나 준비물도 잘 챙겨 주나 아버지가 없을 때는 "너 때문에 돈이 많이 들어간다"면서 때리고, 밥도 안 주고, 학교도 보내지 않는 등 학대를 해 왔다. 아버지에게 말했지만 새어머니가 그럴 리가 없다며 믿지 않아서 말도 하지 못하고 지내 왔다. 최근에 새어머니는 민석이를 작은 방에 가두고 아버지에게는 할머니 집에 보냈다고 거짓말을 한 후 아버지와 함께 여행을 가 버렸다. 학교 담임선생님이 민석이 학교에 나오지 않자 여러 번 전화했지만 새어머니는 친척 집에 갔다고 거짓말을 해 왔다. 학교 담임선생님이 이상해서 경찰에 신고하여 함께 가정방문을 와서 민석이를 발견하여 아동보호전문기관에 연계하였다.

• 사례를 읽고 클라이언트의 상황에 대해서 욕구이론의 개념을 적용하여 사정해 보시오.

> **✎ TIP**　민석에게 결핍된 욕구를 탐색하고 매슬로의 위계적 욕구단계에 근거하여 분석함

② 사례 2

30세 미나는 간호조무사로 요양병원에서 일하고 있다. 아픈 환자들을 돌보는 일을 무척 좋아하고 계속하고 싶어 한다. 일을 하면서 간호사가 되기 위해 야간대학을 다니고 있으며, 아버지와 함께 살고 있다. 아버지는 뇌졸중으로 혼자 의식주를 해결하기 어려운 상태로 미나는 퇴근 후 아버지 저녁을 차려 드리고 학교에서 야간수업을 듣고 11시에 집에 들어간다. 미나 어머니는 이혼 후 다른 지역에 거주하고 친척 중에도 도움 받을 사람이 없다. 최근 직장에서 새로 맡게 된 신입직원 교육과 관리 때문에 스트레스를 많이 받아 신체적으로 고단한 데다 야간대학에서는 중간고사를 치르고 있어 힘든 상황이지만 지금의 상황도 감사하다고 한다. 아버지를 모시는 것을 다른 사람들이 인정해 주고, 자신이 아버지를 위해서 할 수 있는 일이 있어서 다행이라고 생각한다. 자신은 지금까지 열심히 살아 왔고, 요양병원에서 고맙다고 말하는 환자들을 돕는 간호조무사의 역할도 의미 있다고 생각한다. 미나는 가정형편이 어려워 대학진학을 못한 자신의 환경을 탓하기보다는 야간대학이라도 다닐 수 있는 현재 상황이 다행이라고 생각하고 훌륭한 간호사가 되기 위해 열심히 공부하고 있다.

• 사례를 읽고 클라이언트의 상황에 대해서 욕구이론의 개념을 적용하여 사정해 보시오.

TIP 미나의 현재의 상황 속에서 충족 혹은 결핍되어 있는 욕구들을 탐색해 보고 특히 미나의 자아실현과 관련된 성장욕구에 관련된 내용도 사정함

참고문헌

김선희, 강혜원, 나기석, 손덕순, 임경선, 정준구(2012). 인간행동과 사회환경. 서울: 신정.

남기철, 정선욱, 조성희 역(2010). 사회복지실천 기법과 지침(Sheafor, B. W., Horejsi, C. R. 저). 경기: 나남출판사.

노안영(2005). 상담심리학의 이론과 실제. 서울: 학지사.

노안영, 강영신(2003). 성격심리학. 서울: 학지사.

삼성복지재단(2016). 2015 사회복지 프로그램 개발지원 작은나눔 큰사랑 우수사례집. 서울: 삼성복지재단.

서초구립 반포종합사회복지관, 서울대학교 실천사회복지연구회(2007). 실천가와 연구자를 위한 사회복지척도집(제2판). 서울: 나눔의 집.

이인정, 최해경(2001). 인간행동과 사회환경(개정판). 서울: 나남출판.

이장호, 정남운, 조성호(2005). 상담심리학의 기초. 서울: 학지사.

이훈구 역(1993). 성격심리학(Hjelle, L. A., Ziegler, D. J. 저). 서울: 법문사

최옥채, 박미은, 서미경, 전석균(2015). 인간행동과 사회환경(제5판). 경기: 양서원.

허남순, 한인영, 김기환, 김용석 역(2007). 사회복지실천 이론과 기술(Hepworth, D. H., Rooney, R. H., Larsen, J. A., Rooney, G. D., Strom-Gottfried, K. 저). 서울: 나눔의 집.

저자 소개

● **정선영**(Jung Sun Young)
　이화여자대학교 대학원 임상사회복지학 박사
　현 국립한국복지대학교 사회복지과 교수

● **손덕순**(Son Deok Soon)
　강남대학교 대학원 사회복지학 박사
　현 용인송담대학교 사회복지과 교수

● **오영림**(Oh Young Rim)
　서울여자대학교 대학원 임상사회사업학 박사
　현 용인송담대학교 사회복지과 교수

사례로 배우는
사회복지실천기술론
The Social Work Practice Skills with Cases

2017년 2월 20일 1판 1쇄 인쇄
2017년 2월 28일 1판 1쇄 발행

지은이 • 정선영 · 손덕순 · 오영림
펴낸이 • 김진환
펴낸곳 • ㈜ **학지사**
　　　　04031 서울특별시 마포구 양화로 15길 20 마인드월드빌딩
대표전화 • 02)330-5114　　팩스 • 02)324-2345
등록번호 • 제313-2006-000265호

홈페이지 • http://www.hakjisa.co.kr
페이스북 • https://www.facebook.com/hakjisabook

ISBN 978-89-997-1080-3 93330

정가 18,000원

이 도서의 국립중앙도서관 출판시도서목록(CIP)은 서지정보유통지
원시스템 홈페이지(http://seoji.nl.go.kr)와 국가자료공동목록시스
템(http://www.nl.go.kr/kolisner)에서 이용하실 수 있습니다.
(CIP 제어번호: CIP2017004322)

교육문화출판미디어그룹 **학지사**

심리검사연구소 **인싸이트** www.inpsyt.co.kr
원격교육연수원 **카운피아** www.counpia.com
학술논문서비스 **뉴논문** www.newnonmun.com